藍學堂

學習・奇趣・輕鬆讀

VICKI ROBIN & JOE DOMINGUEZ

消費減量先驅 **薇琪・魯賓**、華爾街金融分析師 **喬・杜明桂**——著　王之杰——譯

跟錢好好相處

【修訂版】

YOUR MONEY　YOUR LIFE

or

9 Steps to
Transforming Your Relationship with Money and
Achieving Financial Independence

個人財富＋幸福生活
暢銷經典全新版

幸福的關鍵，是找到金錢與人生的平衡點

「這是一本好棒的書，真的可以改變你的人生。」——媒體天后 歐普拉 盛讚

為什麼要讀這本書？

問問自己以下的問題：

- 你的錢夠用嗎？
- 陪伴家人及朋友的時間足夠嗎？
- 你下班回家時覺得人生圓滿嗎？
- 你有時間從事心目中真正認為有意義的活動嗎？
- 如果被資遣了，你會認為這反而是一個機會嗎？
- 你滿意自己對世界的貢獻？
- 你與金錢能夠和平相處？
- 你的工作可以凸顯自己的價值嗎？
- 你的存款夠維持六個月的日常生活開銷嗎？
- 你的人生完整嗎？你的工作、開支、與他人的關係及人生價值，能夠彼此並行不悖嗎？

如果你的回應裡出現任何一個否定的答案，這本書就是為你寫的！

各界讚譽

這本經典之作我總共讀了三遍，第一次是我開始著手理財時，第二次是我達到財務獨立時，之後是在我三十四歲退休時。每一次都讓我發現新的寶藏，讓我過著更快樂、更充實的生活。如果你想投資未來及長遠的幸福（這是更重要的事），我想不出有比閱讀這本書更好的投資。

——布藍登・甘奇（Brandon Ganch），Mad Fientist 部落格創辦人

現在是停止在無用、勝負已定的比賽中保持「領先」的時候了；現在請好好計畫自己的生活，真的過得像你自己的人生，你最珍貴的生命，應該為自己、為社會、為這個地球而存在，本書提供了改變的方向！

——比爾・麥奇本（Bill McKibben），環境學家

這本書為讀者提供了有意義、可實踐的建議，大家可以用自己的方式，達成真正財務獨立的目標！身為我們這個時代最受讚譽及最具參考價值的理財建議著作之一，它當之無愧。它的傳奇，無疑將一代一代傳下去！

——法諾雪・托瑞碧（Farnoosh Torabi），理財暢銷作家，
其主持的播客《So Money》獲獎無數

你能挽救自己的金錢及人生嗎？沒問題，喬及魯賓提供非常多建議。能妥善運用金錢的人的報償，超過表面上的獲利。第一、他們使用的天然資源減少了，因為他們懂得思考消費，讓地球的生態加分。第二、他們工作時間更少了，為他人增加了工作機會。第三、他們把錢花在刀口上，只買真正需要並值得的東西。

第四、他們解放了自己的時間，得以花更多時間投身公益、陪伴孩子，或幫助那些真正需要幫助的人，讓社會變得更好了。第五、他們現在有機會實現自己的夢想，活出創造力、動力和快樂。你還在等什麼？

——馬賽斯・魏克奈格（Mathis Wackernagel），
全球足跡網路（Global Footprint Network）執行長

祝賀企鵝出版社及魯賓再次出版了這本跨越時代、精緻及經典的著作，讓大家思考個人與金錢的關係。這本書有著清晰、敏銳和卓越的論述，讓每一位讀者知道如何打造充實和財務自由的關鍵，這將會是你讀過最好、最真實的理財書籍之一。

——琳恩・崔司特（Lynne Twist），
《金錢的靈魂》（*The Soul of Money*）作者

大多數的理財書籍充斥著雷同、平凡的理財技巧、技術及心法。這本書則直指最重要的核心：根本改變你的心態、重建跟金錢的關係，同時聰明地使用你的錢。如果要選一本最好的理財書，這本就是了。你的人生及與金錢的關係將全然不同。

——傑西・麥欽（Jesse Mecham），You Need a Budget 創辦人

《跟錢好好相處》是本很難得的書，兼具地圖及指南針的功能，在景氣不好時，這本充滿遠見的書，提供了非常實用有效的方法，降低生活成本並增加儲蓄。同樣的，它是一個指南針，可以引導你認識真正的價值觀，一些非金錢的價值觀，例如：社區、友誼與土地及大自然深層關係等。

——肯尼・阿蘇貝（Kenny Ausubel），Bioneers 創辦人暨執行長

《跟錢好好相處》指引了一條清晰而實際的路，通往財務自由的境界。如果想擁有理智、穩定和安全的財務人生，請閱讀本書並遵循建議。你會很高興你做到了。

　　——約翰‧羅賓斯（John Robbins），暢銷作家暨 Food Revolution Network 總裁

　　《跟錢好好相處》是本禁得起時間考驗的經典，新版本價值大大加分。在這個時代裡，即使是政府的層峰，都不斷提醒，簡單、儉樸、社群和免於被外物綑綁的自由，是人生中最美好的事物。

　　——約翰‧葛拉夫（John de Graaf），《富流感》（*Affluenza*）作者

財務自由的關鍵不是更多，
而是滿足

綠角

面對錢有兩種態度，「要更多」與「覺得夠了」。

在人生某些時期，我們會經歷「要更多」的心境。譬如在年輕剛出社會時，有許多人生目標等著完成，結婚、買房、養兒，退休。看著不多的收入，我們常覺得不足，自然想要更多的錢。

於是我們努力工作、提升自己，學習投資。這時，希望賺更多的錢，也是人生進步的動力。

但是當你一個接一個的達成人生財務目標後，有其他理由很容易讓你繼續留在希望賺更多錢的模式。

首先，跟別人比較。

我的房子是否比同事大，車子是否比別人好，包包是否夠稀有？錢不僅可以滿足基本開銷，也可以買到這些財富象徵。當你陷入藉由這些東西與人一較高下的狀態，會發現這是一個無間地獄。不論你購買多麼昂貴高檔的東西，總有比你有錢的人，展現著比你多很多的財富。這是一條沒有終點的路，而過程欠缺快樂。

第二個問題，退休。

很多人想的財富自由，就是金融資產每年可以產生某個額度的收益，足夠自

己生活，這樣就不必再工作了。

譬如某個人原先設定的目標是每年一百萬，假如他的資產在某天達成這個目標，他就會快樂退休了嗎？

恐怕不會。這時他可能會想，假如我可以累積更多，退休時每年有一百五十萬或甚至兩百萬可用，那不是更好嗎？於是回頭繼續努力工作，累積資產。

其實，財務自由的關鍵不在金錢的多寡，而在心態上能否知足。也就是說，我們需要從「要更多」的心態，切換成「覺得夠了」。

假如一個人無法滿足，就是想要累積更多的錢，他恐怕永遠不會在金錢方面得到自由。這個人的一生，將全部貢獻給金錢。

知足，是財務自由的根本要義。懂得知足，體認到「我用這樣的時間賺這樣的收入，夠了」，你才會有時間來追求你的興趣或是陪伴家人。而不是拿所有可用的時間來追求金錢，排擠掉其它重要人生目標，成為金錢的奴僕。

覺得夠了，能體會「我擁有這樣的資產，要退休足夠了，不需要更多」，才能真正沒有擔憂的進入退休階段，就不會一直追求更多錢，一直延後退休的來到。

當然這並不是說，錢少也不是問題。譬如只存了一百萬就想要過二、三十年的退休生活，這當然會很困難。在某些人生階段，人無可避免的會想要追求更多金錢。

重點是，我們要懂得停止，要知道是時候該轉換心態。因為，錢是永遠賺不完的，但一個人的人生是有限的。

大多討論投資的書籍將重點放在如何取得更多的錢。這些是必要的知識，但現代人缺乏的往往是，如何跟金錢取得平衡關係的態度與方法。

《跟錢好好相處》深入討論人與金錢關係的各種面向，讓你可以用正確、健

康的態度面對金錢，你將能成為一個懂得享受財富、以優雅自得的態度處理金錢
問題的人。

（本文作者為綠角財經筆記部落格格主／財經作家）

有財富不一定幸福，
只有幸福才是眞正的財富

施昇輝

　　投資理財類書籍一向是出版界的印鈔機，因為大家對怎麼透過投資來賺錢，不只是充滿了興趣，同時也充滿了焦慮。幾乎所有的書都圍繞著「財富」打轉，因為作者和讀者都認為只要賺到了錢，就會讓人生幸福美滿。但是，「擁有財富」真的能跟「幸福人生」畫上等號嗎？

　　《跟錢好好相處》這本新版的當年經典，卻警告世人「如果你有無止境的欲望，就永遠不會幸福」。如果你一直追求賺更多的錢、買更多的東西，以及享受更豪奢的生活，因為永不滿足，就不可能讓自己擁有幸福的感覺。這個觀點恰似當頭棒喝，讓讀者重新思考，該如何重建跟錢的關係？說穿了，就是「如果要過自己理想中的生活，到底多少錢才夠？」賺錢的目的不是「累積財富」，而是「讓人生更美好」。你該為了自己的人生價值而活，而不是為了錢奔波辛苦。

　　大多數人對金錢非常焦慮，是因為永遠擔心不夠用。不過，只要你在做任何消費之前，先問自己這是「需要」？還是「想要」？想清楚之後，其實就不會那麼焦慮了。例如，子女上體育課要買運動鞋，這是「需要」，但如果要買的是名牌貨，那就是「想要」了。如果你買的都是前者，錢真的不需要那麼多。追求時尚的虛榮，錢一定不夠；但若只求實用，就不會一直為錢發愁。

　　特別是在職場及企業生態已經開始改變、退休金制度正逐漸瓦解、退休已經

成為奢望的今天，這本經典增加的全新篇幅就是要勸年輕人「必須及早為退休做準備」。台灣年輕人的心態已經從尚稱積極的「小確幸」，演變到有些消極的「厭世」，再到如今更無為的「佛系」，其實令人非常擔心。投資賺錢或許伴隨著風險，但簡約度日則是可以由自己完全掌控的。

　　這本書關心的，真的不只是金錢，而是整個人生。因此書中雖有許多投資的正確觀念，卻鮮少觸及投資的技巧。太多時下的理財專家總愛把投資講得太過複雜，有些人因而望之卻步，直接放棄做任何投資，有些人則耗費了許多寶貴的時間和精力去學習，結果赫然發現在投資的路上，一分耕耘竟然很難有對等的一分收穫。

　　人生有很多的夢想要實現，也有很多的煩惱要解決；所以我在每本書中，都不斷呼籲大家應該用最簡單的投資方法來省下很多的時間和精力，去追求更有意義的夢想，以及在應對學業、事業、感情、婚姻、健康、教養子女、照顧父母等等的煩惱時，不要因為投資的焦慮而讓人生的壓力越來越大。

　　很多人妄想靠投資致富，期望藉投資早日達成財務自由，但若因此患得患失，惶惶不可終日，或許不只沒賺到錢，甚至還會賠掉整個人生。人生真正值得羨慕的財富是「兼顧物質與心靈的美好生活」，而不是「多到花不完的金錢」。

（本文作者為理財暢銷作家）

錢不是目的，
生活的姿態，才是目的

李雅雯（十方）

Money isnt't about **being** rich, it's about **enrich** your life.

《跟錢好好相處》說，金錢是一種能量（energy）。這是你努力工作，用生命換來的能量，你既不能囤積，也不應浪費；你應買得「剛剛好」，活出「足夠滿足，而無其餘過剩」的姿態，並以這個姿態，懷抱使命，活出有意義的人生，獲得「幸福」。

「幸福」是什麼？幸福是自由、是快樂、是滿足感、成就感，和一種被人尊敬的「感覺」。

根據《跟錢好好相處》這本書裡的步驟，你能澄清渴望、堅定信念，找出生命使命和目標，活出「幸福」。

錢不是目的，生活的姿態，才是目的。

十年前，我的化妝台上，睫毛膏、腮紅、眼影、粉底液、鞋子、包包、耳環……很多東西沒用過幾次，堆在桌上，小山似的擺起來，歪歪斜斜；鞋櫃裡，鞋子跟包包發霉、變形，散落在床底、鞋櫃，蒙上一層厚厚的灰；衣櫥裡，梅乾菜似的 T 恤揉成一團，內衣掛在衣架上，把衣架壓彎。

我以為自己沒有金錢問題。「哇……這東西又出粉紅色的？我都沒有粉紅色的……」我耷拉著腦袋垂在手機前，喃喃了幾句。「藍莓口味……嗯……」我木

然將物件滑進「購物車」，說：「我要買」。

　　我不停地買、不停地買，直到一場火災，徹底地改變了我的未來。

　　十年前，我的家裡發生一場大火，所有能稱為「回憶」的東西，在那場大火裡燃燒殆盡。那一天空氣乾燥，雲層又薄又清，火苗蔓延，一路越過幾個鐵皮屋頂，最後炸成一團火球，火焰越竄越高。

　　那時刻，我剛生產完，全身虛脫，傷口還在流血。電視台直播火場，就在正中午，陽光正烈的時候。我仰頭看著螢幕，腦子一片空白。

　　我以為自己沒有金錢問題，一直沒有。可是遇到變故，我的口袋空空，我的家人也口袋空空；我無能為力，非常害怕，非常洩氣。

　　在那之後，我決心改變，決定不再迴避問題。十年來，我實踐了《跟錢好好相處》的精神，每天記帳，每天檢查錢的流向，對自己所花的每一分錢，非常警醒。

　　十年後，我有一個非常小的衣櫥、三只鍋子、六個盤子、四個包包、六件內褲；我有一塊光禿禿的粉色腮紅，兩管又圓又鈍的口紅，一只鑲金的玫瑰別針。我不再有梅乾菜似的 T 恤、不再有剩半罐的化妝水、不再有第二塊粉餅、第二條睫毛膏；我活成了《跟錢好好相處》裡的樣子，一種「足夠滿足，而無其餘過剩」的姿態，活成了「幸福」。

　　請跟我一起讀這本《跟錢好好相處》，請跟我一起幸福。讓金錢不再是刺進身體的匕首，讓金錢成為劃開世界的利刃，讓我們行動起來，實踐起來，貫徹到底。

　　祝福你。

（本文作者為理財暢銷作家）

推薦序

認清自己想要的生活

Ada 筆記女王

「我想要賺大錢！」「我想要成為有錢人！」大部分的人心裡應該都會許這樣的願望吧？

可是有沒有想過，真的成為有錢人後，你的錢要用來做什麼？你想過什麼樣的生活？沒有認真思考過想過什麼樣的生活，卻只是埋頭苦幹地拚命賺錢，那麼就只能成為金錢的奴隸，失去生活的意義。

大部分理財書都直接告訴讀者如何賺錢，如何投資才會獲利最大。《跟錢好好相處》和其他書不同的地方，是先讓讀者認清自己想要的生活是什麼樣子，盤點自己的財務狀況和收入支出狀況，最後才是將自己的收入極大化。這就是《跟錢好好相處》這本書在出版了三十年之後，仍是經典著作的根本原因。

時代變遷很快，金錢賺取和花費的形式也一再改變。別以為一本三十年前出版的理財書已經不合時宜，作者魯賓特別重新編輯、出版本書，以符合現代讀者的需求。

如同金錢鬍子先生（Mr. Money Mustache）所說，這是一本人生指南及幸福人生說明書，想要幫助大家找到人生真正想要完成的事，戒掉長久以來的浪費習性。每天改變一點點，最後，改變的不只是財務狀況而已，是全部的你。

對於不了解自己財務狀況、不知道自己真正想要什麼生活、不知如何理財的

人，我極力推薦《跟錢好好相處》這本書，跟著書中的財務獨立九大步驟執行，徹底改變自己的金錢觀，利用所附的報表幫助了解自己的財務，有耐心地一步一步做，就能發揮本書的效果。

（本文作者著有《筆記女王的手帳活用術》等暢銷書）

原文版序

一本人生指南及幸福人生說明書

金錢鬍子先生

　　閱讀任何有關於金錢的書籍，真正的原因大概只有一個：過更好的人生。然而鈔票不是你追尋的真正標的，即使成為億萬富翁，也不會願意孤單虛度一生。當然，這種極端的例子很容易做出選擇，但真實的情況是，金錢從來不是真正的核心問題所在。

　　事實上，金錢只是快樂、健康人生的附屬品，在黑盒子裡生活一輩子的億萬富翁，當然不會是大家的想望。大部分人只想過輕鬆但有生產力的人生，永遠不用為錢煩惱。

　　也就是因為沒有搞清楚這一點，所以大部分書籍、雜誌、網站、電視節目、線上廣播在人生理財的這個議題上，都沒辦法直指核心。也因為如此，儘管個人所得越來越高，但美國及一些已開發國家的負債水準都來到歷史高點，不少這些國家的居民瀕臨破產。我們似乎都只顧著追逐更多的金錢及想買更多的東西，忘了檢視更深層的問題：我們到底買了什麼，又為何一定要買這些東西。

　　這也是《跟錢好好相處》這本書在出版了三十年之後，仍是經典著作的根本原因。它傳遞的訊息在社會中引起深刻的回響，它標榜的理念產生跨越世代的影響，所以，我們只好把作者薇琪・魯賓從優閒的退休生活中拉出來，重新編輯推出了新的版本。

魯賓獨特的敘事方法已經讓這本書成為絕無僅有的經典，新版仍然維持這樣的模式。不過因為社會環境已經與當時狀況相當不同，我們也做了某些與時俱進的調整。

追逐金錢，未必擁有幸福

　　一般標準的理財建議比較溫和，認為每個人都有不同的價值觀，大家應該可以順著自己的想法消費，如果喜歡吃一頓上百美元的大餐或高級的房車就儘管去做，只要你的預算能負擔，或是辛苦工作賺來的錢足夠買這些奢侈品，就儘管消費。

　　但其實許多支出往往都不切實際：我們都是人，都有共通之處。經過了許多世紀文明發展及近幾十年來的各方研究已經發現，生活有一些與生俱來的「幸福按鈕」（happiness buttons），幾乎對每個人都一樣受用，例如：友情、健康、社群。靠自己力量贏得挑戰或是掌握自己的人生，也都是幸福感的重要來源。

　　然而，大部分人仍會陷入一些誘惑中，如：貪圖方便、地位及奢華，或是犒賞自己、滿足內心的渴望。我們很擅長合理化自己在一些雞肋小物上的敗家行為及衝動，不同的地方只是物品種類及數量多寡而已，就是因為這些昂貴的「衝動」，你可能把一生賺來的錢都困在上面了。有時，對這些事物的依戀會讓人失去尋求真正幸福的機會。

　　某些知名理財專家常常倡導「消費得到真幸福」的觀念，按照他們的想法，你可能終其一生陷入個人欲望的輪迴。就像站在行李輸送帶一樣，熟練地拿起你要的東西，丟到輸送帶的另一邊，你以為把願望清單中槓掉了一項，但其實根本還在原地沒動。無止境的欲望是人性的陷阱，如果你希望人生快步向前，無窮的欲望是第一件需要克服的障礙。這也是這本書不斷提醒大家的重點。

　　我們也不斷強調，這真的不只是一本理財書。這本書其實是一本人生指南及幸福人生說明書，想要幫大家找到人生真正想要完成的事，同時戒掉長久以來的

浪費習性。「訓練」大家不是我們真正想做的，因為要讓新的做法落實，得要每天都做一點，涓滴成河。進程看來緩慢，但當你回頭看看以前的自己，會驚訝地發現：「我怎麼這麼糊塗，浪費這麼多寶貴的時間及資源？」

最後，改變的不只是財務狀況而已，是全部的你。這是本書如此受歡迎的原因。如果再放大一點來看，這還關係到整個世界及生活中的所有生物。我們總是認為，消費行為是自己的選擇，只要口袋裡有錢，垃圾桶中有空間裝廢物或回收品，就可以自由揮霍。但事實是，我們的消費對世界多多少少都帶來破壞，在一些看不見的角落發生，這些後果在幾十年的日積月累下逐漸出現。我們養成的生活習慣與周遭產生的衝突，已經成為地球環境的壓力來源。不過如果你能為了真正的幸福簡化自己的生活，破壞的程度將會大幅減輕，從簡單地改變本身的行為，就能為環境盡一份自己的力量。

我可以肯定地說，如果真的熟讀這本書，在接下來的人生，你的財務狀況一定會產生重大的轉變，與金錢的關係一定能改善。不只體現在每月信用卡帳單及銀行帳戶裡，更重要的是探求一切問題的根本——你的信仰及習慣，這就是本書的特殊魔力。

如果你不曾看過這本書、也不知道這樣的方法，現在啟程吧！投入時間，認真踏上旅程，你的人生將全然轉變。

〔本文作者為彼得‧安得尼（Peter Adeney），
著名個人理財及提早退休部落格金錢鬍子先生（Mr. Money Mustache）主持人〕

目錄

前言

關於這本書

歡迎大家！不管你是千禧世代、X世代或是戰後嬰兒潮的高年級生，這本《跟錢好好相處》就是為你寫的。自從《跟錢好好相處》第一版（中文版書名為《富足人生：要錢還是要命》，曾於二〇〇二年出版）上市以來，這本書已經成為我們這個時代的經典，曾經幫助過無數人改善他們與金錢的關係，裡面提到的概念及想法歷久彌新。但是社會變動太快，我必須動員最佳團隊修整內容，以符合現代及未來的脈動和環境。

當然，我們最關心的就是你的需求，你一定會想：這本書真的能幫到我嗎？真的可以協助我擺脫貸款、重燃擱置已久的夢想、買到心目中的房子或是離開不適合我的工作？或者讓我有足夠的錢支應更多的消費，或是讓收入成長、豐厚存款，甚或擺脫每天為錢辛苦奔波的日子？

可以的，相信我。

確切一點說：相信你自己。

如果你能善用本書提供的工具，改變就會發生，因為有非常多人藉由使用這些工具已經改變自己。我在這裡做出以下承諾：

◆ 你的消費會少很多，但生活過得更愉快。

- 你會存下比想像中更多的錢。
- 你的債務會減輕，對不必要支出的抵抗能力會更好，也不必為了取悅一些你根本不喜歡的人，而產生無謂的花費〔摘譯自羅伯特·奎倫（Robert Quillen）〕。
- 你會花更多時間在真正重要的事情上。
- 你可以較不費力地了解自己。
- 你會更自在坦然地面對自己的財務。
- 不再責怪自己以前胡亂敗家的行為，也會養成好習慣。
- 開始為退休做準備，富足退休，可能比你想的容易一些。
- 你會開始為了自己的人生價值而活，而不是為了錢而庸庸碌碌。

財務獨立，才能得到真正的自由

重塑你跟金錢的關係及達成財務獨立（Financial Independence），是本書最重要的目的，希望藉由健全財務九大步驟，使最珍貴的資源——你的時間——得到自由，以便追求真正的幸福、自由及存在的意義。

但改變與金錢的關係意義到底為何？答案不在於多賺或是少賺，重點是要釐清一件事：如果要過自己理想中的生活，到底多少錢才夠？同時希望大家擺脫被金錢左右的日子，在消費時訴諸理性。每個人都做得到。

至於什麼是財務獨立？最基本的要求：如果達到財務獨立的境界，將不再為了賺錢而工作，除此之外，《跟錢好好相處》這本書將帶領你從僵固的思想解放出來，不再以為消費是達成幸福快樂的最重要手段，更不會認為擁有的東西越多越好，你會發現，以往對待金錢的模式已經消失，如果你按照本書的步驟行事，債務也會一點一點減少，同時儲蓄會越來越多，如果有超乎預期的額外支出，你也不再驚慌。儲蓄會變成你的好習慣，存款會越來越多，最後，到底要為熱情工

作，還是為了金錢工作，選擇權就會回到你的手上。很多人都做到了，你也可以。

隨著本書提出的計畫及步驟，你會發現，自己其實不需要為了賺錢把大部分的人生投注在工作上。朝九晚五的操勞也許是社會上約定成俗的做法，但你會發現，人生其實可以有不同的道路，你可以回應內心的召喚及更美好的未來，從人生的高速公路駛下匝道，走自己的路。

到底要怎麼做，才能不再為了金錢而工作？現在你可能還不知道，但依照本書的建議，你會更清楚、更聚焦，當夢想出現時，會更有信心地迎向它。

一位順利蛻變的學員曾說，「這本書關心的，真的不只是金錢，而是整個人生。」

這本書如何誕生的？

首先介紹喬・杜明桂（Joe Dominguez），他是財務獨立九大步驟的創始人，從小生長在紐約市的拉丁貧民區，由不會講英語的媽媽靠著政府的福利金一手拉拔長大。身材短小但很聰明，沒有精實的肌肉的他，用頭腦讓自己脫離了貧民窟的困境。為了活下去，喬練就了一身生存的本領，對於身旁的機會及威脅有非常敏銳的觀察及想法，他的部分才能也貢獻在這本《跟錢好好相處》的內容。

喬認為，資本主義的金錢體系很像社會福利制度、司法制度及貧窮體系，身在其中的人要了解：我如何活出自己要的生活，不受其所限？他沒有大學學歷，但在華爾街找到工作，他邊做邊學，一直找機會突破現狀，在電腦主機比房間還大的一九六〇年代早期就研發出第一套技術分析工具。喬沒有把賺來的錢押注在資本市場，反而將研發所得賣給了一個投資銀行，因為他立誓要存錢，並在三十歲以前退休，離開充滿金錢遊戲的華爾街。讓自己過上真正的人生，而不是在工作的監牢中勞苦一生。

我在一九七〇年代認識喬並成為伴侶，對於人生目的，我們彼此有相當高的共識：希望我們的世界能一點一點變得更好。在過去二十多年來，我們合作教學、寫作及演講，彼此的差異往往成為下一個創新做法的養分。他個性內向，我外向；他長於系統性思考，我愛即興演出；他規畫大方向，我則向賽馬一樣，依照他的宏觀策略，盯著目標一直往前衝。

我們共同的著作《跟錢好好相處》一夕爆紅，一上市就深受歡迎。喬在一九九七年年初因為癌症過世時，我們的事業正如日中天。《跟錢好好相處》一直屹立在《紐約時報》暢銷書排行榜上，更連續五年登上美國《商業週刊》的暢銷榜，我們相信，只要有夠多的人願意使用我們的工具改善財務，我們擁有的「槓桿就會更長，進而足以撬動這個世界」。

喬過世之後，我繼續工作，讓這項運動保持蓬勃發展。我與各界的意見領袖共同發起宣言，進行一場又一場的演講，以分享永續及簡單生活的想法，呼籲在場的有力人士及國際團體能夠通力合作。二〇〇四年，我自己也被診斷出癌症擴散，我的賽馬被操壞了，雖然已經獲得無數讀者認同，但我跟喬的遠大目標還沒真正地落實。我退休了，移居到西北太平洋的一座小島上，島上只有一千位居民，我只能把精神集中在這一小片土地上，希望帶來一些改變。

十二年後，我接到一通電話，當時我正在對一群人講有關金錢的事，在座的聽眾對於金錢都表達出擔憂及疑惑。一位生活優渥的八十歲老人擔憂自己在沒過世之前錢就花完了；一位事業有成的中年人在同一職位上待了太久，很擔心自己會被迫離開；其中還有一些從事顧問業的聽眾承認在金錢這個議題上沒有辦法幫助客戶，因為自己也不太確定該如何做。最後，一位大二的學生提出了問題，她說，若要在專業領域中出頭，必須要有碩士及博士學位，但學貸就已有兩萬美金，如今她已經下了賭注，但她憂心之後靠學位賺到的錢是否足夠償債。

我心中熱情之火開始重燃，我們的社會為何會讓大家在這樣不穩定、不可靠及不受控制的環境下生活，我們的社會為何讓年輕人成為舉債產業（debt industry）的獲利來源？我問聽眾有沒有看過《跟錢好好相處》這本書，回答「是」的大部分都是灰髮的中年人，沒有一個在三十五歲以下。《跟錢好好相處》這本書已經協助一世代的讀者從金錢陷阱中掙脫出來，我想應該也可以讓這個年輕世代打破不斷消費的魔咒，在人生關鍵決策的時刻拉他們一把。

因此，我開始找一些年輕世代談話，了解他們的情況及心態，我發現 FIRE（財務獨立，及早退休）確實是不少年輕人的想法，在許多朋友的鼓勵下，我決定重新編撰這本經典，把一些新時代的元素及環境加入這個更新版中。看過原始版本的讀者也不用擔心，因為核心骨幹觀念並沒有改變，之前深受大家歡迎的觀念，新版中仍然存在。

時代一直在變

新版讀者身處的時代，與喬及我開始提倡財務獨立時已經很不同。經歷了三〇年代的經濟大蕭條及二次世界大戰，為戰後嬰兒潮的父母提供了平穩且成長的環境。漸進式個人所得稅制度及美國軍人權利法案（GI Bill）❶等政府施政，厚植了美國中產階級，社會凝聚力也逐漸增強。但在進入二十一世紀之後，職場及企業生態已然改變，退休金制度正逐漸步入死亡，退休已經成為年輕人及熟年世代的奢望，六十五歲以上的美國人，有五分之一必須完全仰賴社會救助過活；有一半以上的人，社會救助則占了其收入的五成。❷

進入職場的年輕人，大學四年的學歷換來的薪資，無法清償在學期間累積

---

❶ 譯註：「美國軍人權利法案」（The GI Bill of Rights），正式名稱為「一九四四年軍人復員法案」（THE SERVICEMEN'S READJUSTMENT ACT OF 1944）。規定參與二次大戰的軍人可立即獲得由失業保險支付的經濟補貼，更重要的是，還提供退伍軍人多樣化的教育機會，從在職訓練到高等教育均可，也可獲得充足的家庭或商業貸款幫助。

❷ 二〇一四年，年齡在六十五歲或以上者有一成七，其中五成二社會安全占總所得的至少一半（見表 8.A1）。資料來源：Social Security Administration (US), *Income of the Population 55 or Older, 2014* (Washington, DC: Office of Retirement and Disability Policy, 2016), https:// www.ssa.gov/ policy/ docs/ statcomps/ income_pop55/

的各項債務。不論做什麼工作，每個人幾乎都成了 YOYO 階級（You're On Your Own，自生自滅）。現在社會的流動性史無前例地高，每個人可以自由移動，不管是居住地點、職業選擇或是個人生活、人生目的，選項非常多元。老實說這還滿令人害怕的，但同時也讓人興奮，因為各種不同階層的人，在快速變遷的環境中，各自尋找自己的天空。

適應新世界

新新人類在這個時代活得到底好不好？我很好奇，所以只要有機會，便不斷地找二十幾歲或三十出頭的年輕人聊天。我成立了一個焦點團體訪談（focus group），在 Reddit ❸及臉書上也成立了粉絲頁。

我非常驚訝也很感動，我觀察到的新世代，已經有辦法把破碎的舊美國夢，重新改造成適合自己生活的型態。不少人揚棄傳統定義的職場成功階梯，改為追尋生活的真正意義，採用一些更有想法、彈性且原創性十足的工作方式，因此這群人不追求單一工作職位，而把眼光放到更宏觀的職場生涯。他們取得技能的方式也不再局限於學校，更多元的學習環境——職業訓練所、特定技能的工作坊、知名學校附設的社區大學、線上的開放課程、當學徒，都是可以磨練自己的途徑。

在工作與工作間，更多人願意給自己一年的空檔充實自我。有越來越多年輕人不走進辦公室上班的傳統老路，而在共同工作空間及創客空間成立一家公司，或是在咖啡店及自己亂七八糟的床上工作，不需要了解所做的是不是會改變世界，或純粹為自己興趣；走到哪裡，都可以建立社群、團隊、新創公司甚至新工作技能，只要一技在身，他們很願意停下工作，旅行、追尋自我或是養小孩。結果，不少 X 世代及嬰兒潮世代，都開始向這些年輕人學習如何適應這個變動的世

---

❸ 編註：美國著名社群網站。

界，以下就是幾個充滿創意及適應能力的年輕人的故事：

布蘭登排行老六，是家中的么子。家裡雖然有能力資助大哥上大學，但每學期的學費都差個好幾千美元，為了彌補短缺，大哥必須在一家連鎖賣場打工，擔任助理銷售員。但當布蘭登高中畢業時，大哥雖然已經念完大學，但仍然在同一家賣場擔任同樣的職務，領一樣的薪水。大學學歷對其衍生出來的債務似乎一點都不值得。看到這樣的狀況，布蘭登索性不走升學之路，選擇直接到農場工作，開拖車為生，用開車賺來的薪水，進了一所職校，學習如何用電腦系統修車，希望日後能領到一小時四十美元的高薪。

克里斯在大學主修工程，畢業後進入一家知名的航太公司，才一年就把大學學貸付清，同時還有些存款。但他決定辭職，用一年的時間旅行及從事社會服務工作，一年之後，他回到職場，全新的工作內容更有趣，薪水也更好。

美樂蒂在租車公司的櫃台當接待，用存款去上一間兩年制的護理學校，拿到護理師助理的執照，目前正在思考要繼續深造，還是進入醫療職場？更重要的是得計算一下，如果有新工作，要花多久時間才能還完因為考護理師執照而欠下的債務。

奈歐米在高中時，就參與了美國政府推行的「開始起跑」（Running Start）計畫❹，先利用一年的時間把大學必修課程修完，第二年進入社區大學，之後再轉到一般大學，拿到社會服務的學位，一毛債務也沒欠。「開始起跑」確實能讓高中生發揮潛力，有些學生高中還沒畢業，就已經修了兩年大學課程。

---

❹譯註：美國政府推行的制度，高中生在上大學之前，就可以開始累積大學學分。

一些年長的職場人士也會採用這種跨界式的創意做法，醫生變成木匠，木匠轉身變為建築師，社工開始務農，藝文人士走出辦公室，變成歐洲重要博物館的導覽人員，生物學家離開實驗室，帶領一般民眾深入雨林，進行養生課程。老師變成心理治療師，軍人運用在軍中的訓練，退伍後轉戰其他領域，有的非常高科技，待遇也相當不錯。有些人發現自己的真愛，投入理財專員或不動產銷售，甚至有人進修成為博士，當大學教授。根據美國勞工統計局（Bureau of Labor Statistics）資料，❺現在有更多人在多個不同的職業中遊走，有時候升遷，有時候留停，有時候又退回原點，總之，就是一直在轉換。

但全美超過五○％的人一半收入是靠社會福利支應，對他們而言，好時光永遠都在，所以不用存款及計畫？其實，很多人已經開始延長自己的工作年齡，甚至想一直工作到嚥氣為止。他們縮減生活所需的費用，或搬到離小孩比較近的地方，減輕雇用照護人員的支出。他們活用政府提供的社會服務，看比較便宜的下午場電影或參加免費的活動，也有人投入社區，在志工中找到生活樂趣。他們仿效千禧世代，也參與所謂的「零工經濟」（gig economy）❻，或從事雜工、部落客、經營民宿，把自己最值錢的資產——房子，變成收入來源的一部分。不論你是大三生、職場中年，或是即將退休的灰髮族，本書中的工具，都可以協助你過上自己想要的人生，讓生命光譜更豐富多彩。

這本書是給誰看的？

只要你有收入，也有支出，那就是這本書的讀者，不是讓每個人都變有錢，

❺ 參見：Bureau of Labor Statistics (US)，"Number of Jobs Held, Labor Market Activity, and Earnings Growth Among the Youngest Baby Boomers: Results from a Longitudinal Survey"（March 31, 2015),https://www.bls.gov/news.release/pdf/nlsoy.pdf
❻ 編註：指由自由業者構成的經濟領域。

而是透過此書了解，自己生命中定義的「足夠」到底是什麼樣的狀態。透過這本書，可以幫助你改善與金錢的關係，這是每個人必做的人生功課，《跟錢好好相處》希望能幫大家達到「足夠」的境界。貪求越多越好是一個永無止境的黑洞，不論你現在手上有多少錢，心中那個「越多越好」的聲音，把你帶向越買越多的死胡同。貪念是人心眾多的欲望之一，非常頑強地存在著，不受公平、平衡及愛的約束，貪念會讓我們快樂的能力消失。要定義「足夠」，必須先問自己以下的關鍵問題：

- 什麼讓你感到快樂？
- 生命中最重要的是什麼？
- 哪些價值，你絕對不願妥協？
- 假如你現在有三千萬，你會用空下來的時間做什麼？
- 如果在你的生命中拿掉一個東西，會讓你更快樂一些，那個東西會是什麼？（只能選東西，不能選人。）
- 你會有足夠的錢退休嗎？
- 如果有人可以幫你還清現在所有的債務，你還會再次去借錢嗎？你會怎麼做？

諾貝爾獎得主、同時也是暢銷書作家卡尼曼（Daniel Kahneman），曾對金錢與幸福做了一項研究發現，富足到某個程度之後（以美國現在的標準約一年七萬五千美元），更多的金錢就無法買到更多的快樂了。在一九八〇年代，當我們推廣財務獨立計畫時，曾對參與的人進行了一項分析（因為那時還沒有筆記型電腦，我們都用紙和筆當工具），問到：要賺多少錢，你才會快樂？結果，不論參與者的薪資落在哪個水準，幾乎每個人的答案都是：比我現在多五〇％；請他們對目前的幸福感打分數（一至五分），分析答案後發現，所得水準最高的群組與

所得相對低的水準之間，沒有顯著差距。當課堂上的學生，知道坐在他前一排的同學，沒有因為所得比較高而感覺比較快樂時，現場鴉雀無聲。

這顯示，與金錢維持一個良性、清楚及賦權（empowered）❼的關係，是成功人生的重要關鍵，而非你擁有的「數字」〔金額只是憑空創造及設定的目標〕。當《跟錢好好相處》在一九九二年出版時，坊間並沒有討論金錢與幸福相關的書籍，現在，已有許多人透過我們的方法，達到 FIRE（財務獨立，及早退休）的境界。這些人有兩項強大的人格特質：

1. 人生的目標比目前身處的有限客觀環境（包括工作）更遠大。
2. 願意改變，誠實面對一切，變成可靠的人，而且一直堅持下去。

這些特質，代表追求 FIRE 的內心渴望已經被點燃。

就我的觀察發現，FIRE 運動的核心有三種深刻的價值（strands）——儉樸、簡單及自我滿足。這三種價值，千年來織就了人類文明、現代社會及各式宗教，且適用於不同政治背景、文化差異及地理位置的人，當然也能用在不同的財務目的。

如果你是基督徒，在本書中可能隱約會看到耶穌的教誨；如果你是佛教徒，也許會看到佛陀傳授的真義；如果你是無神論者，也許會認為內容理性且值得信賴。這當然不是唯一的道路，但看看別人怎麼做，一定會有收穫。我現在把他們分為三種類型：忍者（Ninjas）、極簡主義者（Minimalists）及自造者（Diyers）。

財務忍者

---

❼ 編註：賦權是獲得自我掌控自身相關事務的力量，或稱為「培力」。

個人理財世界裡的忍者跟數字是好朋友，喜歡讓系統維持在最佳化狀態，沒事就看看理財部落格，搜尋免費機票及旅館的機會。他們其中有些人節儉成性，喜歡找便宜貨，收集折價券，尋找免費的機會，以最划算的方法完成交易。當然還有省錢達人，用盡所有方法省錢，要讓這個月的結餘超過上個月，對於他們，省錢就是王道。

極簡主義者

人生無關於金錢，在乎的是意義，掃除一切阻礙吸收生活養分的雜物，他們是梭羅主義者，重精神、輕物質。把物質環境減到最小，放大更珍貴的非物質層面，擁有一個由心理及靈魂建構的人生，有些人稱他們為精神主義者（Soulfulist）。其實，簡單生活一直是美國的傳統價值，早在英國殖民之前就是如此。

自造者

金錢不是這類人的重點，但在物質世界裡嬉戲卻是很好玩的事情。自己動手蓋房子、種田、修修補補、煮菜弄飯、園藝、設計、創造、畫圖甚至發明，不像極簡主義的人，自造者喜歡創造的過程。他們是一種有想法的物質主義者，自己動手實作生活的大小事，這種精神跟蘋果派一樣，就是美國的象徵。

在改變與金錢的關係或戒掉惰性的過程中，你不必刻意學習要變成以上的哪一種人，但一定要做些事情才能改變現狀。那些成功達成財務獨立的人，通常都會有幾項特質：值得信賴、自我覺醒及賦權。他們一步一步達到目標。

烏龜及兔子

每個人邁向財務獨立的速度不一，我常常用烏龜及兔子來比喻這個過程。烏

龜屬性的人通常傾向逐步完成，穩定、緩慢但有步驟及方法地減少花錢、累積存款，讓自己從債務中解脫，確定達到能中年退休的目標。他們不在意速度，倒是認為人生重要的事情一定得完成，像是建立家庭、服務社會、與雇主保持良好關係等，甚至有些會走遍全美造訪所有國家公園。

特質像兔子的人，通常會設定目標，就像喬一樣，設定三十歲退休；他們也會設定時間目標，要在那個時間點之前完成應盡的事項，就像賽跑的終點線一樣。他們認為存的錢越多，就越早達到自主的目標，通常會設定一個存款比例，按時從薪水中提存，同時逐步調高比例，並希望朋友及伴侶配合包容。

不論你的方法是什麼，最重要的就是開始做，不要停。每個人的起跑線都不同，夢想的力量及對承諾的堅持，將會帶領你一直向前走，就我們輔導上千名參與計畫者的經驗顯示，因為做了這些事情，不少人的生活變得更豐富：

◆ 他們終於了解了金錢運作的基本道理。

◆ 他們真的解決債務問題，增加存款，能夠用自己的方法快樂生活。

◆ 他們找回以前的夢想，並找到方法實踐，自由度更大更放鬆，也比較能分辨哪些是生活中必要的東西，哪些是多餘的，學會卸下自己的擔子。

◆ 平均起來，生活支出減少了二五％，感覺更快樂，雖然所得減少，但身心更健全，跟父母及小孩的關係也變得更好。

◆ 穩健的財務狀況，解決了內在生活價值及生活方式的衝突。

◆ 金錢不再困擾生活，無論在情緒或心智上都有餘裕處理更重要的事情。

◆ 因為減少花費及被工作占用的時間，自己可支配的時間變多了。

◆ 不再用消費解決問題，反而願意接受挑戰，學習其他技能。

◆ 總之，金錢與生活的拉扯已經敉平，生活更完整充實。

四大財務面向

　　這套財務獨立的計畫是為了擺脫原來的心態，改變以消費為主的生活方式及習慣，策略運用與以往不同，更重要的是改變心態及想法，我們稱之為「財務獨立思考」，期望大家對於生活中金錢的流出／流入有所覺察及關注。希望透過閱讀，啟發財務獨立思考，依照步驟行動，與金錢的關係就會改變。基本上，又有四大面向必須掌握：第一、財務智商（Financial Intelligence）；第二、財務健全（Financial Integrity）；第三、財務獨立（Financial Independence）；第四、財務依存（Financial Interdependence）。

財務智商

　　財務智商主要是指必須有能力客觀地看待自己的金錢，跳脫原有的偏見及情緒。金錢真的能買到幸福快樂嗎？每個人都一定要為五斗米折腰嗎？金錢真的會讓我們恐懼、貪婪、又愛又恨嗎？我把大部分的時間賣給了工作，這樣安全感真的比較高嗎？

　　建立財務智商的重點，在於了解你已經賺了多少錢、有沒有把它們記錄下來、如何清楚表達、多少錢會流入、多少錢會流出。除此之外，你要清楚金錢的真義。你的一生用金錢交換到哪些東西？就實務來說，我們希望這階段的目標是讓你脫離債務的泥淖，銀行裡有足夠支撐六個月生活所需的存款，如果你跟著本書的步驟，就能建立基本的財務觀念及能力。

財務健全

　　就字典上的定義來說，所謂**健全**[8]有三重意義：第一，對於道德及人文的價

---

[8] "integrity." Merriam-webster.com. 2017. https://www.merriam-webster.com (September 9, 2017).

值，有一定想法及堅持；沒有腐化及污染。其次，在一個沒有受損傷的狀況下；完整。第三，沒有分裂、完整及完全的狀態。

要達到**財務健全**，必須確實了解你的收入及花費對社會帶來的影響，不僅是自己的家庭，還有整個地球；同時也要清楚需要多少錢及物質條件，才能滿足你定義裡的「圓滿」人生（最理想的狀態），哪些是多餘及雜亂的東西。在這個階段，你的財務狀況與你的價值，應該已經平行發展，如果你按照本書的步驟，就能走向財務健全。

財務獨立

財務獨立不只是收入獲得保障，也同時要能摒除對財務錯誤的認知，擺脫債務的束縛及凡事貪求「便利」的心態及行為。財務獨立是要去除所有讓金錢左右你生活的可能。

財務依存

在上一個財務獨立階段，我們已經擺脫朝九晚五的輪迴，工作及各方面的關係及基本的想法也都有了轉變，但這不代表我們要脫離群體及社會存在。人生中最美好的時刻源於愛及貢獻。我們需要投入更多時間，讓生命更有意議。我們是一個相互依存的社會，一起做事、接納彼此。共同創造生活，這是生命豐厚的要素，相互照應，是生活的真實面貌。當然，我們也依賴大自然，共享建設──從道路、機場、圖書館到社會安全網，我們在一片互相連結的海洋裡生存，事實上，在完成財務獨立之後，很多人（只要休息一段時間，或是完成長久以來的夢想之後）都願意把時間投注在讓世界變得更好。

新版裡有什麼

因此，在這個全新版本中，為了反映今日世界的真實狀態，我增補了幾千處內容，其中兩個章節改變最多。智慧型手機、部落格及網路購物的盛行，讓情況產生重大轉變，特別是在第六章〈用省錢的方法圓夢〉更新了不少內容。最大的調整在第九章〈追求長期的財務自由──你的現金應該存放在哪裡？〉，以前喬或其他人用的投資方法，當時雖維持了二十五年穩定被動收入，但在現代環境已經不是最好的方法。在熟悉不同投資領域的同事幫忙下，第九章介紹以不同的方法完成 FIRE 的目標，但最核心的想法沒變，改變的是計畫必須「為你自己量身定做」。

老讀者可能會發現，新版本中介紹了一項嶄新的工具──「談一談錢」（Money Talk Questions）的方法可以幫助你。財務獨立九大步驟的基本精神，仍是希望每一個人都能擺脫「工作─消費」的循環，只有你自己可以改變與金錢的關係。當然，喬及我，或者其他社會支持團體的協助，也能扮演提醒及誘發改變的角色，在全書的最後，我完整地介紹了全新的「談一談錢」互助團體。經過實際驗證，藉由這個方法，你可以跟朋友或是任何陌生人談論生命中最重要的議題：你與金錢的關係。在每一章節的最後都總結了幾個重要問題，在與朋友、家人或其他團體討論金錢議題時，這些都可以當作是很好的話題，甚至在你獨處自省的時候也非常管用。當我們願意分享我們的夢想、疑惑、恐懼、偏執時，改變就會發生。

勇敢開啟改變吧！

我希望透過這段簡介，引發你對執行財務獨立九大步驟的興趣，開啟改變的第一步。當好奇心被燃起，行動就會跟著產生，我希望你有自信未來可以改變，

接著，可以好好閱讀這本書了。看完之後重回第一章，開始一步一步執行你的改變計畫，以落實財務獨立的目的。

　　老讀者，歡迎回來。新讀者，也歡迎開始認識這套方法，已經有成千上萬的人透過這個方法走出困境。誠摯地希望你也能成為其中一分子，這個世界需要你挺身而出，追尋夢想。

金錢的陷阱：
古早時期的致富之道

錢是個溫柔陷阱？

「要錢，還是要命？」如果有個人，拿槍抵住你的胸口說這句話，你會怎麼做？大部分人應該會把皮夾交出去，這樣的威脅會奏效，主要是我們認為生命的價值比錢高得多，真的是這樣嗎？

瑞秋是個成功的業務，每週工作七十小時，但她說：「讀完了《富流感》（*The Poverty of Affluence*）這本書之後，我發覺『人生有些東西不見了』，不只我認為這樣，當我跟別人聊天，他們也有同樣的失落感，買了一棟豪華的大房子，真的是所為何來？我真的要一直一直工作，筋疲力盡，然後退休？然後把時間都花在購物上，花的還是辛苦省下來的錢，一直浪費時間，然後等著生命到終點？」

唐恩熱愛音樂，卻始終在做資料處理工作，他放棄了嗜好及人生可以同時存在的想法。他不確定生而為人的目的，以為人生是一場困境，不確定自身的價值。他認為成年之後所有困頓接踵而來，他大學畢業，娶妻，有一技之長及工作，買房，也有房貸，還有一片庭院等著除草，

但他不認為自己過得像個人，總覺得人生被卡住。

伊蘭一直不喜歡自己電腦程式設計師的工作，對於工作只肯做到及格，而公司也找不到開除的理由。她一直想像自己成功的樣子，開跑車、擁有鄉間別墅，但無法改變工作時的無聊，放假時她會去旅遊，也參加一些工作坊，但還是沒辦法找到平衡。她最後認為，工作會持續啃食人生的核心，而後半輩子可能就要這樣過了。

克里斯蒂跟丈夫是典型的頂客族，雙薪，沒有小孩，在科技業領高薪。夫妻倆年輕俊美，應該有美好的人生？但當克里斯蒂看到同事被壓力擊垮，差一點過勞死，一星期後這位同事像沒事般回到工作崗位，她知道這樣的生活一定有問題。她的長官因為血管阻塞住院，最好的朋友被開除，克里斯蒂開始焦慮，半夜三點就因壓力過大而驚醒，她想：「不能再這樣下去了，這樣不值得！」

妮可跟隨父親的腳步，她爸爸是律師，也鼓勵她成為專業人士，因為職場會走得比較順。妮可花了八年時間，拿到護理醫師（advanced family nurse practitioner）學位，但卻也因此承擔十萬美金的債務。如今畢竟不是父親從法學院畢業的一九六九年，現在是二〇一一年，妮可賺的錢，扣掉員工薪水、房租、雜支、保險之後，連貸款的利息都不夠付。即使她在一個熱門的行業工作，仍感覺人生在倒退。她對朋友坦承：「我可能真的還不起這些債務了！」

布萊恩趁老朋友凱文進城時，兩人抽空見了面，凱文在高中時毫不起眼，但現在靠線上教育生意賺了幾十萬美元。布萊恩一直想請教凱文如何成功，因為他也想養家餬口，在家工作同時帶孩子，教導學生有效的工具，老實說，想趕快過上優渥的日子，希望得到凱文現在擁有的一切。然而，雖然線上教學看來很容易，好像每個人都可以在線上開課收學生，但其實，成功根本沒有這麼容易。布萊恩花了不少錢，找同業高

手指導，學習當老師，也花了比預期更多時間準備課程，但重金打造的
金鵝，始終沒有下金蛋。

雖然有人真的很愛工作，但極少人能誠實地說，我的工作及人生很完美。完
美的工作，既有趣又有挑戰性，又能適時享受及放鬆。守得孤獨，才會有生產
力，付出足夠的時間，工作才能做得好；放鬆時間夠多，才覺得有充分休息；貢
獻夠多，才會覺得缺你不可；有傻勁，工作起來才會更有趣；薪水領得夠多，才
有錢付帳單……即使最完美的工作，也是有捨才會有得。

人近中年才驚覺，人生課題竟然跟父母的一樣。更糟的是某人可能感嘆，竟
然已經補牙補了二十年，只因為十七歲時夢想成為牙醫師，投入世界上最棒的工
作。我們不知不覺進入了「真實世界」，一個充滿妥協的人生。我們以為可以拿
到人生的金牌，但每天結束時筋疲力盡，以至於能躺在沙發上就夠好了！

大多數人都期盼人生過得精彩，總覺得人生要過得更有意義，過得更滿足、
更豐富，但時間一久，當工作大量占據人生，日子被「待辦事項」填滿，精彩人
生的念頭就一點一點消失。你將會發現本書中提到的故事，都希望人生有另一種
可能。人生過得更真實、更豐富、更有意義，同時也能有富足的物質生活，既滿
足基本「需要」，也能成就「想要」的欲望，在內在及外在之間找到平衡點。希
望「工作的我」、「家庭的我」及深層「內在的我」，能夠維持好的關係，而且
找到方法，讓工作不僅是過生活，也能豐富多彩。希望當人家問及：「要錢，還
是要命？」時，能果決地回答：「我兩個都要，謝謝你。」

我們不是在過「活」，而是在找「死」

對於多數的工作者，不管你是熱愛工作還是勉強餬口，在錢及生活上都很難
有自主的選擇。用工作換錢，取決於你醒著的時間有多少，剩下來的才是真正自

己的生活。

　　美國大部分的工業城市，受薪階級的生活大概都從一大早開始，鬧鐘設在六點四十五分起床，查看手機、盥洗，穿上制服。若是醫療從業人員，會開始清洗雙手、穿上無菌衣，建築工人則穿上牛仔褲及 T 恤。如果有時間就順手抓了早餐，拿起通勤馬克杯及公事包，提了午餐盒就急忙出門跳上車，很快就陷入車陣中，若是公車或捷運族，就得擠在滿滿是人的車廂中。上班族從上午九點到下午五點（或更長），應付老闆及豬隊友，周旋在供應商、客戶及病人中間。電子郵件爆多，做事行色匆匆，還得三不五時查一下社群媒體動態，同時隱藏自己犯的錯，在交代一個逼死人的交貨期限時，微笑地向對方致意。知道公司要裁員，但聽到是「組織重整」或「縮小編制」時鬆一口氣，知道不在裁員名單中時則暗自竊喜。

　　肩上的擔子越來越重，時間越來越緊迫，在表面上同意老闆意見時，還要跟自己的良心拔河。笑一下吧，終於五點了。跳上車、擠進捷運或公車，回家陪另一半、小孩或室友。做菜之後，也不忘拍張照上傳臉書，邊吃晚餐邊追劇，回幾封電郵再上床，幸運的話可以睡滿八小時。

　　這樣叫作「過日子」？想想吧！這世界上有多少人，在一天上班結束前表現得比踏進辦公室時更有朝氣？我們每天下班回家時，心情會比上班「謀生」的時候更好？當我們踏出辦公室，與家人或朋友相處時，有覺得精神更好、更充滿活力嗎？工作時，想要的人生到底在哪裡？對於大多數人來說，透過工作來「謀生」，其實更像是一種「謀殺人生」的舉動。為了工作賺錢，我們常常不自覺「謀殺」了健康、與親人的關係、快樂的能力及探索的好奇心。

　　為了錢犧牲生活，這過程日復一日、緩慢地進行，我們竟然都沒注意到。灰白的鬢角、中廣的身材，跟公司角落的斑駁辦公家具沒什麼不一樣，一台公務車及年資，是我們匆匆人生唯一留下的地標。最後，我們生活必需品得到滿足，有亮眼的領帶甚至優渥的生活，但在內心裡，我們已經被封鎖在「九點到五點」這

個僵固的生活模式中。

如果，我們不工作，多出來的時間該做什麼？本來希望透過工作完成人生夢想、找到生活的意義，但這些想法，逐漸在職場政治、身心透支、工作無趣及過度競爭當中，一點一點消失。

小時候那些充滿奇幻的想像力、大學時期懷抱的遠大理想，透過愛而與天地萬物心靈相契的時刻，就一點一點被遺忘了，都塵封在「年輕真好」的檔案夾中了。

就算是你喜歡工作，覺得透過工作能有一些貢獻，都可能會認為有其他更有樂趣的工作領域。擺脫朝九晚五的工作模式，這樣的滿足來自於找到一種真正熱愛的工作，不受限也不擔心被開除，陷入失業的窘境。有多少次我們自問「我想依自己想法，但董事會沒來由的希望用他們的方法行事」？我們要為了餬口，犧牲多少夢想？

我們以為自己是為工作存在

就算我們在財務上能脫離既不快樂又違背價值觀的工作，在心理上，我們也很難釋放自己。我們對自己的價值及認同多半來自於工作。

工作取代了家庭、社區、公益、宗教、親密夥伴，成為我們自我認同、喜怒哀樂的最重要來源。想像一下，當別人問你：「你從事哪個行業？」而你回答：「我是〇〇〇。」這時你感到驕傲嗎？還是羞愧？倘若你覺得沒有過上自己預期的人生，你會這麼回答「我只是一個〇〇〇」嗎？你感覺高人一等？還是不如別人？你充滿防禦心態嗎？你誠實嗎？你會在自己平凡的職銜上灌水，讓身分地位聽起來比較響亮嗎？

你曾經用薪水高低判斷一個人的價值嗎？當高中同學會時，你如何評斷老同學是否成功？你會問同學，你的人生圓滿嗎？有依照自己的價值觀生活嗎？還是

你會問他們在哪裡工作？職位多高？住哪裡？開什麼車？小孩在哪個大學念書？這些都是社會上定義「成功」的重要象徵。

就像種族及性別差異一樣，社會上對能賺多少錢有著一個看不見的階級觀念。我稱為「職業主義」（jobism），它充斥於我們在工作、社交及家庭裡的互動。為何我們會認為家庭主婦是次等公民？或認為老師的社會地位比醫生差？其實老師在處理問題學生時，與醫生在對抗疾病或面對死亡時，所採取的手段相去不遠。也許大家不自覺，但在我們與他人的日常互動中，已經把「你在哪高就？」當成判斷一個人價值高低的重要指標。

找「死」的代價很高

心理學家賴比爾（Douglas LaBier）在其著作《現代瘋狂》（*Modern Madness*）中，提出了「社會疾病」（social disease）的概念。他發現所謂的成功專業人士，往往拖著疲憊的身軀及空虛的心靈上班，提醒著他過分看重物質主義這件事，已經戕害身心靈的健康。他發現社會價值過度集中在金錢／地位／成功，往往讓成功人士忽略自我實現及人生意義的重要。幾百個研究對象中，有高達六成的比重，出現沮喪、焦慮及其他與工作相關的症狀，幾乎每個研究對象都有壓力過大的問題。❶

在美國，即使每週最多上班四十小時的做法已經超過半個世紀，但專業人士往往認為必須加班或是在假日工作，才不會被同儕拋在後面。經濟合作暨發展組織（OECD, Organisation for Economic Co-operation and Development）❷在二〇一

---

❶ 參見：Douglas LaBier, *Modern Madness* (Reading, MA: Addison- Wesley, 1986), as discussed in Cindy Skrzycki, "Healing the Wounds of Success," Washington Post, July 23, 1989.

❷ 編註：簡稱經合組織，是全球三十五個市場經濟國家組成的政府間國際組織，總部設在巴黎。

五年發布的研究顯示，一二％左右的美國人每週上班時數超過五十小時❸，另外一項美國經濟諮商會（Conference Board）的研究也發現，逾半數美國人「滿意」自己的工作，❹自願加班工作犧牲享樂。結果呢？如何賺錢？賺多少錢？成為美國舉國上下的通病。

錢都用到哪裡去了？

就算我們過得不快樂，但至少掌握了傳統定義「成功」的重要成分：銀行中的錢。但真是如此嗎？美國人的儲蓄率其實逐年下降。

根據美國商務部經濟分析局（US Bureau of Economic Analysis）統計，過去四年來，美國人的儲蓄率大概在五％，比二〇〇七年的二％上升，但比一九八〇年前的一〇％低了不少。❺

更糟的是，大部分美國人的實質薪資其實是停滯的，只有最頂尖的有錢人（付我們薪水的老闆）荷包越來越厚，財富離底層的民眾越來越遠。經濟政策機構（Economic Policy Institute）在二〇一六年的報告中表示，收入位於金字塔下層七〇％的人口，在二〇〇〇年之後，每年以五・三％的速度成長，最窮的一〇％的人，收入只增加二・二％。收入高的族群狀況又如何？二〇〇〇年以來收入位於頂端的一〇％及五％高收入人士，薪資則分別增長了一五・七％及一九・

---

❸ 參見：Organisation for Economic Co operation and Development, *How's Life? 2015: Measuring Well- eing* (Paris: OECD Publishing, 2015), http://dx.doi.org/10.1787/how_life-015 en.

❹ 參見：B. Cheng, M. Kan, G. Levanon, and R. L. Ray, Job Satisfaction: 2015 Edition: *A Lot More Jobs — Little More Satisfaction* (The Conference Board, 2015), https://www.conference-board.org/publications/publicationdetail.cfm?publicationid=3022&centerId=4; https://www.conference-board.org/press/pressdetail.cfm?pressid=6800.

❺ 參見：David Walker, *A Look at Our Future: Retirement Income Security and the PBGC*, National Academy of Social Insurance Policy Research Conference, January 20, 2006, http://www.gao.gov/cghome/2006/nasrevised12006/nasrevised12006.txt.

八％。

在相對低薪及低儲蓄率的情況下，債務節節攀高，二〇一七年底，美國累積的消費債務已經達到三‧七兆美金，比二〇〇〇年時增加了一倍。每個美國人，不論男女老幼，都負擔了一萬一千美元的債務。[6]債務變成了我們的枷鎖，高債務加上儲蓄不足，美國人陷於朝九晚五的生活模式中。因為房貸、車貸、學貸及卡債的壓力，人們沒法離開工作，更多美國人被迫以車為家或流落街頭。

在全球化及企業整併的大潮下，每個產業，從製造業到高科技業都得裁員，這是必須面對的新現實。

週間工作時感覺快死了，但週末又活回來

現在來看看一般消費者如何花辛苦賺來的錢。週六把衣服拿去乾洗，到修車廠做輪胎校正，或請修車師傅看看到底為何愛車發出怪聲，到超市買足供給一家人一週的食物，結帳時你以為大約只要七十五美元，想不到在付款時竟付了一二五美元。（當然啦，你可以蒐集一些折價券省點錢，但誰有時間做這事？）再到大賣場買兩本大家都在讀的暢銷書。結果手上拿了兩本書，一件西裝（因為打對折）以搭配鞋子，又幫小孩買了幾件新衣，反正是刷卡付錢。突然想到回家之後要修剪一下花草，糟糕！修整苗圃需要園藝剪。家中的烤麵包機，即使調到最弱的火力還是把麵包烤焦，又找不到保證書，只好到賣場再買一台新的，結果結帳時又拿了一個組合式的置物架及廚房用的油漆色樣，啊！差點忘了買烤麵包機。跟伴侶出去吃頓飯，把小孩交給保母顧一下。週日上午弄點鬆餅給大家當早餐

---

[6] 根據三‧七兆美元的債務除以美國三‧二五億左右人口，每人超過一萬一千美元。參見：Board of Governors of the Federal Reserve System, "Consumer Credit—G19," December 11, 2017, http://www.federalreserve.gov/releases/G19/Current/.

吧，糟糕，沒麵粉了，去雜貨店買點麵粉吧，結果又順手買了草莓藍莓搭配鬆餅，還有楓糖、蘇門答臘咖啡，千萬別忘了要買麵粉。帶小孩去湖邊游泳，到加油站加油，看看價目表，不由得眉頭一皺。開車到鄉間的餐廳吃晚餐，再用信用卡付帳。回到家看看電視打發時間，不時有誘人的廣告出現，企圖說服觀眾：只要買了保時捷跑車、到國外旅遊或是買一台新的電腦，生活會更好。

我們以為可以透過工作滿足這些需求，但其實我們花的錢比賺的還多，消費的東西比我們需要的多，這使得我們又得回到職場賺錢。

幸福是什麼？

假如每天辛苦工作可以換來快樂，那麼一點點不爽或不方便好像是值得的；假如我們相信我們的工作會讓世界更美好，犧牲睡眠及生活品質，也不會覺得被剝奪；假如用辛苦錢多買一個玩具，帶來的不僅是經濟上的滿足，而是心靈上的激勵，那麼工作也會快樂點。但很明顯地，金錢除了能滿足基本的生活安穩外，並沒有辦法帶來我們要的幸福，

在我們舉辦的論壇中，不論收入多寡，幾乎所有的參與者總是認為擁有「更多」才能帶來幸福。我們請參與者為自己幸福指數評分，一是困苦，五是很幸福，三則是「沒有什麼好抱怨的」，再跟他們的所得水準比較。在一千位參與調查的美國及加拿大人中，無論他們的收入是一個月一千五百美元，還是六千美元，平均幸福指數為二・六至二・八（連三分都不到）（見圖表 1-1）。

結果讓我們吃驚，不論收入多寡，生活中常常會有習慣性不開心的狀況出現。那些財務狀況比較好的受訪者也表示人生並不圓滿。我們在問卷中問道，「賺多少錢才能讓你感到快樂？」猜猜他們怎麼說？他們總是回答：「要比我現在多更多！」（多上五成或多一倍）

看看我們的生活，生在人類史上最富有的時代，活在地球上，但我們卻埋頭

圖表 1-1　幸福指數

以下的選項，哪些跟你現在的生活最接近				
1	2	3	4	5
• 不舒服 • 累 • 不完整 • 挫折 • 害怕 • 常感孤單 • 生氣 • 需要愛 • 不安全感	• 不滿足 • 尋找 • 不夠 • 關係有待加強 • 窮於應付 • 比較好一點 • 不是很有生產力 • 需要慰藉	• 滿意 • 還好 • 一般 • 可以接受 • 有時快樂、有時憂鬱 • 穩定 • 正常 • 風險不高 • 正在適應	• 快樂 • 成長 • 滿足 • 生產力高 • 放鬆 • 不緊張 • 有效率的 • 有時間 • 有趣 • 安全感	• 愉悅 • 熱切的 • 圓滿 • 滿溢 • 興味盎然 • 能力大 • 改變

以下的選項，哪些跟你現在的生活最接近				
月收入（單位：美元）	$0–1,500	$1,501–3,000	$3,001–4,500	$4,501–6,000	$6,000 以上
參與調查者的平均生活品質指數	2.81	2.77	2.84	2.86	2.63

苦幹，深陷生活及工作的迴圈中。我們的內心其實希望尋覓一些超脫日常生活的價值，可惜好像一直都無法找到。

消費模式不變，地球資源將耗竭

假如這是我們個人的慘況也就罷了，但事實並非如此，我們富足的日子已經對地球產生毀滅性的影響。

一九八七年，聯合國世界環境與發展委員會（World Commission on Environment and Development）警告，已開發國家這樣的消費模式是環境破壞的主因之一。不過這份報告發布以來，除了使用科技產品的頻率越來越高外，我們的生活模式並沒有產生多少改變。

我們不缺警告，即使電視新聞不斷提出，但我們越來越不知道什麼該相信，或者為什麼需要關心這樣的議題。

環保人士已經盡力用圖表及各種資訊不斷傳遞地球越來越熱的訊息，暖化消融了冰山，使得有些地區的溫度越來越高。「全球足跡網路」（Global Footprint Network）製作了一個生態足跡量表（The Ecological Footprint metric），把製造日常用品所消耗的能源及資源，從汽車到沙發清楚列出。你可以從這個模型中，看到消費品創造的碳足跡[7]。如果在北美洲的這群人消費模式不改變，我們可能需要四個地球才夠消耗，但我們只有一個地球！

每年「全球足跡網路」都會聯合「世界自然基金會」（World Wildlife Fund），舉辦「地球超載日」（Earth Overshoot Day）活動，地球超載日指的是地球再生、可供人類使用一整年的資源，將在這一天用盡。每年在活動中，都會

---

[7] 編註：碳足跡是指每個人、每個家庭或每家公司日常釋放的溫室氣體數量（以二氧化碳即 CO_2 的影響為單位)，用來衡量人類活動對環境的影響。碳足跡可被定義為與一項勞動以及產品的整個生命週期過程所產生的二氧化碳排放量。

宣布地球的資源在何時將被耗盡。一九七一年，地球超載日發生在十二月二十一日；十年後提前到十一月十二日；一九九一年，超載日進一步提早至十月十一日；二〇〇一年九月二十三日；二〇一六年，提早到八月三日。現在的狀況又是如何？地球是大自然的產物，還要多久，支持萬物生長的資源將消耗殆盡？

當我們發生個人的債務問題，汽車可能被拿走，房子可能被拍賣，再也沒有能力借錢，可是只要活著就有機會再起。但對於環境負債可沒辦法這樣做，因為我們只有一個地球。

金錢遊戲中最大的輸家

可惜的是，我們根本沒有辦法體會環境債務到底多大，因為受害者無法發聲，我們也找不到債主，誰又該為這筆債務負責。在環境債務中，沒有「銀行」可融資，只能說我們正在透支屬於下一代的資源，占大自然的便宜。我們每天吃的、穿的、買的、使用的，都是來自於地球。

李歐納德（Annie Leonard）在紀錄片《東西的故事》（The Story of Stuff）中展現我們的生活消費模式，就是從地球取得資源，送進工廠，買回家裡，然後丟掉，是一條有去無回的單行道。我們只管享受眼前的富裕，根本不管擁有的一切其實都是取自地球，從土壤、水源到空氣，大自然不會伸手跟你抽稅。社會是越來越文明，我們仍然依賴可以呼吸的空氣、水及土壤來維持生存。

然而，對這種消費模式我們卻無意踩煞車，企業當然也不會鼓勵少消費一點。在政治上，限制消費也是一種自殺行為。就個人來說，很少人願意犧牲自己便利的生活，除非大家同時一起改變。

環保團體、地方政府及非政府組織現在找到一個辦法，說服民眾履行環保。他們告訴大家，如果地球的狀況改善了，消費主義崇尚的 3C——舒適（comfort）、掌控（control）及便利（convenience）也會越來越好。一旦太陽能

發電越來越有價格競爭力，就有越來越多人裝置這種設備，一旦電動充電站像加油站一樣多，消費者就會傾向選擇對氣候友善的車種。我們其實沒有改變消費的心態，只是選擇不同的科技。這樣夠了嗎？不，作家奧斯丁及殷立其（Robert Ornstein and Paul Ehrlich）在他們的著作《新世界、新想法》（*New World New Mind*）中指出，人類只對立即威脅（例如：老虎、火災及敵人的白眼）做出反應。在今天的世界中，越來越高的債務及環境威脅等都屬於溫水煮青蛙的慢性威脅，我們不認為這些有立即的危險。奧斯丁及殷立其認為我們必須學習，對反應氣候變遷上所花的力氣，應該跟看到老虎趕快爬到樹上的程度一樣。❽

有些消費者心態**正在轉變**，他們追蹤生態趨勢，對於綠能新科技也勇於嘗試，你可能已經是其中之一。但只強調美德，沒有辦法改變現狀，首先必須打破「越多越好」的心態，讓大家真心誠意想要改變，而不是被逼行事。環保先行者也往往能發展出最好、最聰明、最適宜的方法，讓環境及人類共存。你將清楚看見，工作到死或什麼都要的心態，真的不是最好的生活方式，認清這點，連你自己都會得到解脫。

多真的是好事嗎？

因為我們不願放棄「買更多，日子才會更好」的消費習性，所以把生活越弄越糟，這種消費習性也拖累職場人生。我們期望每年都能賺更多的錢，因此肩膀上的責任越來越重；我們一直想升官，這樣才更威風；我們老是希望擁有更多，在社交圈中贏得更多特權及尊敬。我們習慣性地要更多東西，也認為世界應該提供更多的消費，擁有越多，想要更多，很難滿足。

部分原因，可能是拓荒的精神一直存在北美居民的心態中，所以對「更多

---

❽ 參見：Robert Ornstein and Paul Ehrlich, *New World New Mind* (New York: Doubleday, 1989).

一點」有深深的期盼。連《星艦迷航記》第五集，都被叫作「終極先鋒」❾。在美國傳統中，「贏得」了西部，更被認為是一種上天賦予的「昭昭天命」（Manifest Destiny）。

對美國人來說（越來越多國家的消費者行為也一樣），因為「越多越好」這種心態，我們三年就換一輛車，只要有促銷就買新衣服，只要經濟條件許可，就想要換更大更好的房子，或是每次廠商一推出新機種，就想要換電視及智慧型手機。這些行為，對於地球來說都必須付出代價。美國國家輿情研究中心（National Opinion Research Center）的研究顯示，表示自己過得「非常快樂」的比例，從一九五〇年後期就一直持續下降，「越多越好」的行為，竟然變成對生活不滿意的來源。假如你活在什麼都要的心態下，那永遠不會覺得滿足。

在「越多越好」的心態下，「夠了」就像一個逐漸退卻、縮小的領域。你會失去辨別「夠了」的能力，不知道到哪個程度該喊停。這種心態會讓人陷入「進退維谷、左右為難」的消費窘境。當我買更多東西，我以為人生會更好，但當抱持這種信念買更多東西時，又覺得欲望沒有被滿足。因為，「希望」是一個沒有止境的概念：如果我可以買到這個東西，我就會如何、如何……如此，債務會日益沉重，失望也會逐漸增加。以為更多會帶來更好生活的迴圈，將無止境地一直循環下去。

成長的極限

在經濟上來說，「越多越好」的真義是「成長就是好事」。現代經濟概念對「成長」有極高的信仰及崇拜，理論總是說，成長能解決貧窮問題；成長能增進

---

❾ 譯註：the final frontier，先鋒有隱含拓荒的意味。

生活水準;成長能降低失業率;成長能讓生活品質不被通膨吃掉;成長能讓富人走出厭倦;成長也能讓窮人走出困頓;成長能提振經濟,也能讓市場保持長紅,擊敗世界上其他對手。潮起了,船才走得快,不是嗎?

但我們忽略了,所有的成長,地球都必須付出代價,即使在無虞的情況下,大自然也不可能無止境地提供資源,資源有被用完的一天。

大自然有其限制。就本質上來看,沒有什麼東西可以無限制成長,地球上的動植物都有生命週期。一旦到了滿足點,就會停止成長,我們應該投資更多在生命能量(life energy),而不該只顧成長及繁衍。道理顯而易見,不論是動物或植物,其能取得的能源、食物、水、土壤、空氣,數量都有極限,總是會來到一個環境無法應付的臨界點,物種會因為缺乏資源,瀕臨死亡或滅絕,不論個體或整體都一樣。

地球超載日已經清楚描繪,以目前的狀況來看,人類個人及整個經濟體的需求總合已經超越大自然所能承擔,但我們卻一直不願面對這個事實。

不願面對現實

就像潘姆・提莉絲(Pam Tillis)在一九九三的一首歌曲裡唱道:「叫我克麗奧佩特拉(Cleopatra)❿,各位,因為我就是『不願面對現實』(Queen of Denial)女王。」對很多人來說,錯誤的決策做得越多,**越容易**抱殘守缺。

我們總以為不用改變,科技會拯救我們。看看歷史,科學及技術讓天花及白喉這種致命疾病絕跡。當然,我們也能發展出讓水質淨化的技術;基因科技在極端氣候下也能讓種子成長,污染消失,同時發明出取之不竭的廉價能源。

❿ 編註:埃及豔后。

假如，科技解救不了我們，政府一定可以。假如我們遊說得宜，讓政府撥款，就能發展出計畫，有的是專家知道如何應付這些問題，反正這不是我的問題，是第三世界的事。如果「他們」停止生孩子、燃燒森林，我們就能生存。是他們需要做出改變。在許多事件中，要我們改變根本很愚蠢，因為那些報告可能都是錯的！科學家、政治人物及媒體以前都騙過我們。環境的問題就是一些聰明的律師及緊張兮兮的環保人士創造出來的，**我**能做什麼呀？我已經深陷債務，就算為了地球的永續，需要我做一些事，我也沒辦法一天不開四十英里到工廠上班。

　　當人類及地球傷害日漸嚴重，我們需要停下來想一下，這些真的值得嗎？這是我們要追求的富足嗎？如果不是，為何像成癮者般不願改變這些會害死人的惡習？

消費主義是工業社會的產物

　　雖然一味追求舒適的生活對我們及地球都不好，但之所以這樣執著，可能跟人類長久以來與錢的關係有關。錢，就像電影螢幕一樣，映照著我們現在的生活方式。我們以為錢就是讓夢想實現的重要來源，錢讓我們降低恐懼，也能平撫傷痛，或者讓我們到達全新的境界。事實上，藉由金錢，我們滿足大部分的需求、想望及欲望。我們用錢買希望、買幸福，不再用心過日子，以為花錢可以買到一切。

　　在工業國家中，人們以前被稱為公民，現在每個人都被當作消費者，根據定義，消費代表「濫用」、「浪費」、「破壞」、「揮霍」。消費主義是二十世紀工業社會的產物，被視為經濟成長的必要手段，也因此，人們一直被鼓勵買更多東西。

　　在一九二〇年代初期，工業革命成功地改變人類文明。機器大量生產，滿足

人類的需求，勞動力也大量被機器取代，美國勞工開始要求縮短工時，休閒時間變多，勞工於是利用閒暇時間享受勞動成果。在這樣的趨勢下，美國社會出現兩種新的典型。一種是道德主義者（moralist），他們是新教崇尚工作價值的信仰者，認為「遊手好閒的人，等於是幫魔鬼工作」，認為休閒是一種墮落的行為，就算不犯世間的七宗罪（傲慢、嫉妒、憤怒、怠惰、貪婪、暴食、色欲），也會使人懶惰。實業家（industrialist）是另外一種典型。工業革命發展成熟，工廠訂單減少，威脅經濟成長。勞工在那時期，對於買新產品及服務（例如：汽車、家電及娛樂）並不熱中，他們還是喜歡買一些生活必需品（食物、衣服及房屋）。

　　但是，經濟需要新市場的挹注，機器用快速及精確的方法生產出的物品，必須有新需求才能消化，生產者有利潤可圖，才能繼續量產。於是，他們想出一個聰明的方法：既然面對的是同一群消費者，人們需要被教育，除了基本需求之外，還得買那些他們其實不需要的新東西。提高生活水準，這個概念就不斷被放大。藝術、科學之外，「行銷」這個概念應運而生，不斷說服美國人，工作的目的，不是為了滿足基本的溫飽而已，還要提升生活水準。一九二九年，胡佛委員會（Herbert Hoover's Committee on Recent Economic Changes）曾發表一份報告倡導這個新概念：

　　　　研究證實了一件事情，人們的欲望往往得不到滿足，而讓自己的欲望得到滿足，等於是為了下一個人創造了機會。經濟上，擺在我們眼前的，是一個沒有止境的世界，一個新的欲望，只要很快被滿足，就會創造下一個欲望。結論：經濟上，我們的生活是富裕的，經濟成長的動力非常強。❶

---

❶ 參見：Benjamin Kline Hunnicutt, *Work Without End: Abandoning Shorter Hours for the Right to Work* (Philadelphia: Temple University Press, 1988), 44.

閒暇時的活動，不應該滿足只從事單純的「放鬆活動」，應該把休閒時間拿來增加消費，讓花時間也變成一種消費（例如：旅行及度假）。亨利·福特（Henry Ford）⑫也深有同感說：

> 　　人們應該工作少一點，消費多一點，商業活動就是一種物品的交易。物品之所以交易，是因為人們的需求必須被滿足。不只是實質生活，心理也要被滿足，休閒時刻，心理的滿足最容易實現。⑬

　　胡佛委員會也認同這樣的概念，休閒不應該成為「放鬆」的理由。休閒應該像是一個洞，需要欲望去填補它（當然，需要更多的工作，才能夠支付這些費用）。事實上，新的消費主義，其實等於是宣揚基督教的「七宗罪」，可能只有憤怒及怠惰沒有包括在內。

　　這個風潮在大蕭條時期短暫衰退，消費主義在二次大戰後又重整旗鼓，而且聲勢更強。一九五五年，美國零售業分析師賴鮑（Victor Lebow）觀察：

> 　　在這個強調生產力的經濟體中，消費變成我們的生活習慣，我們把買東西及使用新產品變成了一種儀式。在消費中找到了精神上的滿足及自我滿足……我們買東西、盡情使用它們、把它們用壞，然後丟掉舊的，再買一個新的，這樣的循環越來越快。⑭

---

⑫ 編註：美國汽車工程師與企業家，福特汽車公司的建立者。亨利·福特是世界上第一位將裝配線概念實際應用在工廠並大量生產而獲得巨大成功者。

⑬ 同⑪，頁 45-46。

⑭ 參見：Victor Lebow, in *Journal of Retailing*, quoted in Vance Packard, *The Waste Makers* (New York: David McKay, 1960), 摘錄於 Alan Durning, "Asking How Much Is Enough," in Lester Brown, *State of the World 1991* (New York: W. W. Norton & Company, 1991), 153.

也因為這個循環，我們就像滾輪中的老鼠一樣，為了買更多的奢侈品、有更多享樂的機會，得一直拚命做更多工作。今天，因為網路及手機的出現，消費的範圍又更大了，只要醒著，隨時隨地都可以消費。產品從引起欲望到送達，只要敲一敲、滑一滑螢幕、點擊一下就完成，以前只給少數特定人士的特權，變成大家都能享受的事情。這個做為消費者的新身分，讓我們學會如何維護權利，抵制不誠信的企業，然而，「權利」已經發展出另一種不同的樣貌。

血拼的權利

美國人已經深信消費是我們的權利。不論有沒有使用及享樂的需求，只要有錢就能買任何想要的東西，不管這些東西是否真正需要，也不管會不會用到，或是否有樂趣，反正這是個自由的國家呀！如果沒有現金，那為何辦信用卡？當然拿出來刷呀！我們天生下來就是註定要血拼的！誰在死之前買到最多東西，就是人生的贏家。生活、自由及追求更多的物質，變成美國的象徵符號。

尤有甚者，我們不只認為自己有與生俱來的權利消費，更以為消費可以讓美國強大。我們總是被灌輸，如果不繼續消費，很多人就會因此失去工作，失業率會升高，工廠關門，城鎮會失去經濟基礎。要讓美國強大，就要繼續買東西。為何消費者信心指數會是美國經濟的重要指標？部分原因是如果少消費一點，或多存款，就變得不像美國人。現代經濟思維也鼓勵消費這件事。存款之外，我們怎麼花用自己的「可支配」所得？絕對不能把錢存起來，因為金錢不流動就會變成爛頭寸。所以如果消費是使得經濟強大的手段，存款會讓同胞失去工作，那麼線上購物就應該是愛國的表現。

唯一的缺點是消費會讓欲望不斷提升，超出我們所得範圍。本來以為是愛國心的展現，結果卻讓自己掉進債務泥淖。這讓美國人陷入了進退維谷的困境，展現經濟愛國心的結果，竟然債務纏身，沒有人是贏家。如果不消費好像不對，拚

命血拼也不對。

　　廣告加深了這個困境。平均每位二至十一歲的美國小孩，每年收看兩萬五千則廣告。[15]以全球狀況來看，廣告市場超過五千億美元，[16]這些廣告加深了我們對商品的欲望。以前廣告只限於電視、印刷媒體及戶外看板，但在數位時代，廣告無所不在，隨著美國人使用手機的時間增加，跳出式廣告、多媒體廣告及側欄廣告不斷招手，提醒我們剛才用搜尋引擎看了哪些訊息，推薦我們線上購物的商品。

　　行銷理論認為恐懼會引發需求，藉由訴求獨家限量產品，引發貪婪及罪惡感，或是滿足我們爭取認同的需求。廣告投放技術，配合市場研究及運用高超的心理學，讓消費者在情緒上失衡，進而說服我們若要消除心中的不安定感，購買商品是最好的途徑。

　　同時間，電視、電話、廣播、網路和報紙廣告正在傳播關於環境的壞消息。產品包裝堵塞了垃圾掩埋場。然而，大量製造生產是造成氣候變遷的因素之一，污染地下水源、砍伐亞馬遜叢林、污染河川、水位降低。如果穿著傳統棉質衣服會促進大量使用殺蟲劑，穿化學纖維衣物會增加使用石化原料，如果什麼衣服都不買又會讓人失業，做與不做都好像不對，消費者陷入父子騎驢的窘境。

　　人類做的每件事，都會對環境造成衝擊，即使強調「友善環境」或是「天然永續」的產品，造成的影響也只是相對較少，找不到兩全其美的方案。

　　我們每天早上上班時，是不會想到這些事情，也沒想到「買還是不買」這個

---

❶ 參見：D. J. Holt, P. M. Ippolito, D. M. Desrochers, and C. R. Kelley, *Children's Exposure to TV Advertising in 1977 and 2004* (Washington, DC: Federal Trade Commission Bureau of Economics, 2007), 9.

❷ 參見：Michael Sebastien, "Marketers to Boost Global Ad Spending This Year to \$540 Billion," *Advertising Age*, March 24, 2015, http://adage.com/ article/media/marketers- oost - lobal ad spending- 40- illion/297737/.

問題。但是實際上，我們每天都會碰到困境，行使完消費這個權利之後，帶來的債務問題及環境傷害，就像玩俄羅斯轉盤一樣，逐漸成為嚴重的問題。「我一個人可以幹嘛呢？」我們常常自問之後，就回頭不管這個重要議題了，或是只有三分鐘熱度，這樣日復一日，週而復始，長久下去，浪費依舊，用拒絕承認事實逃避困難的抉擇。

如果我們繼續這樣一點一點改變，只是會拖慢前進的速度，最終會走向逐漸萎縮及惡質的未來。其實我們需要的不是一點一點「改變」，而是結構性的徹底「改造」。改變，是在同一個棘手的問題上找解決方法；改造，則是檢視困境，透過重新提問來找到新的曙光。

我們必須從成長的思維裡走出來，接受永續的概念，這需要每一個人改造和金錢與物質世界的關係。重新評估生活中的消費及收入，會讓我們的人生、社會及地球重新回到正確的軌道。從過去的經驗學習，決定我們目前的生活方式，進而創造一個全新的、實用的金錢關係，揚棄過多的假設及迷思。與金錢及物質環境，建立一條全新的道路及規畫，這樣做才真正能與時俱進。

金錢新藍圖的開始

到底是什麼讓消費這件事情變成無節制的浪費？廣告商推銷物質主義，我們就全部買單，為何會這樣？

心理學家把金錢稱為「最後的禁忌」（last taboo），我們甚至願意跟心理諮商師討論性生活，而不願意與他人討論財務狀況。金錢代表的意義，通常不是我們真的擁有多少，而是覺得夠不夠用，但金錢是影響人生的關鍵因素，重要性還是難以忽視。然而，平常除了抱怨或聊八卦時偶爾會提及，親朋好友間很少把錢當作重要或必要的話題。為什麼會這樣？誠實談論金錢，會帶來什麼無法承擔的損失？

信任的模式

　　要解答這個問題，首先得了解人心。從東方哲學到現代腦神經科學，不同的研究都似乎同意一個基本概念，人的大腦思考是以一套套模式進行，而且是一種重複的模式。不像有些動物，對於不同的刺激會有固定的行為反應，人類的反應是以模式化的方式進行。行為模式的產生有些源自個人經驗，特別是五歲前的刺激；有些行為模式是天生的，有些是文化，有些則是人類所共有。這些行為模式大體上最重要的目的是提高生存的機會。一旦模式被大腦記錄，或一旦被驗證認為有助於生存，就非常難以改變。我們聞到炒洋蔥的香味就流口水，看到紅燈就踩煞車，當有人喊叫「失火了！」就分泌腎上腺素。如果記憶沒有對於外在環境變化有這樣的反應，我們就很難生存。

　　但問題來了：這些行為模式並沒有反映客觀事實，但仍一直左右我們的行為。事實上，有些行為模式非常頑固，我們常常照著自己的解讀做事，而拒絕接受客觀的事實。走在梯子下面或是打破鏡子，真的代表厄運罩頂？當然，大部分的人對於這類迷信，可能都嗤之以鼻，但其他呢？到底感冒怎麼傳染的？是因為頂著還沒乾的頭髮外出？還是被細菌感染？前者也許很容易被判斷是無稽之談，但後者呢？畢竟，還是有很多在辦公室裡的人沒有感冒，是因為細菌跳過他們？細菌理論是不是現代迷信呢？又有哪些證據可以適用到未來呢？

我們的行動說明了什麼？

　　有沒有可能，我們對財務的了解跟地球是平的理論一樣已經脫離現實？這些都是真的嗎？萬一我們對財務的了解也是一場迷信？我們還要相信小時候怪獸躲在床底下的故事？我們還長不大嗎？

　　例如，雖然我們告訴自己錢沒有辦法買到快樂，人生中最棒的事情是有自由，但實際情況如何？誠實需要更深度的自我認知。我們的行為完全不是那回

事。

當感到沮喪、寂寞，感覺不到愛，我們會怎麼做？我們藉由買東西安慰自己：一件漂亮衣服、一杯飲料（或兩杯）、一輛新車、一球冰淇淋、到夏威夷散心、買一缸金魚、看電影，一大包巧克力餅乾（或兩包）。

當我們慶祝自己走運，我們買東西慶祝：到酒吧好好喝一輪酒、一場盛大的喜宴、一大把玫瑰花，或一枚鑽戒。

解決無聊的辦法也是買東西：一本雜誌、一艘遊艇、下載一個 app、賭賭馬（買彩券）。當我們覺得人生還少了一些東西，我們也是掏錢解決，參加講座、買一本自我成長的書、買一棟鄉間小屋、在市區買一間房子。

這些都沒有什麼不對，就是我們會做的事情，我們已經學會用外在的東西來回應內心或靈魂發出的訊號。我們總是用消費滿足精神或心靈的渴望，為何會這樣？

看看一張圖。

滿足曲線

圖表 1-2 是「滿足曲線」（fulfillment curve），顯示滿足感與金錢（通常指的是取得更多所有物）的關係。在曲線的起始，取得越多的所有物，確實可以帶來更多滿足感，但當基本需求滿足之後，吃飽了、穿的也夠了、也有遮風避雨的地方，此時，大部分的人忘記飢寒交迫的恐懼，因為有毯子或擁抱讓我們溫暖。當感覺傷心，或是忍不住哭泣，我們靠外在各種神奇的東西撫平情緒。需求必須被滿足，我們才能生存，我們的內心記錄了所有的過程，時時牢記：有需求要被填補？

人們神祕的魔幻需求滿足機制永遠有新的需求，回應之後滿足再次到來。**想要什麼？到外面找，買點東西，滿足感又回來了。**

滿足感已經從基本需求（食物、衣服、居住），進展到更高階的需求（玩

圖表 1-2　滿足曲線

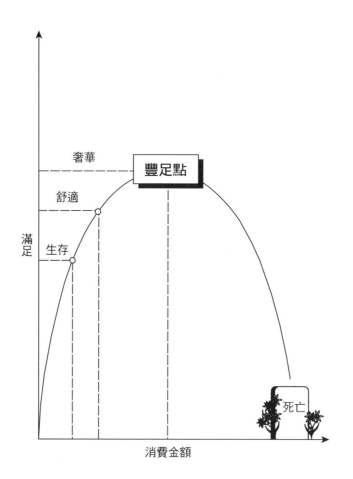

具、衣櫥、腳踏車），消費新產品與滿足感已經建立了正向關係，並且深深地烙印在心裡。

還記得小時候，當你得到渴望的玩具的感覺嗎？如果爸媽盡責的話，他們應該馬上教你：「親愛的，這些東西要花錢買，我們願意掏錢買你要的東西，是因為我們愛你」，哈！此時小腦袋中有了新規則：**想要什麼？到外面找，買點東西，滿足感又回來了**。一旦有了零用錢，我們開始更進一步了解錢的價值，可以用自己的想法買到快樂，如此年復一年。

最後，只有奢侈品才能帶來滿足感。世界上大多數的人，都沒有辦法享受到汽車這個奢侈品，但對於美國人，我們人生中的第一部車，只是一生追求下一部更棒汽車的開端。接著，我們可能開始人生第一個奢華旅行，或上大學念書。人生的第一棟公寓。請注意，每個需求被滿足之後，都會帶來興奮感，但更大的需求就得用更「高」的興奮才能滿足，而且興奮感消失的速度，會一次比一次快。

但是此時我們已經深信金錢就會帶來滿足，曲線已經接近高點。當進入人生另一階段，房子、工作、家庭責任，錢雖然越來越多，但卻帶來更多的煩惱。職場上越爬越高，但相對投入的時間及能量也越多，照顧家庭時間越來越少。如果感覺被剝奪，就會失去更多，憂慮也會越來越多。不只要繳更多稅，給稅賦諮詢的費用也越來越高，更多的社區及公益服務要做，家中也需要重新裝潢，網路、有線電視及手機帳單，讓孩子快樂長大也得花一筆錢。

直到有一天，我們發現空虛地坐在三千坪大房子裡，地下室裡有三個大停車位及高檔的健身器材，但渴望找到真正的人生。這種簡單的快樂，貧窮的大學生在公園散步就有了。這時的情況是，滿足感已經到頂了，**金錢＝滿足**的公式再也無法發揮功能，反而開始產生副作用，然而我們卻未察覺，不管買多少東西，滿足感就是往下直墜。

豐足點：滿足曲線的頂端

圖中最有趣的位置是滿足曲線的「頂點」，我們一生幸福的秘密就是找到這個點，能取得最大的滿足感，有個特定的名詞描述這個滿足曲線的頂點，這也是改造我們與金錢關係的基礎。這個詞，我們幾乎每天都掛在嘴上，但實際上卻沒有能力體會真諦。這個詞是**豐足**（enough），在滿足曲線上的最頂點，就是「豐足」。

豐足讓我們能生存；豐足讓我們能舒適及快樂，甚至可以有些小小奢華，需要的每件事情都可以得到，也沒有過多的東西會讓我們感覺沉重，或者沮喪、分心。不用借貸過日，也不會被錢奴役，豐足是一個不會有恐懼的境界，一個充滿信任的所在，可以誠實面對自我及自我觀照，真正享受金錢帶來的好處，不會浪擲金錢在無謂的消費上。一旦你覺得某些需要已經被滿足，滿足曲線就會轉向並一直往上，請繼續這樣保持下去。

混亂，比匱乏還慘的命運

但在頂點之後，會發生什麼事？當滿足曲線從頂點向下彎之後，會是什麼樣的狀況？就是混亂！混亂的原因是因為有太多多餘的東西，多餘的東西沒有辦法為你所用，更會占據你的空間。在滿足曲線頂點之後得到的事物，不能為幸福感加分。排除多餘的東西不代表是匱乏，反而是騰出空間讓新的東西進來，得到新的啟發。

這也就是為何縮小規模、節儉及儉約，會常常與剝削、欠缺及需求畫上等號。事實正好相反，豐足是一個有創意、自由及有更多可能的地方。因為堆積如山的雜物壓得人喘不過氣，這些雜物有待整頓、清理、移除、處理並按時付款，這樣的狀況比匱乏還要慘。

愚昧無知

但到底是什麼原因造成混亂？滿足曲線告訴我們，生活中大部分的混亂都是從「越多越好」這個貪婪之門進來的，這種心態是一種物質主義引發的疾病，以為內心的滿足感得靠擁有更多的外物才能獲得。這源自於從小到大的經驗，我們不舒服的感覺常常因為擁有一些外在事物而被平復，像是嬰兒奶瓶、毯子、腳踏車、大學學位、寶馬轎車，或更多類似奶瓶等安撫內心的工具。

也有來自一些無意識的行為，喜歡買一些無關緊要的東西，我們稱之為**葛利葛斯胸針**（gazingus pin），其實不買這些東西根本不會造成生活任何影響。每個人都有一些這樣的癖好，從耳塞、小螺絲起子、鞋子、筆到巧克力糖等雜七雜八的小東西。

你有事沒事就喜歡到賣場或上購物網站閒晃，當作每週必備的儀式，不知不覺就走到擺放無關緊要東西的櫃位上，欲望開始蠢蠢欲動，想要把這些東西帶回家：哇……這東西又出粉紅款式了……我都沒有粉紅色的……哇……這東西竟然有無線遙控的款式……這樣會方便很多……哇……有防水系統問世了……如果我自己用不到，也可以送人呀……有新的榛果口味推出了……還有椰子的……還有義大利杏仁口味，我從來都沒有吃過這種，你的手（對！就是你身上的手）不知不覺就伸了出去，滑鼠或手指不由自主地點了螢幕，把東西放進了購物車，像沒有知覺的喪屍一樣結帳。

你把戰利品提回家（或是線上購物的包裹送到家門口了），你把這些可有可無的東西，再次放到抽屜裡（裡面可能已經有五到十項類似的東西），過了不久，你完全忘記它們的存在，下回購物時，你又會不知不覺跑去同樣的櫃位，買同樣的東西……

混亂的面貌

不在視線裡的東西，不代表它不是雜物，那些專門放無意義雞肋小物的抽屜——包括閣樓、地下室、車庫、衣櫥、收納箱，裡面就可能擺滿了多餘的戰利品，這些東西也許買來之後就從來沒用過。把它們束諸高閣會覺得很可惜，把這些沒拆封的小物分門別類整理好，但是完全不用，你又覺得有罪惡感。只穿幾次的衣服，打包後便宜賣給二手店覺得可惜，有點沒有滿足的失落，甚至有時還會迷信自己的衣服給別人穿不大好，但直接當垃圾丟掉更不捨。一旦你開始留意，會發現這些雞肋小物到處都是。

這樣堆積多餘的東西，到底意義為何？此外，你的行事曆中，有多少午餐、派對、社交場合、晚宴，也是屬於這樣的雞肋性質？對你的人生一點助益也沒有。又有多少上班的日子，也是這樣雜亂無章、一事無成地混過去？永遠完成不了的待辦事項又有多少？你的人生，就在這些瑣事中，一天一天像走馬燈一樣度過，像漫無目的地翻閱雜誌，或是被小孩棄置的舊玩具。

從國家大事，到私人事務，有時你的心態及想法亂無頭緒，缺乏計畫行事。毫無章法的結果，導致常常因為健忘而得重複進出賣場，添購一週所需的雜貨。你的嗜好也可能是雞肋小物的重要來源，真正用得到的東西跟所擁有的東西，差距通常很大。假設你喜歡攝影，可能會發現自己的攝影包中有許多鏡頭及濾鏡，根本沒用過幾次，一些精彩的照片都是用手機拍的。這些占空間但卻用不到的東西，都是混亂的來源。

一旦你真正覺醒，就會開始大掃除。其實在美國人文化中，清掃多餘、過簡約生活的傳統一直都在。從清教徒到梭羅、貴格會教徒，以及艾爾金（Duane Elgin）和安德魯絲（Cecile Andrews）等作家，簡單生活的風潮不斷出現，為的就是平衡資本主義過度生產的浪費傾向。現在用語則稱極簡生活（minimalism 或 tidying up），因為這世界上沒有東西是取之不盡的，足夠與否的量尺，其實在我

們自己心中。它不是「少即是多」；它不是一朵花瓶裡的雛菊，放置在一塵不染的梳妝台上，襯著從窗戶照進來的陽光；不是破爛的牛仔褲或黑色小禮服；不是一把完美的廚刀，獨自放在抽屜裡。當你接近豐足的狀況，會接近一種金髮經濟（Goldilock）❼的狀況，需求被充分滿足，但沒有任何過剩現象。

每個人認為的豐足都不一樣。某個人視為珍寶的東西在其他人眼中可能是垃圾。如果你遵照本書提到的九大步驟行事，會發展出適合自己定義的生活方式，慢慢地，生活會開始比較從容，比較無憂，比較快樂。想做到這樣境界的第一步是問問自己：「我是怎樣變成現在這樣的？這樣的生活是有價值的嗎？真的嗎？」就像之前有些學員在開始檢視生活多餘事物時，每週都秤秤垃圾袋的重量，計算到底丟掉多少無用之物。你也可以這樣開始，先看看自己身邊累積多少東西，同時仔細估算一下，自己賺多少錢花多少錢，多少資源從身旁悄悄流逝。

步驟一：跟過去和解

你準備好了檢視自己與金錢的關係了嗎？也準備看看哪些東西是可以用金錢取得的嗎？目的主要是希望大家對與金錢相關的事務更有覺知，不是為了炫耀，也不要因此覺得丟臉。這個過程協助你在時間及空間的軸線上定位自己，不帶批判地檢視過去賺錢及花錢的行為。

在開始之前，先看看這個，非常重要。雖然這是邁向財務獨立的頭一個步驟，但你不必立刻跟著做。在動手之前，先把書中的內容看完，我們建議大家先把整本書看過一遍，不要在這裡就跟著開始動手做，把所有內容看完，再回到這個地方，真正開始依步驟行事。

---

❼ 編註：金髮經濟指的是某個經濟體內高成長和低通膨同時並存，而且利率可以保持在較低水平的經濟狀態。

在步驟一中，基本上有兩個重點。

A.先計算一下，你這一生中，到底賺了多少錢，所有你的收入，從賺
　到的第一塊錢，到最近的薪資單。
B.建立你的資產負債表，看看你現在到底值多少錢。

你這一生中，到底賺了多少錢

　　猛一看這好像是個不可能的任務，你可能會抗議：「我都沒有記錄呀！」不過回頭找找舊資料就會有幫助。首先，找出你以前報稅或退稅紀錄為依據，盡可能地調整數字，以反映那些沒有報稅的項目，例如：自己私下接的兼差、當顧問的收入、賭博的收入或支出、親友給的紅包、被偷走的錢、中樂透的彩金、把房間分租的收入，以及任何不在稅單內的收入。

　　再循著記憶往下想想，在高中或大學時代，有沒有寒暑假的打工收入，或是其他在你成人之後，可能對財務狀況有重大影響的收支？再花個幾天，翻箱倒櫃找找任何可能的銀行單據、支票或是已經結清的銀行戶頭。如果你還年輕，財務往來已經數位化，就把網路上能找到的資料都扒出來，如果你有履歷表記錄歷年來的工作，就可以以此為依據，在何時做了哪些工作，賺了多少錢，摘蘋果、幫人搬家或是當救生員，都算在裡面。

　　如果你在美國，又一直從事受雇工作，社會安全局有你所有的紀錄，花點時間，到政府機關把你的資料調出來，你過去的薪資收入就有了基本資料。[18]如果真的沒有資料，就盡可能評估出一個最接近的數字，算出第一筆收入以來你的所得總額。

---

[18] 譯註：在台灣如果你加入勞保年金，也可調出你所有的薪資資料。

步驟一的價值

完成這個步驟，可以有下列好處：

1. 撥開迷霧，釐清你過去與金錢的關係。大部分的人都搞不清楚這一生中到底多少錢進了自己的口袋，當然也不會知道這一生能賺多少錢。
2. 這樣做也能讓你根除一些長久以來的迷思及自我感覺，如：「我這輩子真的賺不了多少錢。」或是「我根本不必擔憂，錢對我來說，一點也沒問題！」（通常靠爸族或媽寶會講類似的話。）如果你屬於那種長期以來一直低估自己所得的人，這樣計算之後常常會有令人驚訝的發現，你比想像中有錢得多。
3. 做完這個步驟後，你對自己之後的財務規畫會有更清楚的概念，對於賺錢的能力也更有自信，有了一個全新的開始。
4. 更認識自己，也能把那個以前躲在暗處、容易自欺欺人的自己揪出來，他就是搞壞金錢關係的兇手。

在我的課堂上，曾經有一個三十五歲左右的女性表示，這個步驟對她的幫助很大。她是一個家庭主婦，住在鄉間，長年以來都有心理障礙的問題，始終認為自己是個處處必須依賴別人的人，一點用處都沒有。她「以為」這樣的計畫毫無幫助，畢竟自己對於婚姻沒有絲毫實質的財務貢獻，在上課之前，連離婚贍養費這種不是靠自己努力賺來的錢，都覺得沒有資格拿。但透過財務紀錄整理，她發現在過去的婚姻生活中，大大小小的事情加起來，在那段以為自己毫無貢獻的歲月中，每年竟然能賺到五萬美元。這是她第一次感覺自己是個有能力賺錢的人，整個人信心滿滿，應徵且得到一份工作，拿到的薪水竟然還多了一倍。

假如你是剛進社會拿到第一份全職薪水的新鮮人，把過去實習、兼差、暑期

打工所賺的錢加總起來，也可能會發現自己其實已經賺了一些錢，對之後賺錢的信心也應該會提升一層。

正確的態度

不要覺得丟臉，也不要責怪自己或任何人

這個步驟可能會讓你感覺有點自我批判，甚至帶來羞愧的感受。抱著正確的態度，負面情緒就會少些，經過這個練習，會使人完全改變想法，並開始人生全新的一頁。在梵文裡稱之為「mantra」（咒語或座右銘），保持這樣的態度，可以讓我們思緒更集中。這就像是船隻上的方向舵，帶我們越過危險或艱難的狀況，航向更清朗更開闊的視野。這個座右銘就是：「不要覺得丟臉，也不要責怪自己或任何人。」

在改變不好的行為的選擇上，指責（recrimination）與辨別（discrimination）之間有差異。與指責相關的是羞恥和責備、善與惡；而辨別則是從錯誤中挑出真相。責備和羞愧會減慢你在財務自由的進步；指責會讓你停滯不前、士氣低落，也會分心。辨別是覺察可能出現的陷阱，藉此趨吉避凶。

你會一再受到阻礙，不停地怪自己（或其他人），如果發生這樣的情況，記得辨別，牢記座右銘：不要覺得丟臉，也不要責怪自己或任何人。你一生中賺到的錢只是一個數字，不需要價值判斷，不管是多是少都不是重點。也千萬不要以這個數字評斷自己的價值，賺得多不代表價值高，少一點也無損你的價值。金錢生不帶來死不帶去，不要因為這個數字失望，也不要因為你比朋友賺得多一點而沾沾自喜。不論你以前曾犯過怎樣的錯誤，或是曾經造成任何自己或他們的痛苦，記得這句話：「不要覺得丟臉，也不要責怪自己或任何人」，就會隨之淡去。

無懈可擊的態度

正確（accuracy）及為自己負責（accountability），是在執行這項計畫時很重要的態度，這兩大態度會讓你在執行時更加順利。不過在過程中，對於蒐集資訊、登錄收支、找尋以前的銀行帳本，或是任何步驟時，務必把標準再提高一點，往「無懈可擊」這個目標邁進。當然，你可以說：「大約差不多了！」但我們仍建議，一定要始終保持完全的誠實，這項計畫的強大之處，就是真實面對自己，即使只有多一點點也好。 如果要精算到個位數，可能很花精力也很傷神，但若只算到百位數又有點馬虎，但如果放到人生的長軸來看，算到百位數應該已經算是精確了。千萬不要覺得這些過程壓力很大，盡量做到最好就是了，我敢說，你的時間不會白白浪費。

檢查表：盤點你賺過的錢

☑ 1. 找到你過往的報稅紀錄[19]

☑ 2. 退稅單

☑ 3. 支票帳本

☑ 4. 新舊銀行存摺

☑ 5. 收到的禮物

☑ 6. 贏到的錢

☑ 7. 借貸

☑ 8. 資本利得（股票的賺賠）

☑ 9. 報稅單以外的所得（Illegal sources）

☑ 10. 打工的錢（小費、照顧小孩、跑腿）

---

[19] 譯註：在台灣，應該是綜合所得稅報稅紀錄。

你展示出什麼？

這麼多年來，你辛苦的工作應該已經攢了一些錢（就是你正在計算的這些），這些就算是你的淨資產（net worth），這可能是你第一次仔仔細細算清楚自己的淨資產（你的所有資產減去所有負債）。你要有**心理準備**，可能會發現自己債台高築，在這之前，你根本不知道到底情況糟到什麼樣的地步，現在是勇敢面對事實的時候了。另一方面，你可能也會很高興地發現，其實自己**目前**在財務獨立的目標上已經占得先機。做完了這個步驟，很多人會有新發現。

在這個步驟有一個隱形的挑戰：你能展示出什麼？大聲說，換另外一種口氣說！這樣的口吻聽起來好像有點批判，甚至目中無人，但我們對於追求財務健全的決心，應該遠遠戰勝怯懦。你能展示出什麼？把你的淨資產一筆一筆列出，不過是走一遍你以前活過的物質生活，及把你所有的（資產）和欠人家的（負債），整理出來仔細檢視一番。

流動資產

現金及任何其他容易轉換為現金的資產，都屬於流動資產（Liquid Asset）項目。包括以下：

* 手邊的現金（包括小豬撲滿、衣服口袋的零錢、放在衣櫥裡的急用金）
* 銀行存款（別忘了已經遺忘的存摺，及因為貪圖贈品隨意開設的帳戶，那裡面可能還有幾千塊）
* 支票簿
* 定存單或是儲蓄存款帳戶
* 美國儲蓄債券
* 股票；記得用最新成交價計算現值

- 債券；也記得用現價計算價值
- 共同基金；一樣用現值登錄
- 貨幣基金；一樣用現值登錄
- 為買股票開的銀行帳戶裡的存款
- 壽險保單的現值

固定資產

在計算時，最好從最顯眼的項目著手：你的主要資產，例如：房子、車子，盡量以現值計算。詢問住家附近的房仲，或是上網調查周邊房價，評估出房子現在值多少錢，到可靠的中古車商或是網站上，找一下與你的汽車同年同款的二手車，現在的價格大約多少。

好好把家裡上上下下都翻一遍，把每項價值可能超過一美元的東西找出來，不要主觀地認為「這些都不值錢」。要有毅力，像收藏家或修理專家一樣執著，你會發現車庫裡充滿了真正的寶藏。別嫌麻煩！要知道如果你現在不做，等你去世之後，你心愛的人就得捲起袖子做這些事。如果儲藏室的東西真的從地板堆到天花板，都是你過去血拼的成果，也許你可以最後再清點雜物，別因為覺得壓力太大而中斷計畫。

每個房間、每個儲物空間都要翻，看看房間內裝潢還有地毯底下，別忘了，你在幾年前曾經買的核桃木書架，原住民的手工藝品以及過去請人幫你組裝的電腦。徹底正視你的混亂，一定要理性！不必把每一把刀、湯匙或叉子全都巨細靡遺清算，但若碰到像昂貴的玫瑰木雕刻及桃花心木盒子，務必把這個項目單獨列出來。

如果櫃子裡有兩組原封未動的盤子，也別忘記放入清單。你擁有的所有物品，都必須估一個概略值，而所謂的現值，指的是如果你把它們放在網上，或是

在自家車庫大拍賣時可以換得的價錢。你可以到拍賣網站看看,或是查查當地報紙上的分類廣告,大概就能估出不同物品的價值。務必把所有家中有價值的東西都拿來估一下現值。

不要忽略任何一樣東西,你眼中認為的垃圾,可能是別人眼中的珍寶。不要因為你看不出它的價值,就棄如敝屣。也別忘了別人欠你的錢,特別是那些還有可能要回來的債權,還有租房、辦電話門號或是申請水電瓦斯時,已經從口袋拿出的押金。

任何能夠變現的物品,都要列出來,你就是自己資產的鑑價師,享受這過程。如果你不想要賣掉這些東西,也不必勉強,不要讓心理障礙阻止你清點你的資產。真的!別受情緒干擾。過程中可能會有些沮喪或想到傷心往事,繼續做下去,讓這個工具協助你,計算出你所有東西的價值,就算是親人遺物也不要漏失。如果發現已經搬走的室友留下的液晶電視,也別漏算。就算你因為衝動買的東西而感到不好意思,也不要停止,繼續把鞋櫃裡的二十幾雙鞋好好盤點;不要因為發現整套原封不動的健身器材而感到罪惡。你反而應該欣慰,因為你終於了解放在倉庫內的健身腳踏車有多少價值,不是讓你減輕多少公斤,而是拍賣後你能拿回多少錢。

有些人在一兩天內,就做完了整個清點工作,但曾經有個女生花了整整三個月才清點完整個庫存。她翻箱倒櫃檢查每張照片,打開每個櫃子、抽屜及盒子,不只清點財務,更回想當初它們是怎樣進入她的人生。這個經驗讓她更感念現在所擁有的。因為人生中的不滿足,通常是我們只看到缺了什麼,卻沒有看到我們已經擁有什麼,只要念頭一轉,看事情的方法及角度就會改變。的確,有些人認為,只要我們生活在基本條件之上,繁榮及貧窮之分就在於你是否有一顆感恩的心。

負債

這個項目包含你的所有負債，不管是金錢、貨品或服務的應付債務，還包含未償付的票據等。如果你已經將房產的市價算出來，也要把未繳清的房貸一併計算，車貸也是。

不要忘了列入銀行貸款或向朋友借的錢、信用卡債，學貸以及未付清的醫療和牙科帳單。

淨資產

把你的流動資產及固定資產加總起來，減去負債金額，簡單的說就是你的淨資產。這個數字就是真真切切你這一生迄今賺進來的錢，其他的都是回憶及幻想，這就是你的資產負債表。

當然，這並沒有把非物質的資產算進來，例如：你的教育，人生歷練學來的技能，請別人喝酒換來的情誼，退稅單，或者是因為你加入了「正確」的社團而帶進來的生意機會。這些無形資產雖然有價值，但因為沒有具體形象，所以沒有辦法計算出確實、客觀或量化的數字。

練習之後得到的數字不管是悲是喜，你將面對許多真相，可能會很痛苦，但或許也是個解脫，不論你要面對如何的情況，你計算出來的淨值，並不等於你這個人的價值，千萬不要因此喪志。

為何需要資產負債表

雖然這個練習一開始好像並不怎麼有趣，但做到了這個地步，過程應該頗有收穫，雖然實際的財務計畫及新的財務人生，仍不是非常具體，方向也並不清楚。就財務面來看，你現在比較像車子已經上路，但目的地是哪？茫無頭緒，只在浪費汽油、亂轉方向盤，哪裡也到不了。在人生的路上，你可能有很多美好的

回憶，也得到無形的資產，但能轉換成現金的人生紀念品並不多。

一旦你能有清楚的方向及支配財務的能力，你對前景將更有把握，生活將遠比以前更有效率。你現在對自己的財務狀況已經有了更清楚的認識，也能客觀地選擇是否該將固定資產轉換為現金，升高存款水位，或是用來減輕自己的債務。

有一位學員計算完自己的資產之後，把一些生活中不必要的東西變現，並且開始存款及投資，馬上就有利息收入，在不變動生活方式及不犧牲舒適度的情況下，即刻讓自己往財務獨立又靠近了些。就算她沒有立刻採取積極的改變，這份體悟至少讓她更投入自己真正喜歡的事，那就是藝術。

另外一個學員透過清點資產，理解到生命中其實不需要這麼多根本用不到的東西，一直放著純粹只是以為「有一天可能會用到」。他的做法就是將這些無用的舊物變現，再購置一些以後用得到的東西，同時，手上的錢也賺進了一些利息。他的人生變得更簡單，也可以把這些用不到的東西讓給真正需要的人。

還是那句老話：不要覺得丟臉，也不要責怪自己或任何人。在建立資產負債表的同時，很多感覺會隨著你的物質生活日漸清晰而湧現：悲傷、沮喪、緬懷、希望、罪惡、羞愧、窘迫、生氣。理性與感性兼具的態度，有助於走更長遠的路，也會讓整個過程對人生更有啟發，以往壓在你心中的重擔也才能一一放下。

步驟一的重點摘要

A. 搞清楚你的一生中，到底賺進了多少錢。

B. 建立一個屬於你自己的資產負債表。你賺的錢能得到什麼東西？

你跟金錢的關係，其實來自信仰、認知及過去處事的種種經驗，以及過去與父母、環境、文化的互動。重新檢視過後，你可能會感到驚訝、興奮，甚至有點不安。「談一談錢：關於錢的幾個問題」這個活動，可以讓自己看到過去是如何與別人互動，檢視過去，也讓你清楚無意識的消費是如何導引你的生活。抱著「不要覺得丟臉，也不要責怪自己或任何人」的態度，讓你從金錢的布幕後，看到真正的自己，也同時釐清從過去到現在的人生歷程。

借用本章結尾「談一談錢」中提出的問題，跟你的另一半或是社團成員對話，每日反省自問。記得如果在反省時，都能不忘在最後加上「為什麼？」，會讓你有更深層的思考；如果都能不忘在最後多問一句：「社會如何形塑我的答案？」則會讓思考層面更為廣泛。不論如何，這些問題，都沒有標準答案。

- 是誰啟蒙你有關金錢的概念？當時學到了什麼？
- 在你長大的過程中，曾經得到哪些與金錢有關的概念？是誰告訴你的？父母、老師、廣告，或其他？
- 分享一下你小時候對金錢的概念是怎麼來的？這些概念如何影響你現在的作為？
- 在處理金錢方面，說說你曾經犯過什麼樣的錯誤？若再做一次，會怎樣處理？
- 對你而言，「豐足」的意義是什麼？
- 從你的儲藏室或衣櫃中丟掉什麼東西，會讓你的生活過得更好？你為何現在還保留這些東西？

| 第 2 章 |

金錢已經不是從前的那個樣子了！
——從來就不是

對於安卓亞及凱爾來說，步驟一一點都不難。二十二歲的凱爾是個理想主義者（idealist），對錢非常「敏感」，他留著長髮，在郊區租了一間小屋，對於錢應該花在哪裡，應該從事哪些娛樂，非常謹慎。即使這樣，他仍然有一萬五千美元的債務，他預計有一天會把債務還完。直到他碰到了安卓亞，被她的體貼、執著吸引，但兩人生活方式很不同，墜入愛河後，他才發現她有四萬美金的債務。

就像許多年輕人一樣，安卓亞很喜歡買東西，越買越多，添購家具之後，她就陷入債務中。她把負債看作是生活的日常，就像大部分美國人一樣，她及時行樂，還債日後再說。她兼差擔任行政助理，以應付生活中的例行支出，也追求個人成長。

雖然兩人住在一起，凱爾對安卓亞花錢的方式一直有意見，而對於凱爾的看法，安卓亞心裡也有疙瘩。他們一起參加我們的財務研討會，安卓亞認為自己陷入兩難中，一邊是想富足自己的心靈生活，一方面又無法對日益增多的債務視而不見。

安卓亞下定決心，好好檢討一下自己愛買高級品的心態。凱爾也同意不要過度逼她改變，讓她自己思考什麼是該做的事，也不強迫她認同

自己的價值觀。

　　他們決定要結婚了，凱爾娶進來的不只是一個新娘，而是一筆幾乎已經膨脹四倍的債務。步驟一，讓他們知道了一個事實，他們的財產淨值是負五萬五千美元，他們得採取新的生活方式。

　　一旦你做完了步驟一，應該知道自己現在的資產淨值有多少。就像安卓亞及凱爾，會得到一個單位是錢的數字（我希望是正數），但這意味著什麼？我們要做的是解密這些數字背後的成因。錢到底是什麼樣的東西？這是一件非常重要的事，因為如果不了解我們在跟誰打交道，就很難維持好彼此的關係，更麻煩的是，錯誤的認知會讓事情變得更糟。

　　金錢，古今中外沒有相同的定義，我們對於處理金錢這件事，可能很小心也可能很瘋狂，希望透過金錢取得想要的東西。

金錢的定義

　　什麼是金錢？

　　我們每天都用錢交易，薪水、投資所得，算是金錢流入；付現、刷信用卡，支付債務產生的利息或是繳稅，都是金錢流出。

　　其他造成金錢流出的還有：手機的費率、上網費用、車貸、保險費、油錢、交通費用、房租或者地價稅、房屋稅、愛車修理及保養、雇人打掃家裡、心靈課程、音樂會的門票、度假、參加會議、到小攤或餐廳吃飯、治裝及到超市添購家用及養寵物的各項費用。每一項金錢的進出，老實說，你很難親眼看到，往往都是電子交易，嗶一聲就不見了。我們以為很容易了解金錢在人生中的定位，但它到底是什麼？它代表什麼？

　　財務專家喬在一九八〇年代的財務研討會中拋出這個問題，他穿著典型華爾

街人士的西裝跑步上台，問在場數千位觀眾。望著台下的一片沉默，他點名一位看起來塊頭很大、很威猛的觀眾（喬只有一七〇公分），大聲地問道：「你的有多大？」台下一片靜默，他也笑了，「我說，」聲音更大了：「你的有多大？」又露出詭異的笑。現場一片沉靜，「你們在想什麼啦！我是問，你的經濟負擔到底有多大？這不是最該問男人的一個問題嗎？」在學員還沒學到新東西之前，他們需要震撼教育。

這開場，當然是讓大家一驚，但喬要問的其實是「什麼是金錢？」這個問題。我們可能永遠不會問自己，因為我們都以為知道答案，但我們真的知道嗎？「你每天都用到錢，甚至可能為它喪命，你當場必須知道，金錢是什麼！」接著，他拿出一百塊鈔票，「嗨，這不過是一張紙！」接著把它揉一揉說：「這紙質頗堅韌！」接著拿出一個打火機說：「我們來做個試驗，把它燒燒看！」全場一片驚呼，紛紛伸長脖子探看。在紙未燒起來之前，他關上打火機，「為什麼會有這樣的反應？為何你會對燃燒一張紙有這麼大的反應？由此可見，金錢不只是一張紙，或是一個普通的材料，或者只是一張塑膠紙上面印著很多零。但這東西到底是什麼？」一位像經濟初學者的男士大膽地回答：金錢是交易的工具。「很好，那我用這一百塊跟你買你的老婆，好嗎？」不，在這個時刻，讓我想了蕭伯納（George Bernard Shaw）的故事，他在宴會中向同場的一位女士問道：「小姐，我給你一百美元，你跟我上床睡一覺，好嗎？」她很震驚覺得被侮辱。

接著，蕭伯納又問：「那一千美元，好嗎？」她想了一下，開始猶豫。可見，錢確實能讓行為改變。喬的重點是，錢是交易的工具，但它只有在交易對方認同其價值時，才會發揮功能，「想像一下，如果你的船在亞馬遜叢林中翻了，那個地方充滿食人魚，你想你完了，但摸摸口袋，發現錢還不少，你慶幸這下得救了，接著，你看到兩個人（食人族）划著船過來，你拿著一大把錢喊：『救救我呀！』但他們根本不認識錢，他們只想把你當作晚餐吃掉！」

金錢唯有在雙方都認同價值時，交易的功能才能發揮。這是法定的貨幣。

鈔票上面印了字，可能比一張白紙還不值錢。「你怎麼知道你想的一定是對的？」喬又拿著百美元鈔票大聲問。

金錢的功能是儲存價值？

這個經濟初學者再次勇敢回答：金錢可以儲存價值，意思是你可以把它存起來，改天再花用。你可以把森林（真實價值）變成木材賣掉，然後把錢存起來，放在銀行，以便日後花用。沒錯，這是金錢的重要功能。

這是一個抽象概念，讓我們從每天分享收獲的狩獵採集部落，轉變成工業社會中的一個小齒輪。雖然每天都得要花一小時在通勤上，但我們仍在職場中，用時間與精力賺錢。

「對，當然，錢是一種儲存價值的工具。但請想想，如果一旦發生經濟泡沫，或者政府失能，引發高度通貨膨脹，那麼原來可以買一頭母牛的錢，變成可能一杯牛奶都買不起，金錢的價值轉眼間就可能會消失。」如果今天喬還在世，他可能會說，你看，二〇〇一年安隆（Enron）❶倒閉之後，員工的退休金就成泡影，或者是二〇〇八年金融風暴，很多人財富立即縮水，或在隨後引發的馬多夫避險基金（Madoff Ponzi）❷醜聞中，很多人的錢，一瞬間化為烏有。

他引用漫畫家寇伯特（Stephen Colbert）的**感實性**（truthines，感覺上是真實）：「儲存價值也許是真理，但在實務上，卻不真實」（"store of value" is truthy, but not true）。這時，我們仿彿聽到觀眾們開始思考，重點不是錢是什麼樣的**東西**，重點是錢代表的**意義**為何。

---

❶ 編註：這個擁有上千億美元資產的公司在幾週內破產，持續多年精心策畫、乃至制度化、系統化的財務造假醜聞。從那時起，「安隆」成為公司欺詐以及墮落的象徵。

❷ 編註：美國前那斯達克主席馬多夫，開了自己的避險基金——馬多夫避險基金，作為投資騙局的掛牌公司。因為設計一種龐氏騙局（層壓式投資騙局），令投資人損失逾五百億美元，其中包括眾多大型金融機構。

「錢是一種身分地位的表徵！」一位與會者說，喬回應：對，但不是每次都如此，許多特質例如外貌、家族名聲，比外在的財富更能彰顯價值。

　　另外一個與會者說：錢帶來權力，你可以用錢命令別人做事，可以買到特權，可以用來遊說，買通政治中的黑暗勢力，就像武器交易一樣。喬回應說：對，但你也必須承認，這世界上有其他的力量，也可以發揮影響力。想想看甘地及印度獨立，想想看金恩博士，想想故事或電影裡那些擊敗邪惡大巨人的弱小勢力。

　　錢不保證一切，不一定帶來權力，雖然它時常可以影響權力運作。錢本身不邪惡，但可能是所有邪惡的根源，一個對聖經很有研究的觀眾說：「不對，喜愛金錢才是邪惡的根源，錢本身不邪惡！」

　　「錢帶來壓迫！」

　　「錢造成不公平！」

　　「金錢本身就是一個謎！」

　　「錢根本不重要！」

　　「錢取之不竭！」

　　「錢是我們的記分板！」

　　與會者紛紛發表意見，而且越來越輕鬆。因為大家隱隱發現，金錢確實存在一些值得玩味的面向，我們並不明白。似乎沒有一個說法能概括解釋，有時好像全都對，有時又好像都不對。但喬又一個一個破解，終於，我們看到微言大義逐漸浮現。看來喬就像拍蒼蠅一樣很無情地打擊大家，但與會者可以體會他的用心。喬知道他無法永遠在台上，對大家熱情地揮手及發言，在追求財富或地位的人生路上，他也不能一直陪伴大家。

　　喬捐出財產，成立了一個慈善基金會新藍圖基金會（New Road Map Foundation），研討會上賺的每一分錢都捐獻出去（我們並不富有，每個月只花八百美金，但我們足夠了，希望用研討會上所賺的錢，捐獻給其他組織）。

生命能量才是人生的價值

最後，喬終於開始分享秘密：「只有一件事是百分之百正確，禁得起時間考驗，金錢對我們來說，是用來交換生命能量（live energy）的工具！

「你用時間換取金錢，不管你可以用一小時換一百美元，或是可以換二十美元，根本無關緊要，重要的是你的時間，你的生命到底有多少小時可用。每個人出生之後，每年都有八千八百個小時可用，到死之前，共有六十五萬個小時，其中一半的時間會用來吃飯睡覺，穿衣打扮，維持基本的生活。如果人生走到一半，你大約剩下十五萬個小時能夠花用。

「這是你最重要的資產，對你而言，這是最重要的事情──對家庭的關愛、對社會付出、從事熱愛的戶外活動、迎接挑戰、尋找生命意義、建立資產、滿足激情（不論是在教會中或在床上），過你的**人生**。當然，你必須把時間『賣』給這個東西（搖一搖手上的百元鈔票），鈔票本身沒有意義，你的時間，是人生意義及價值的根本。

「錢是換取你生命能量的工具，了解這件事，才能開始掌握你的財富生活，你願意用多少人生換取我口袋中的金錢？看看你周圍的所有，想想：『我花了多少時間在這些上面……椅子、汽車、廚房用具……牆上的畢業證書』，你的下一個消費目標，又會花你多少時間，才能賺到這些錢。」

這堂課程不是要教大家少花一點或多花一點錢，最重要的是改變你跟金錢的關係，「你曾經想過這件事嗎？」喬問道，「你跟金錢的關係？」他跪求地上的鈔票能真心愛他；又假裝害怕，想要逃離那邪惡的百元鈔票；或是把鈔票當作獎賞一樣，假裝在後面追著跑，想要抓住它，卻一直抓不住。

「這就是你跟金錢的關係，如果你是金錢，你願意跟我一起出去玩嗎？」

簡單的結論——金錢到底是什麼？又不是什麼？

在搞笑逗趣的表演中，喬用四個層次，把原本充滿誤解的觀眾帶進金錢的真義中。

物質：鈔票就是一張紙或是塑膠，我們賺的錢、日常的花費、銀行的往來及資金的移動，都是靠這張紙進行交易，這個層次是一般人理解的金錢。

心理：你的恐懼及想望。你的個性是保守的？還是活躍的？出手闊綽？還是消費保守？誰影響你對金錢的認知及想法？

文化：對金錢的概念，深植在法律及生活習慣中。越多越好，成長就是好事，贏家及輸家，個人資產，獎勵及懲罰，你曾經想過，哪些是構成你對金錢生活的認知的重要因素？

生命能量：錢是你用你每小時的生命換來的東西。前三個層次，真實存在也很重要，但並不總是如此。

事實上，純粹在物質層次，滿足對金錢的需求，可以為心理帶來平靜。但若從心理層面上，了解你在日常生活中，如何掌握對金錢的決策，會帶給你更大的自由；若進一步了解自己如何在文化的潛移默化中，形成對金錢的認知，更能解放你對金錢的看法，越多越好嗎？成長**真的**是正面的嗎？最後一個層次最重要。透過理解生命能量這個觀念，就能改變你跟金錢的關係，之前錯誤的想法也會因此轉變。

這個課程，就是幫你去除迷霧、迷惘及誤解，重新建立你與金錢的關係，如此，你在做跟金錢相關的決策時，會更平靜更舒坦。重建與金錢關係的關鍵在於，了解金錢的真義，跟我們之前想的真的不同，金錢也不是金融體系培養出的暗黑勢力。金錢，是我們拿生命能量交易過來的東西。

雖然了解「金錢是生命能量」這件事非常容易，但我們可能得花一生的時間，才能體會箇中真義。這不是魔杖，讓以前做錯的決策瞬間消失，因為我們的

父母窮其一生為金錢爭吵，或是把問題藏起來，把金錢當作胡蘿蔔或棒子，我們是在為金錢而困擾的環境中成長。

改善與金錢的關係，改變生活

但這當然無法改變你還在欠債的事實，在金錢運用上，跟另一半的想法仍相當歧異。就算你跟金錢關係改善，仍有許多挑戰存在，就像是一個稜角堅硬、有好多切割面的鑽石，你需要做的人生功課還很多。支票會跳票、產品會損壞、還要跟老闆談判薪資，你的醫療帳單到期，房貸要付，財富也會改變，了解「金錢就是生命能量」這件事，不會讓你免除所有必須支付的帳單，或是到期的債務。

金錢像水一樣會流動，一旦流動，可能會滋潤你的人生，當它流向你，你會感到愉快，當它流走，你會失望及沮喪。我們買禮物送人，希望受禮的人開心，我們用公司獎金到夏威夷旅遊，是希望帶給家庭美好的回憶，

了解「金錢就是生命能量」這件事不會讓生活中的喜怒哀樂停擺，但用這個方法檢視生活，的確會讓人生更豐富多彩。我們會認真地想，怎麼做才會得到真正的快樂？買一部新車，真的會帶來更多快樂？在海灘待上一天，搞不好比付三年車貸，更快樂幸福。

金錢就像一面鏡子，可以讓我們清楚看到自己。當你接到帳單時，知道錢花到哪了；或是當另一半說：「親愛的，可以討論一下我們的財務狀況嗎？」當你大方給小費時或給少一點的時候、當你的朋友注意到你買了一支很貴的錶，都請記得這些感覺。

在釐清金錢的多面向特性後，我們更能應付日常生活的各式帳單。遲繳或透支的狀況變少，更能控制花費，準時繳稅及繳納各種費用。認識得越清楚，越能應付各式不同的支出。

金錢是一種遊戲，我們必須跟著遊戲規則走，不論喜不喜歡、願不願意，我

們每個人都在這個遊戲中。順著規則，我們可以把產品及服務賣到世界任何一個角落；我們周遭充滿全球化的產品，零件材料成分來自於非洲或委內瑞拉、在中國組裝、在洛杉磯行銷、在菲律賓包裝，在全球的沃爾瑪❸販售。

信用卡的交易，是靠著無數功能強大的電腦運算完成，我們因此才能用信用卡到雜貨店購物或是買演唱會的票。根據金錢運作的規則，我們生活、移動、買必需品，也因為交易，我們認識彼此每個人都需要金錢。每個人都爭先恐後想要得到它，很少有人在一天生活中，不碰到任何跟金錢沾上邊的事，正因為如此，我們常常不願面對金錢與生活的緊密關係。錢是生命能量，沒有金錢，我們的生活將停擺。

了解金錢遊戲才能明智抉擇

認識金錢遊戲，讓我們在用錢時更明智地做決策。透過了解金錢遊戲的系統運作，才知道大賣場及網路購物網站是如何運用設計，讓我們投入注意力及金錢，利用不安及想望，賺到我們荷包裡的錢。我們會更容易抗拒消費主義，因為我們會開始思考：這件睡袍及新車，真的值得我花生命能量？

很多我們對金錢的認知都是這遊戲設計的一部分，「誰在臨終前，得到最多玩具的人，就是贏家！」就是遊戲設計出來的價值。科技產品不斷改版升級，也是遊戲設計的一部分。設計及製造容易退流行的服飾，也是遊戲設計的一部分。廣告裡面，漂亮的女生與帥氣的男生一起打造新家，就是想引誘你去買他們使用的商品。更宏觀來看，州際公路及大教堂也是金錢遊戲的一部分，大多數人總是喜歡買好的東西，忽略不良品。

---

❸編註：是美國一家跨國零售企業，有八千多家分店，分布於全球十五個國家。

這些都是金錢遊戲的一部分，參與遊戲的人也不例外，如果遊戲參與者無法拿到好處，整場戲就會垮。因為生怕這遊戲運作不下去，因此我們買東西，讓經濟體系一直運作下去，只要遊戲還在，每個人就會跟著玩下去。

每個遊戲裡都會有壞人，在個人理財中，也有幾個妖怪：通貨膨脹、生活水準、衰退及蕭條。我們一直被鼓勵，要跟著經濟指數過活。就算口袋裡有不少錢，也有穩定的工作，一旦經濟衰退，為了多存點錢，我們今年就不去度假了。如果經濟學家說物價水準變高，我們會立刻覺得變窮了，儘管物價指數在幾十年前，就把奢侈品及一些缺少不了的科技小玩意，一起納進指數。

有人認為這樣的遊戲設計是一種母體（Matrix），一種由機器創造的虛擬真實，目的是征服人類，掠奪我們的資源及能源。在電影《駭客任務》中，解救人類的領袖莫菲斯（Morpheus），跟劇中的英雄電腦駭客尼歐（Neo）說：「母體無所不在，總是圍繞在我們身邊，即使在現在，這個房間裡，從窗子看出去，或是把電視打開，你就可以看到它們；當你工作或去教堂時，你可以感覺到它們；你繳稅的時候也可感覺到，在這個世界裡，你的眼睛會被蒙蔽，讓大家看不到真相。」

拿到最多的東西不代表贏

莫菲斯給尼歐一個選擇，現在變成流行文化的名言：「如果你吞下藍色藥丸，故事就結束，你在床上醒來，相信你願意相信的一切；如果你選擇紅色藥丸，你就會留在奇幻世界中……」

認知到金錢是生命能量，就像選擇了紅色藥丸，你做了決定，看到了後果，學習到新東西。拿到最多的玩具，不代表贏；拿到了你需要的東西就行，多餘的都不要，這樣你就有能力、有意識地，停止參與這場金錢遊戲。

認知到金錢是生命能量，會讓你極大化、最佳化你最珍貴的資源：你的時

間，你的人生。

你的生命能量

到底金錢等於生命能量的意義是什麼？畢竟，我們四分之一的人生用在與金錢有關的事情上，賺錢、花錢、憂慮錢的事、對追求金錢充滿熱情。傳統社會對錢的價值，我們必須學習及遵守，但金錢到底對我們的意義為何？需要人們自己決定，這就是生命能量。用一生中的所有時間，換取可能的金錢報酬，還得決定怎樣花這些錢。我們心中對錢的定義，決定了對待它的態度，我們的生命能量，比你實際花出去的錢還真實。

金錢這件事，對我們而言，並沒有內在真實性（intrinsic reality）；但生命能量有，至少對我們來說，它是具體的，恆常地存在。生命能量是我們所有的一切，之所以珍貴，是因為它是有限的，也沒有辦法重新來過，我們如何處理生命能量，決定我們人生在世的意義。

如果你今年四十歲，一般估計，在臨終之前，你應該有三十五‧六五萬小時（四十‧七年）的生命能量（見圖表 2-1）。假設用一半的時間維持身體的機能，睡覺、吃飯、上廁所、梳洗及運動，那麼，你會有十七‧八萬小時的生命能量需要分配，包括：

◆ 你與自己的關係
◆ 你與他人的關係
◆ 你的創意表達
◆ 你對社群的貢獻
◆ 你對世界的貢獻
◆ 追尋內在平靜

圖表 2-1　美國平均餘命 [4]

年齡	平均餘命	
	年	小時
20	59.6	522,096
25	54.8	480,048
30	50.1	438,876
35	45.4	397,704
40	40.7	356,532
45	36.1	316,236
50	31.6	276,816
55	27.3	239,148
60	23.3	204,108
65	19.3	169,068
70	15.6	136,656
75	12.2	106,872
80	9.1	79,716

資料來源：美國國家衛生統計中心

---

[4] 參見：Elizabeth Arias, Melonie Heron, and Jiaquan Xu, "United States Life Tables, 2013," *National Vital Statistics Reports* 66, no. 3 (2017): 1–64.

◆ 維持一份工作

現在我們知道，金錢是你用生命能量交易得來的結果。所以，你現在有機會建立使用生命能量的先後順序，畢竟，世界上沒有其他東西比生命能量更重要了！

財務獨立初探

就像〈關於這本書〉裡說的，這本書的主要目的是在增進你的財務獨立，跟著這些步驟，你會一步步邁進財務健全，同時增進財務智慧，有一天，你就會達到財務獨立的目標。在告訴你如何達成之前，要先說明財務獨立不是什麼。

首先想像一下，當你聽到「財務獨立」時，腦中浮現的景象是什麼？發一筆橫財？繼承一大筆財產？中樂透彩？遊艇、熱帶島嶼及環球旅行？珠寶、保時捷及高檔服飾？我們對財務獨立的印象，多是一些遙不可及的想像及富豪的奢華生活，這是財務獨立在物質面的想像，你只要有錢就做得到。但到底什麼是「富有」？富有是個相對的概念，只在跟別人比較時才會有意義。富有的意義是，我現在擁有很多東西，比大部分的人擁有的多很多，但通常我們對於「多」這件事，都存在一些謬誤，「多」像是一個幻影，我們永遠觸碰不到，因為它不真實。

哲學家穆勒（John Stuart Mill）❺曾說，「人們其實並不期待變富有，但一定要比別人有錢！」換句話說，只要所有人都變成富有，有錢這件事就不存在了。

只有當我們願意為了自己與金錢的關係擔起責任，財務獨立才可能出現。在

---

❺ 編註：蘇格蘭歷史學家、經濟學家、政治理論家、哲學家。他與李嘉圖同是古典經濟學的創始人。

了解財務獨立的過程中，先試著解釋什麼是富有這件事，財務獨立跟富有是兩碼子事。財務獨立真正的含義，是真切感覺到「豐足」。如果你記得上一章的圖，「豐足」位於滿足曲線的頂端，是可以量化的。在完成整個課程之後，你會自己定義出屬於你自己的「豐足」。

以前的概念，往往是把財務獨立與「變有錢」這件事等量齊觀，但這是遙不可及的目標，「足夠」對於你的意義及數字，可能跟鄰居完全不同。但這個境界是真實為你存在的，是一個你可以做到的數字。

財務及心理的自由

要真正體會到什麼是「豐足」，第一步你必須要把以前對「錢」的想法丟掉，重新建立新觀念，如果你做不到這點，再多的錢都無法讓你覺得自由。一旦你有了觀念，態度就會改變，拋棄一些既定的念頭，你不會再認為錢會帶來罪惡、仇恨、嫉妒、挫折及失望。

在這個階段，你會感覺金錢像衣服一樣，隨時可以穿脫。拋棄自幼從父母或社會傳承下來的僵固觀念，例如：有錢才算成功、有錢才能贏得尊敬、有錢是美德、有錢才有安全感、有錢才快樂，這樣才能從金錢的迷惑中掙脫。當銀行理專給你理財或稅務的建議時，你才不會被太多不懂的事嚇到。你不會再買一些你不需要的商品，也不會受大賣場、百貨公司或是媒體的宣傳引誘。心理上的富足，不再與經濟上的富足綁在一起，心情不再跟隨股市的漲跌起落。

內心不會再掙扎，不再每天期盼下班時間到來，也不必每個月數饅頭苦等發薪日，不再為車貸煩惱，也不操心裝修費用，更不會糾結何時可以退休。那份寧靜及安定會讓你震撼。日子一天天過去，你不用為錢煩惱，不必隨時往口袋裡掏出錢包以應付生活中的挑戰及機會。

當你做到財務獨立時，金錢在生活中應該發揮什麼功能完全取決於自己，不用再被外在環境牽制。這樣做，金錢就會為你所用，讓生活過得更充實。如此，

朝九晚五的工作或是做到六十五歲才退休的宿命就會因此改變，已經有許多人按照步驟做出改變。

步驟二：活在當下──追蹤你的生命能量

如何讓「金錢＝生命能量」這個真理在你的人生中體現？如果你認為，金錢是必須認真看待的事，或者認為金錢是安全感及權力的來源，或是金錢是魔鬼的工具，乃至人生中的重要獎勵，你應該理性思考自己的行為，什麼是應該做，什麼是必須做。

現在你了解「金錢＝生命能量」這個觀念，我們來算算，你這一生中到底經手了多少錢。往財務自主這條路邁進的步驟二是，滿足你的好奇心。

步驟二包含兩部分：

A. 計算一下你做的這份工作要花多少時間及多少錢維持，並算出真正的時薪。
B. 追蹤你這一生中每一分（賺）進來及（花）出去的錢。

你用生命能量換到多少錢？

我們知道金錢的主要目的是用來換取生命能量。現在來算算看，到底我們一生用了多少錢，換取多少生命能量；也就是說，你用了多少時間在工作上，總共因此賺到多少錢？

多數人對於「生命能量／所得」比（life-energy-to-earnings ratio）都有不切實際的錯誤認知：「我週薪是一千美元，工作一週四十小時，所以我每小時的生命能量是二十五美元！」生命能量沒有這麼簡單，為了工作所投入的相關事項，通勤時間多久、花了多少錢，全部要算進去。換句話說，如果你不需要這份工作養家活口，你的生活裡會少耗用多少時間及金錢？

注意，結果可能令你大吃一驚！有些人痛恨他們的工作，視為長時間的苦差事、無聊、同事間鉤心鬥角、工作進度落後、與老闆或同事意見不合、無力感等……準備好算一下，你花在「我恨這份工作」上的時間及理由。

如果不用做這份工作，你會花多少錢及時間在其他事情上？例如：煮飯、整理家務、修理東西等。

還有你為了保住這個職銜及地位，需要投入多少努力及花費？好車、得體的衣著、住大城市、精華區、買好宅，或把小孩送進私校。

把以下的討論當作腦力激盪，盤算一下，為了保住這個朝九晚五的工作，你花了多少時間及資源。這裡提到的東西，不一定適用在你身上，你可以想想還有沒有應該列進來的事。對於自雇者來說，情況可能更複雜一點，但盤點之後好處更大。你可能發現，很多工作不是被高估就是被低估。

以下的練習，我們假設了一些狀況及數字，目的是要製作一個假想的表格，在最後的討論中，估算出生命能量及金錢的實質「交換比率」。你也可以用自己的實際狀況來推估，自己真正的時薪到底多少。

● **通勤**

不論你是自己開車、搭計程車、搭別人便車、騎腳踏車、走路或是搭乘大眾運輸，只要你是上班族，就會花時間及金錢在通勤上。在這裡，我們假設你是開車上班，別忘了你必須把停車費、過路費、過橋費這些零碎的支出，還有汽車的折舊維修一併計入。

假設每天你花一個半小時通勤開車上下班，一週五天，花的時間就是七個半小時，油錢及維修算每週一百美元（假如是大眾運輸，費用及時間當然就不同）。

七·五小時／週，一百美元／週

● 治裝

你上班穿的衣服跟假日時的穿著一樣嗎？你在工作時，為了職場禮儀，必須穿著合宜的服裝嗎？這裡指的不只是像護理師、建築工人的制服而已；還包含建築工人的鐵鞋、廚師的圍裙，以及為搭配工作場合，必須穿著的訂製服、高跟鞋、領帶、褲襪等。如果不是工作需求，你會在脖子上繫條領帶，或是每天穿三吋的高跟鞋嗎？不只是金錢，你也必須計算花在治裝及打扮上面的時間，還有刮鬍水及國外進口的高檔化妝品。

所有的行頭都需要量化成數字，從逛街到塗上睫毛膏，刮鬍及打領帶。假設每週必須花一個半小時，花費大約二十五美元。

一・五小時／週，二十五美元／週

● 外食

為了工作而養成的飲食習慣及其產生的額外費用及時間也要列入，例如：早上及下午的咖啡；中午在員工餐廳排隊所花的時間；為了節省時間，外食或叫外賣所產生的花費。

假設每週需要花五小時在吃食上面，每週五天的午餐花費，假設是三十美元；犒賞自己的拿鐵咖啡每週約二十美元。一共在飲食上每週必須付出五十美元。

五小時／週，五十美元／週

● 舒壓及吐苦水

每天下班之後，你是充滿熱情及活力，準備與家人及所愛之人一同展開私人生活？還是筋疲力盡，拖著疲憊的身體，拿起啤酒或馬丁尼，縮在沙發上，看著眼前的電視或電腦螢幕，動都不想動，還不忘哀怨地說「今天真是夠了」？你要花一些時間才能釋放工作壓力。包括你大聲向他人抱怨工作及同事，這些因工作

衍生的時間及花費也得列入。估算每週花在吐苦水及舒壓的時間，可能要花五小時，衍生的費用大約三十美元。

五小時／週，三十美元／週

● **逃避式娛樂（Escape Entertainment）**

　　注意到這個標題多了「逃避式」三個字嗎？逃避什麼呢？是因為困在牢裡？或是在什麼樣受限制環境中，你才要逃出來？如果日子過得充實又刺激，那為何要逃？你在螢幕前待的時間太久了嗎？看看下面的情境，「這星期工作實在太辛苦了，我們晚上去城裡好好瘋狂一下吧！」「讓我們逃離這煩人的東西，到拉斯維加斯週末狂歡吧！」真的需要這樣做嗎？以生命能量或是金錢計算，這樣在付出的代價有多大？在辛苦了一週，埋首無聊的工作之後，週末的娛樂活動真的有補償作用嗎？當然，有一些藝文活動能帶來刺激、啟發心靈、滋養生命，若將生命能量用在這上面每一秒都非常值得；或是你特別去學了藝術，這種花費不能算在逃避式娛樂中，因為這是生命的提升，跟工作無關。讓我們假設，平均每週用在逃避式娛樂的時間為五小時，費用為四十美元。

五小時／週，四十美元／週

● **度假**

　　把時間花在旅遊，或到不同的地方體會另類的文化及自然，就像藝術欣賞一樣，都是人生非常棒的經驗。但如果每年度假是因為需要找一個角落恢復元氣，以便回職場打拚，那就屬於跟工作相關的花費了。

　　例如你因為工作太辛苦，懶得規畫旅遊，乾脆把一家人帶到巴哈馬群島，你自己就在躺椅上放鬆，這也算是與工作相關的花費。但如果你把家中多餘用品賣掉，拿這些錢到巴哈馬做志工，評估珊瑚的健康狀況，這可能也應該算在提升生命的費用上，只有你自己知道，這些花費應不應該算在工作帳上。

還有什麼呢？度假小屋、遊艇或是露營車，這些用來「逃離」都市及工作的工具，若把這些加總除以五十（週），我們假設每週你必須花五小時，三十美元在因工作衍生的度假活動上。

五小時／週，三十美元／週

• 工作帶來的病痛

你因為工作而生病的比率有多高？因為壓力太大，身體負擔太重，因為想要有表現，工作太衝，或是與同事及員工起衝突？

至善科學中心（The Greater Good Science Center）這個組織，一直致力於倡導用科學方法提升生命意義。他們的研究發現，幸福感能增加心臟健康、強化免疫系統、對抗壓力、減少痠痛並延長壽命。[6]在我們自己的經驗裡，志工身體出現問題或是怠工的情況比一般受雇員工低很多。日子過得簡單、快樂及富足的人，相對健康許多。

在這個項目中，什麼樣的疾病會歸因於工作，要花多少時間及金錢治療這些衍生的疾病，難免會有「內在感覺」的主觀認定。我們假設，每週平均大約要花一小時，或約二十五美元的費用來看醫生、拿藥及處理這些病痛。

一小時／週，二十五美元／週

• 其他因工作產生的花費

檢查步驟一中的資產負債表，有沒有一些本來不會支出，但因為工作才產生的花費？在「雇人幫忙」的項目中：請清潔公司打掃家裡、請人整理花圃，雇用雜工處理家務，或是找保母，如果你沒有工作，這些支出還會存在嗎？不管是單

---

[6] 參見：Kira M. Newman, "Six Ways Happiness Is Good for Your Health," *Greater Good Magazine*, July 28, 2015, http://greater-good.berkeley.edu/article/item/six_ways_happiness_is_good_for_your_health.

親或雙薪家庭，托兒所是一個不小的開銷，如果你沒有工作，這個開銷其實不會發生。找時間精算你一週的生活，多少花費是跟工作有關？

在網路上找資訊，或是為了建立人脈而晚上出席社交活動，為了工作挫折拿另一半出氣的時間，仔細找找，有沒有一些因為工作衍生的隱藏性支出，那些職場進修訓練、課程、書籍、會議，都要算在裡面。每個人的狀況都不一樣，但基本原則相同，找出你自己的實質時薪。

精打細算真正的時薪

現在，把這些數字整合成一個表，把因為工作所耗的時間（例如通勤），加上平常的工時；另一方面，計算因工作衍生的相關花費。再加上一些一次性的重大花費，例如度假及醫療費用，把它除以五十週（我們假設一年五十二週之中，你應該有兩週的假期）。如果你為了要重新獲得工作動力，有了一次度假，花費約一千五百美元，那麼就把它除以五十……當然這種特殊的一次性費用，大部分是一個概括的數字，不會太精確，但請多用點心思，讓數字盡量精準。

圖表 2-2 示範了計算你真正時薪的過程及數據結果，是你的人生中，每一美元代表的小時或分鐘數。數字是推論而得，你自己的數字和支出項目可能跟這個很不一樣。

如果公司有給你一些福利（例如保險，或是退休金提撥），記得把這些加進你的正常時薪中。因為不是每家公司或是每個受薪族都有這樣的福利，所以我們在這裡並沒有把這些算進來。

圖表 2-2 清楚呈現了，在這個例子中，你每小時生命能量的賣價才十美元，而不是表面上看到的時薪二十五美元。真的！你的時薪只有十美元，還沒繳稅哦！問題來了，你願意接受一個工作只付這樣的時薪嗎？（在每次轉職時或換職位時，你都應該重算一遍。）

這數字很值得玩味，案例裡每支出一塊錢，等於花掉六分鐘的生命能量，下

圖表 2-2　生命能量 vs. 所得：你的實質時薪有多少

	小時／週	所得／週	所得／小時
基本工作 （調整之前）	40	1,000	25
調整項目			
通勤	+ 7.5	− 100	
治裝	+ 1.5	− 25	
外食	+ 5	− 50	
舒壓及吐苦水	+ 5	− 30	
逃避式娛樂	+ 5	− 40	
度假	+ 5	− 30	
工作帶來的病痛	+ 1	− 25	
為了工作衍生的金錢及時間 （全部調整後）	+ 30	− 300	
調整後的工作時間及所得	70	− 700	10

每花一美元等於用了六分鐘的生命能量。

次當你花二十美元，買一些可有可無的東西前，好好想想這個數字。試著問自己：這個東西，真的值得花掉一百二十分鐘的生命能量？花了這兩小時，我得忍受擠在火車上、陷在車陣中的通勤；或為了保住工作，焦慮地尋找下一位客戶？記住，這個圖表還沒有把一些花在想方設法升官的時間算在裡面；也沒有把處理家庭生活不安（因為工作負擔太重）的時間算進來；更沒有把平衡工作及家庭生活所需的花費及時間算進來。工作的成本方面也影響你整個人生。

當馬克做完了這兩個步驟，他的人生完全改變了。他在建設公司擔任產品經理已經十年。「我做這份工作其實並不快樂！」但他寫道：「在收入還可負擔生活支出的狀況下，我就阿Q地想，『生活在大都市裡，不就是這樣嗎！』」不過，馬克用了步驟二好好算了一下他的真實時薪，「在分析我的消費模式後，事情變得比較清晰。我賺的錢一半都花在與工作相關的事務上，油錢、保養、午餐、東花一點西花一點，大部分的錢就這樣花掉了。總之，我覺得可以改做兼職工作，就在家上班，雖然收入只有之前的一半，但真的存到了錢。」這時他才了解，他可以放棄正職工作，尋找人生真正想要追求的目標。所有的事情都因此改變，他的財務生活改觀了，多年來，他不願面對的財務狀況改善了，準時繳交信用卡帳單、節省不必要的外食，同時跟老婆共同商討財務事項，不再像之前常常口角。當他們重新安排財務生活，才發現靠老婆的正職收入，整個家庭還是可以過得很好，老婆也能從事她喜歡的特殊幼教工作。而馬克對諮商師及治療師的工作很感興趣，如此自己也有時間回學校再進修。「壓力真的變得比較輕，因為我們專注於修補與金錢的關係，而不只專注於鈔票的多寡而已！」

為何要做這樣的練習

為何這樣的練習可以重新建立我們跟金錢的關係？

1. 這個練習用一個比較全面及真實的面向來看待全職工作這件事，並且讓大家知道，自己真正的薪資是多少，就是表中最底層的數字。

2. 這個方法用你真正的薪資當作指標，更真實地評估自己現在及未來的職場生涯。按照步驟及最後得到的數據及結果，可以檢視自己的工作狀況，如果一個工作需要很長的通勤時間，或是需要花錢治裝打扮，薪水可能就沒有表面上的數字多。考慮轉職的正確指標應該是，你想要讓你的生命能量用多少錢賣出去？

3. 了解你真正的所得（bottom line），會讓你更清楚到底工作的動機是什麼，該選擇這一份工作或是另一份工作。馬克的例子並非個案，很多人把錢花在從工作衍生出來的費用上，主要就是為了保住工作，卻始終認為自己很幸運。而另一個進行財務獨立計畫的學員說，做完這個練習之後，他對工作相關的非必要支出更為敏感，使得淨收入增加了一倍。一旦了解日常花費有多少是為了工作後，他減少了不少開支。例如，他開始帶便當，省了外食午餐的花費，以前自己開車上班，現在改乘大眾運輸（在搭車的過程中順便自我舒壓，是另一項多出來的好處），也省思是否需要這麼多不同樣式的服裝，甚至開始每天跟太太健走（也因此改善夫妻關係）。不少人以這個方法當作指標，用來選擇工作，當算清楚真正時薪之後，更能判斷這個工作到底值不值得繼續做下去。有一些曾經很想應徵的工作，用這個方法驗證，發現根本不值得考慮。

檢查表：生命能量 vs. 薪資

	時間 小時／週	金額 元／週

通勤：
　車輛維修
　油錢
　大眾運輸
　停車費
　過路費
　維修
　走路／腳踏車
　計程車／共乘
保險
治裝：
　為工作而買的衣服
　為工作而買的化妝品
　亮眼的公事包
　修整鬍鬚
外食：
　咖啡
　午餐
　工作休閒
　為紓解工作不愉快的犒賞
　便利商店花費
舒壓及吐苦水：
　小孩太吵
　恢復理智
　整理情緒
　替代性娛樂

	時間 小時／週	金額 元／週
逃避式娛樂：		
電影		
酒吧		
有線電視		
線上內容		
電玩		
度假／玩具（如果是為了補償工作的勞累）：		
健身器材		
運動器材		
划船		
度假小屋		
工作帶來的病痛：		
感冒		
為背痛按摩		
壓力太大住院		
為了工作衍生的金錢及時間：		
找人幫忙		
打掃家裡		
除草		
看小孩		
托兒所		
補習		
專業雜誌		
會議		
成長課程		

不要覺得丟臉，也不要責怪自己

請記住，這是你對工作／職業／身分認同的感受最強烈的地方。有同情心的自我覺知是關鍵。只要注意每一種感受的存在，不要加以批判，也不要批判工作、老闆、你自己或這本書。如果你一直為薪水在工作，又怎樣呢？如果你為了又活過一週而「獎勵」自己卻超支，又怎樣呢？如果你過著快轉生活而領十美元時薪，又怎樣？這一切都過去了。這是你知道「金錢＝你的生命能量」之前認為需要做的事。

記錄金錢流向，追蹤生命能量

到這邊，我們了解了生命能量才是真正的金錢，也學習如何算出要用多少錢才能換到一小時的生命能量。現在，我們對於生命能量的花用必須用心，每天的收入及支出都得小心追蹤。這個單元中的第二個步驟很簡單，就是把所有生活中進出的錢記錄清楚。

對於錢這件事，很多人喜歡刻意假裝清高。他們把「金錢」與「愛／真實／美麗／靈性」放在兩個不同的箱子裡。許多人把一切都攤在愛人前面，卻從來不給他們看看自己荷包的真實狀況。

不少家庭債台高築無法自拔，因為要大家少花一點不必要的錢，好像是缺乏愛的舉動。很多社福團體撐不下去，因為不好意思跟大家伸手要錢，好雇用一個人專責處理日常行政事務。對於討債或借出的東西，朋友間也不容易啟齒，因為一直追著人要東西，好像會惹人厭，堅持對方一定要還錢，聽起來更討厭。父母與孩子間也是這樣，跟親近的人討錢，讓原本「愛」的交流蒙上一層陰影。這些想法都源自於一個根本的概念：金錢是金錢，愛是愛，這兩者永不見面（never the twain shall meet）。看看你自己的狀況，你是不是常常以愛之名容忍財務的糊塗帳？

心靈的紀律

從古至今，宗教總是用盡方法，讓大家活在當下。他們的方法五花八門，例如：觀察呼吸如何吐納、重複誦念一個相同的詞以專注想法、集中意念在一個物體上，不緬懷過去也不幻想未來，就在當下與它同在；或是練習不同的武術（合氣道或空手道）；或從事不同的「內觀」活動。

我們也發展出一種心靈的訓練機制，以提振對金錢的覺察，這個方法對於學習財務來說不可或缺，對習慣偏重物質思考的西方文化，也比較容易接受，不用觀察呼吸，而是學習看顧自己的金錢。

這項練習很簡單：好好記錄每一分「進」、「出」你人生的錢。這項高度有效的財務轉型方法，只有一個動作：好好記錄每一分「進」、「出」你人生的錢。再說一次，這項充滿神奇的方法就是：好好記錄每一分「進」、「出」你人生的錢。

做到這件事，其實沒有特別的方法，沒有教科書。對很多人來說，只要靠一本口袋裡的小筆記本，把所有進來的錢，和離開你生活的錢，一筆一筆記下來。有些重視時間更甚於金錢的人，會把支出及收入記在行事曆旁邊的一個特殊的記帳空間。有人會把進出的金錢，跟聯絡人、工作事項及行事曆，一起記錄在手機或電腦裡，還跟銀行帳戶及信用卡進出串連，隨時都可以追蹤。現在的電腦和智慧型手機有很多數位記帳軟體，對於記錄金錢進出來說比以前方便，找到最適合你自己的，就是最好的方法。

有不少人，就敗在這個階段，不願意老老實實地把錢一筆一筆記下來。太難、太瑣碎、花太多時間、挑戰性太大、衝突性太高。每一分錢嗎？太難了！那每一塊錢？還是每十塊錢？

落實記帳就能清楚財務

　　凱洛琳是天生的記帳員，但她的先生卻不是。他說，一毛一毛這樣算，沒有用啦！大部分的人也不想過這樣的生活。「幾年前，」她說，「我想了一個辦法，把他帶進記帳的世界，為適應他的想法，我改變了一些方法，結果非常成功！」她用忽略零頭取整數的方法，在能力範圍內盡可能做好，但卻不執著，容忍一些計算的錯誤，並增加了一個漏記欄目。這個欄目裡，有時一毛錢也沒有，有時忙亂的一個月金額高達兩百美元。「以前碰到這種情形，我會發瘋，但我這次沒有，因為我先生開始注意數字的變化了，也留意一些小額花費及細瑣的帳目。他對於大數目更在意了，注意到錢是不是花得有效率，是不是花在刀口上，這樣比我們大吵有效多了，我非常開心！」

　　多年來，麥克帶領一個倡導簡單生活的團體，他鼓勵大家用這些步驟重新整理財務人生，他及太太都是忠誠的實踐者，結果非常令人滿意。他花的每一塊錢都記在帳上，但當他移居到新社區，麥克終於知道，為何不少團體學員在執行步驟二時都覺得傷腦筋。

　　因為這次他捲起袖子自己蓋房子，每天要處理的帳單及交易大量增加，花非常多的時間在簿記花費及整理帳單，於是他決定起用簽帳卡，利用銀行的服務，把帳單及帳務整理好。這樣改變記帳的習慣，讓他的生活過得更簡單、更容易。

有讀者說，對於財務忍者型的人來說，記帳可能是家常便飯，就像呼吸一樣自然；但對於那些右腦發達（個性偏創意及直覺思考）的人來說，記帳就像是用非慣用手寫字一樣困難。凱倫就寫道：「我喜歡把進出帳目都記下來，在這樣做了十四年之後，我還是樂此不疲，很難想像有一天我不記帳的樣子。我每年花一

半的時間待在歐洲（法國的一個船屋中），一半的時間在美國，我樂於投入志工，也喜歡旅遊！」凱倫是一個天生的記帳好手，如果你是極簡主義者型及自造者型的人，不妨像麥克一樣用簽帳卡消費，讓銀行幫你處理記帳這件事。你會發覺比較容易控制，心靈也比較平靜，以前覺得一團迷霧的帳目變得比較清楚。當進出的帳目，跟創意、冥想及旅遊連結在一起，就很容易變成習慣。

年輕的唐恩是個人理財及提早退休部落格「金錢鬍子先生」（Mr. Money Mustache）的忠實讀者。唐恩開始記帳之後，對自己收入的進出有更清晰的了解，也因此改變上餐廳吃午飯的習性，換成自己帶便當，也更常下廚。他說：「對我來說，記帳並不是任何高高在上的人逼我做的事，要我更『負責任』，而是讓我了解錢是怎樣被花掉的，錢可以花的更沒罪惡感，錢可以花的更罪惡感，餐飲支出因此省下了一半，每個月省了好幾百美元。我開始意識到如何支配花費，這讓我省下好多以前靠直覺的消費，把錢用在對整體幸福感更重要的事，積少成多省下的錢，讓我去歐洲玩了三個星期，開心極了！更有效率的支配錢，也能為未來多存一點錢，把錢花在我喜歡的事，日子也過得更輕鬆、更快樂！」

不論你選擇什麼方法，趕快做就對了（只有你動手做，我們講的這些，才會真的發揮作用），記得一定要確實。好好記錄所有進出的錢，讓它變成習慣，除了數目不要錯以外，別忘了把原因也寫清楚。每一次花了錢或收到了錢，都本能的馬上記下來。

《原來有錢人都這麼做》（*The Millionaire Next Door*）❼這本書的作者史丹利

---

❼ 參見：湯瑪斯·史丹利（Thomas J. Stanley）、威廉·丹柯（William D. Danko）著，《原來有錢人都這麼做》，久石文化，二〇一七年。

及丹柯表示，收入高的人都非常清楚把錢花到哪裡去了，是花在衣服、交通、旅行，還是房子上；而收入不高的人往往都不清楚錢花到哪裡去了。兩者有非常大的差別。

圖表 2-3 是一筆兩天的記帳紀錄，注意一下每筆支出都有細項，每一項與工作有關的支出也特別標示。注意一下，這個記帳表也標示在便利商店買零食及電池的不同支出，週六在雜貨店及百貨公司購物也要區分開來，帳目中的「小計」（subcategories）及「細項」，都已經四捨五入了（雖然我們滿鼓勵能準確地記下來，但像衛生紙、酒這些項目，要記得這樣仔細，確實會花很多時間），但最後加總的時候，金額一定要弄對，最好能到每「分」（penny）。

每一分錢都要記？為什麼？

這樣的過程，最主要的目的是要讓每一分進出你生活的錢都被記錄下來。「為何要這樣做？」你可能會問，「時間真的需要這麼長嗎？」因為這樣，你能知道錢是如何走進你生活，又是怎麼樣離開的，絕對跟你記帳之前想的不一樣。直到今天，大部分的人對於這樣小額交易，又是每天要做的小事，還是顯得漫不經心。我們常常用「省小錢，花大錢」（penny wise, pound foolish）當藉口，我們可能跟另一半仔細討論，要不要花七十五美元買一個車床工具，但卻不願看看一個月我們的荷包進了多少錢，又出了多少錢。殊不知這些「不起眼」的小錢，月結的數字可能比七十五美元還多呢！

你可能會問：「但我們真的要把每一分錢都記下來？」沒錯，每一分錢！為何要每一分錢，而不是記一個大概，或是四捨五入只記個整數？因為這是要養成我們一生受用不盡的好習慣，畢竟，很難判斷到底到什麼程度才算模糊？數字要多接近才夠精確？

當然，就實務上而言，可以用四捨五入，但如果一開始就登錄不實，或「放一點水」，久而久之，數字就會越來越大。很快地你就會對自己說：「反正我本

圖表 2-3　每日記帳圖表（樣本）

（單位：美元）

八月二十四日，星期五	收入	支出
過橋費		1.50
工作空檔咖啡及點心		5.50
〔上廁所撿到的錢〕	0.25	
午餐		7.84
午餐小費		1.50
〔同事還我的午餐費〕	7.00	
午間咖啡		3.25
同事捐款		10.00
自動販賣機飲料		1.25
自動販賣機糖果		0.75
油錢 10 加侖　＄3.5／加侖		35.00
便利商店花費：薯片、蘸醬、汽水		5.39
便利商店花費：電池		7.59
〔週薪〕	760.31	
（請參閱存根扣除）		
八月二十五日，星期六	收入	支出
雜貨店		121.55
項目		
機油	6.00	
卡片	3.50	

（接下頁）

八月二十五日，星期六		收入	支出
雜誌	4.50		
家用	17.75		
衛生紙	15.50		
酒	10.00		
小計	57.25		
雜貨	64.30		
總計	121.55		
百貨公司			75.92
項目			
家用	12.00		
襯衫（上班）	27.00		
糖果	4.50		
照片	16.00		
五金	6.00		
汽車百貨	10.42		
總計	75.92		
午餐、三明治店			7.88
朋友晚餐，中國之星餐廳			23.94
小費			4.50
跟朋友去音樂會			24.00

來就沒有把所有費用都算進去，那只要記主要花費就好了！」這是人性呀！接著你可能會自我安慰說：「我已經記了一個月了，我乾脆四捨五入，算到千位美金就好。」（這就像減肥，你週二早上，本來應該是只吃烤吐司的，後來偷吃了塗上奶油的英式鬆餅，騙了自己一次，你就會繼續騙下去，晚上就會吃一桶冰淇淋及一磅蛋糕。）如果你不想要功虧一簣，最好一開始就完全依照正確方法做。如果你真的不想記得這麼細，也許可以試試算到每一元，否則就太寬鬆了。

這本書第一次出版時，信用卡已經非常普遍，現在，有信用卡等於已經是長大成人的象徵。雖然信用卡確實帶來便利，但只會讓你不知不覺中花更多的錢。如果你真的要追蹤錢的流向，建議你先停止使用信用卡一個月，所有的支出，都從銀行提款出來，並記錄下來。這樣不僅能夠有更多動機存錢，對於花了多少錢也更有感覺，很多勤於存錢的人都認為這個辦法不錯，可以檢視自己的消費習慣。既然金錢跟你的生命能量有非常大的關係，為何不給金錢多一點敬意，讓自己能徹底了解錢花到哪裡去了。

在剛開始的時候，無可避免會有一些抗拒，無法做到完美無缺，但是不管你的感覺如何，一定要接受這個練習。因為這是做金錢主人的關鍵道路，所以，好好紀錄每一分「進」、「出」你人生的錢。

正確的態度

沒有退路了！望遠鏡即使只有一個鏡頭對焦不準，就不能讓你看到星星。人生也一樣，一點小欺騙，照射進來的光量就會變少。所以你要堅毅、要有決心，與金錢重新建立關係的關鍵就在這裡。在這個過程中，成功的要訣就是改變態度，把以前對錢散漫的態度，轉換為絕對精準精確、無懈可擊（這樣的態度，不只對金錢關係會改變，對人生其他事務也相當管用。生活大小事，從減肥、保持桌上整潔到修補關係，這些步驟都適用，練習過程的完整性很重要，每一個步驟都得確實做到）。

不要批判，不要自己判別好壞（也不要責怪自己或他人）。在重建與金錢關係或財務自主的過程中，你會發現這些都無濟於事。

　　但這並不意味不要有判斷力，一定要有判斷力才能分辨好壞，就像把麥子從糠裡面挑出來。在記錄金錢進出的過程中，你就會開始分辨，什麼是必需且適合你的消費，哪些是浮誇、不切實際，或是難以啟齒的支出。其實我們每個人都有判斷力，分辨是非，看大方向，找到我們真心想望在這一生有所作為，這些本能需要練習，練成之後人生就會不同。在財務自主的練習中，這項本能會一點一點發揮功能。把你的消費行為與這種本能或意志結合，是邁向財務健全的重要關鍵。透過一五一十記錄每一分錢的進出，你心中的超級力量就會被喚醒，逐漸主導你的人生。

步驟二的重點摘要

1. 誠實且正確地計算出自己的**實質**時薪及用多少錢換取生命能量。
2. 好好記錄每一分「進」、「出」的錢，以便徹底了解自己處理金錢的模式。

如果你用心投入，可能會驚訝地發現，你開始了解自己，從接受這本書所寫的，轉變成自己尋求真相。

借用本章結尾「談一談錢」中提出的問題，跟你的另一半或是社團成員對話，每日反省自問。記得如果在反省時，都能不忘在最後加上「為什麼？」，會讓你有更深層的思考；如果都能不忘在最後多問一句：「社會如何形塑我的答案？」則會讓思考層面更為廣泛。不論如何，這些問題，都沒有標準答案。

- ◆ 什麼是錢？
- ◆ 用五個字或更少的字描述你與金錢的關係。為什麼用這些字句？
- ◆ 當你有錢或沒錢時，你會有更多壓力嗎？
- ◆ 完成句子「如果我有更多的錢，那我就是……」請詳細說明！
- ◆ 你賺得的錢與你的價值相稱嗎？
- ◆ 哪些對金錢的信念讓你不能成為你想做的人、做到你想要的事或擁有你想要的東西？

第 3 章

錢都跑哪裡去了？

恭喜你！你又走到現在，已經清楚金錢的進出及往來，今天、上週、上個月，到你頭一次領零用錢，非常值得紀念的壯舉，你的財務智商又進步了。但就整個練習來說，這才剛開始而已！你學到的知識，腦裡鮮活的洞察力，只是個起步。

步驟一及步驟二，你只需要聽專家（作者及其他財務自主成功的人）的意見，一五一十地練習及記錄，以便打破以前的金錢觀對你的限制。上個階段，你要做的只是把一些具體的收入、支出、銀行往來資料及如何消費物品，好好記下來。

但到了步驟三，你要做的事情可能更多了，你必須要評估你取得的資訊。

你需要做預算嗎？

財務獨立計畫跟預算的概念完全相反。

提醒大家一下，預算是個有效的工具，可以根據自己的收入計畫未來的支出及控制可能的胡亂花費，如此，每個月的房租不會因手滑買下的衣服而繳不出來或是把水電費花在深夜網購上。然而，預算是一種計畫型的工具，但我們這個

練習是讓你意識到自己的「金錢豐足點」。每個人的狀況都不同，沒有辦法像傳統、制式的預算規畫方式一樣建議每個人的消費項目，例如每月要存五％的薪水；租房要占支出的二五到三五％，飲食支出二○％，或是醫療費用五到一○％。如此做，只會讓你回到傳統朝九晚五的賺錢模式，直到六十五歲退休為止。

以賈斯汀為例，他用每週十小時的清潔工作，換取在老太太家中租賃一個房間。這樣的工作型態在預算表中沒辦法記錄。他想存錢買一台露營車，要如何規畫這筆預算？他想要住在露營車裡，周遊美國，希望在沙發衝浪（couch-surfing）網站上，找找看有沒有人願意讓他把車停在車道過夜，這算是收入嗎？他想把旅途見聞寫進部落格並找贊助商，可以算是收入嗎？他想要到處覓食，甚至自己打獵，這應該編在「食物」項目內，還是「娛樂」？

這些項目很難放在預算的表格中。我們在步驟三的練習，會根據每個人不同的情況及可能性，給大家比較清晰的金錢觀，而不是用制式編製預算的方法。希望大家能依照自己的模式，依照自己使用生命能量的型態，找出自己與金錢應該維持的關係。相信我，這樣的覺知能改變你的人生，不只是按預算決定財務目標，而是因為你會重新思考如何好好度過自己的人生。

請大家想想看「節食」（dieting）與「正念飲食」（mindful eating）的差別。「節食」是用一些特別的公式，希望達到一個明確的目標——減輕體重，坊間有相當多相互矛盾的節食方法，大家通常很不容易全都適應，這樣的身體救贖，通常也很難成功，因為這是一種從外而內、勉強自己的改變。

但「正念飲食」不一樣，先讓自己慢下來，集中注意力了解自己在飢餓時想要吃什麼。如果少了自我覺知這層思考，我們往往會在累、口渴，或需要在陽光下散步的時候大吃大喝。「正念飲食」是引導你如何真正品嘗食物，品嘗會讓身體了解，吃下肚的東西對身體到底是好還是壞。慢下來之後，我們才能了解，身體的需求到底滿足了沒？如果已經滿足，就不需要再吃了。這是一種由內而外的

體悟，由我身體自發性地引導，而不是依照一個外在的標準，在《節食無效》（*Diets Don't Work!*）這本書中，作者舒瓦茲（Bob Schwartz）提供了四個準則，戒掉吃不停的習慣：

1. 當你飢餓時才吃東西
2. 身體需要多少就吃多少
3. 每一口都有意識地吃
4. 身體夠了，就停止進食❶

非常簡單。你要做的就只是要有意識地吃東西。有意識是指，當你在思考及感覺時，知道自己真正在思考或感覺什麼。培養一種內在觀照（inner witness）的能力，是一種細緻的覺察（warm awareness），不帶判斷、不帶評判，也不要充滿好奇。當你發現又陷入吃不停的習慣時——無聊的時候就想吃、獨自一人在廚房時也想吃、慶功時也想用吃犒賞自己，沮喪、嫉妒及憤怒的時候，又停不了嘴——請喚醒你的意識，停止「責怪自己」，細細察覺飢餓、滿足及動機。看來簡單，其實不容易。這需要發掘並鍛鍊「心智肌力」（mental muscles），以免因為誤用而日漸萎縮。你必須學會分辨，什麼是「餓」，什麼是「飽」，你到底是真的需要補充食物，還是因為感覺一直沒有被滿足、感覺被剝奪。在進食時，你必須真的知道自己在吃什麼。本書說的財務自主，基本方向跟「正念飲食」很接近。

1. 你必須體會並跟著發自內心的信號走，而不是依循外部警告（external admonishments）或積習已久的欲望。

---

❶ 參見：Bob Schwartz, *Diets Don't Work!* (Galveston, TX: Breakthru Publishing, 1982), 173.

2. 你的眼光要長遠，體認並調整你的消費模式，而不是指短期內改變花錢方式。

　　這並不是要你依照我們（或是任何人）的預算跟標準的科目行事；也不是根據每個分類，把收入按比例分配運用；更不是要你每個月都發誓，自己一定會做得更好；當然也不是怪罪自己。這樣做，是希望能分辨並確認真正的需要是什麼，而不是隨著欲望行事；也確定怎樣的消費行為才會帶來真正的豐足；什麼才是你自己定義的「豐足」，這些才是你應該花錢的地方。

　　這項計畫最主要的目的，是幫大家找到真正的自己，而不是受一個外在的框架所規範，這個目的是否能成功達到，取決於你的坦誠及專一。這也是這個計畫跟其他成千上萬的財務健全計畫最不一樣的地方。這個計畫的重點在於覺知、富足及選擇，而不是制定預算或感覺被剝奪。

　　步驟三我們要開始訓練「覺知肌力」，如果你覺得自己狀況不好，可能會有點難受。但事實上，跟著步驟作為並不會有任何痛苦，還挺好玩的！

不要覺得丟臉，也不要責怪自己

　　記得我們的宣言：不要怕丟臉，也不要責怪自己或任何人。坦白面對你生活中曾經做過的選擇，這是一項挑戰。何其有幸，你能檢視自己，而不是被國稅局查稅；何其有幸，你現在就能做這樣的練習，而不是在人生最後一刻才開始做。不要感覺丟臉，也不要怪罪任何人，請記得這句話，當你想躲在床底下，不想見任何人的時候；當你一直想靠花錢來擺脫麻煩的時候；當你想要放棄這個計畫時。不要覺得丟臉，也不要怪罪任何人。

　　安妮塔非常需要這個宣言，協助她重新檢視衣櫥，建立新的覺知。她熱中於買衣服及搭配衣服的首飾，已經到了無可自拔的地步，她是個

購物成癮的年輕人。每一次開車出門，都忍不住要到大賣場逛一下，看看有沒有新的促銷活動。這樣的行為模式對她來說，已經成為一種儀式，可以讓自己感覺舒坦，這幾年的戰利品全部展示在衣櫥裡。她並沒有因此滿足，還是一直買買買，但她日漸發覺這麼多新衣服連標籤都沒拆，為了撫平不安，她把衣服當作禮物送。把自己從來沒穿過的衣服送給親友，安妮塔覺得有趣，久而久之，購物的衝動越來越低。有一天她站在百貨專櫃前，看著新款顏色的毛衣，突然一個念頭：我的人生真的要這樣過嗎？這樣下去，我會變成什麼樣子的人？我在做什麼？我已經有夠多的衣服了。結果，她竟然空著手走出了百貨公司，經過了這次的經驗，安妮塔發現自己再也不想到處購物了！

如果安妮塔按照傳統的方法，用編寫預算的方式控制自己的花費，她可能永遠不知道自己有強迫症，到現在還是一個購物狂，不願承認自己有這樣的問題。用覺知及同理心，檢視自己的血拼行為，她看到自己有的已經夠多。對於購物，安妮塔現在已經相當「敏感」，也因此遠離有些之前一起血拼的購物同好，但安妮塔現在覺得人生更豐富。在這個故事背景下，我們進行步驟三，建立你自己的每月收支表（Monthly Tabulation）。

步驟三：每月收支表

在步驟二中，我們已經把每個月的收入及支出記錄下來，以了解你生活每一分錢的去向及來源。**現在在這個步驟中，你必須依據自己獨特的生活方式**（不是一些過於簡化的記帳分類：食物、住房、衣服、交通及醫療），**把支出及收入的細項寫清楚**。就算是用這些制式的預算格式，其中的細項也要巨細靡遺，這有助於建立自己生活的圖像及消費模式。這很有趣也頗具挑戰，這些科目及細項就像

你獨特消費模式的百科全書。

　　這些紀錄會成為你生活型態最真實的描述，就算雞毛蒜皮的事，或是一些小失誤，都能記錄下來。這些細節的描述就是你人生的淨收入。忘記那些你生活中的迷惘；忘記你曾經告訴別人有關自己的故事；忘記你的履歷表及所屬的機構，當你開始進行步驟三，你會看到一面清晰可見的鏡子，反射出你真實的人生、你的收入及長久以來的支出。在這個鏡子中，你會看到你用來賺錢的時間，真正換到的是什麼。

建立自己的分類

● 食物

　　在建立帳目時，你必須坦誠，也務必正確紀錄，但不必吹毛求疵。除非你跟一般人非常不同，否則應該會有一個叫作「食物」的分類。

　　當你記錄每個月的食物花費時，會發現有好幾種不同的分類方式可以運用，也容易追蹤。你可能會在家中與家人一起吃飯，也可能請朋友或在家吃飯，因此你的帳本中，可能會有兩個不同的子分類：「自己在家吃飯」、「請人在家吃飯」。但千萬別太誇張，不要在請客餐桌上記錄客人吃了什麼、又花了多少錢，這會讓客人壓力很大。

　　但必須估計你備菜的花費有多少是因為請客產生的。例如，通常只有你跟另一半在家吃飯，但有一次請了四個人來，這樣你就可以概算，晚餐三分之二的支出是來自請客。總支出的記帳單位，必須細到每一「分」錢，但多少是因為請客衍生的費用，得用估算的。在食物這個大項，當然少不了「外食用餐」這個項目，從工作時外帶午餐到外出晚餐都要記錄。

　　如果外食不是偶一為之，或已經變成一種例常性且昂貴的習慣，你必須在記

錄時把情境寫上去，例如，外食是因為「太累了不想煮飯」，或是「為了某種特殊場合」。如果你每天忙於工作，從出門到返家可能長達十二小時，為了睡足八小時，你恐怕沒有機會開伙，這時就要把細項及原因寫清楚。

如果你沒有辦法拒絕零食的誘惑，也要記下來，吃下午茶每個月的花費也一五一十記下來。如果你看電視時，喜歡吃洋芋片、爆米花、糖果或喝飲料，也要記清楚。你也可以更進一步地分類，區別「健康食品」及「垃圾食物」，以便知道自己對食物的偏好及習慣為何，或是對有機食物有多擁護。如果你確實地記錄，這張表會顯示你所有消費習性及模式。一般傳統的記帳表格，只粗略地把「食物」放在一個大類，沒有辦法看到你的消費習慣。

但若你改變一個方法，依照我們教的這樣做，不是要你跟理財顧問面談時能坦誠以對；而是在你大聲抱怨「我的錢到底花到哪裡去了？我明明沒有買什麼東西呀」的時候，可以清楚而明白地發現，原來你都「把錢花在公司三樓的那個糖果自動販賣機中了」！

● 住房

在「住房」這個項目中，可能會有房貸（或租金）、水電、房貸扣除額，也可能有分租給遊客的短期租金收入。你也可能不只一間房子，一間在郊區、一間在海邊，或是在市區中有一個小公寓，把支出及收入確實登記，可以讓你知道租房子有沒有比自己買房子還划算。

以前傳統的概念會希望你把收入的四分之一配置在住房上，但在現代的社會中，花費在住房上的比例可能會高到四成甚至更多。如果你確實用白紙黑字記錄下來，也許會發現，其實有很多聰明的辦法能將住房的費用大幅減低，甚至降到零。有一對在科技業上班的夫婦，因為可以在家上班，換言之，哪裡都是辦公地點。利用這種方法，他們夏天時在北半球的都市生活，冬天時則到南半球的海灘避寒，同時把自己家出租，讓住房費用省了一半。有位單身女性在夏天住露營

車，停在朋友的所有地，同時出租她位在風景區、有優美景觀的家，這樣還清了房貸。

一位退休的老婦人，從過去的經驗知道，打掃房子其實要花費大量時間及金錢。因為她照顧房子無微不至，所以現在成為鄰里中搶手的專業房產管理員（in-demand house sitter），不僅住在豪宅中，屋主還要付給她一筆管理費。

尤其網路發達，如果你是專業的房產管理員，可以透過仲介網站，一邊旅遊，一邊接顧房子的生意。你現在知道為何傳統的記帳簿沒辦法解決你的問題了吧？

● **衣著**

說到衣著，在你的支出收入紀錄中，絕對不能只編製一個叫「衣著」的大分類，這樣你沒有辦法了解在衣著上的消費模式。你必須區分這些衣著花費是為了「實用」還是「時髦」（例如：你不想重覆穿同件衣服出現在辦公室，或者喜愛在社交場合展現優雅的穿著）。換句話說，你必須要區分不同服飾的功能。要確實了解消費模式，要在「衣著」這個大分類下再訂定次分類，哪些衣著是居家的，哪些衣著是適合上班穿的，又有哪些特殊的行頭是為了特定的休閒活動。

一個參加過課程的醫生，有段時間一直納悶自己收入的百分之二十究竟用到哪了？用了這個方法，他才驚覺自己花了非常多錢買鞋子。他有高爾夫球鞋、網球鞋、跑步鞋、走路鞋、登山鞋、越野鞋、下坡用雪靴、滑雪後專用鞋。後來我們告訴他，應該要設一個次分類，專門記錄自己鞋子的消費。結果這樣確實協助他找到一些消失的收入，也讓他驚覺一個事實，其實很多鞋都穿不到，最常穿的就是舒服的拖鞋。

他絕對不是唯一迷戀買鞋的人，二○一五年美國整體鞋業的總營收超過了六四○億美元。❷美國消費者報告國家調查中心（Consumer Reports National Research Center）所做的全國性調查顯示，每個美國女性平均擁有十九雙鞋，但

常穿的只有四雙。❸

　　這不是會計，而是一種自我發現的過程，但當你真正投入這過程，會讓你的財務狀況更為健全。你可以選擇合乎自己感覺的分類，次分類可以是「能讓你愉快的衣服」、「能讓你在老闆面前留下深刻印象或是適合約會的衣服」。大家都說人要衣裝，從選購服裝上，也可以凸顯你想要變成什麼樣的人，或者是看到自己的企圖心相應要付出的代價。

● 交通

　　透過檢視在交通或通勤的支出，你可以發現，如果做得好，一年可以省下好幾百美元。如果你是自己開車族，趁著這個大好機會看看為何一定要自己開車，而不是搭大眾運輸工具，圖的是：方便、地位、真的需要、還是喜歡一種自由的氛圍……？如果沒有自己的車，可不可以用共乘、短期租賃或是其他手機上的共享服務代替？現在已經有不少 app 可以提供共乘或共享服務。尤其是在大城市裡。有多少交通費用是因為你的房子位在一個不對的地點，才必須花更多的通勤費用？很多人在買房或是租房時都沒考慮行的問題，往往買或租在沒有大眾運輸工具、甚至連自行車道都沒有的地點。在堪薩斯州的農夫可能沒有卡車就無法過活，但如果你搬到離工作、學校或購物中心近一點的地方，交通費用就可能歸零。

　　你也可以趁這個機會，好好檢視手上的汽車保險，有多少是一定要買的，有多少是因為習慣使然？或是懶得變更？又或者是因為保險員的恐嚇才加保？順便看看你房子或古董的產險，是不是也有過多的保險。如果你有第二部車，應該如

❷ 參見："Footwear Industry Scorecard," NPD Group, https://www.npd.com/wps/portal/npd/us/news/data-watch/footwear-industry-corecard/.

❸ 參見：Belinda Goldsmith, "Most Women Own 19 Pairs of Shoes — Some Secretly," Reuters, September 10, 2017, http://www.reuters.com/article/us-shoes-idUSN0632859720070910.

何編列它的費用？放在哪個分類下面？是通勤、嗜好、還是炫耀？若你沒有車，可以檢視是否在計程車費上花太多？也許有些時候改搭大眾運輸工具，或其他方法。

● 科技產品

　　與世界保持接觸及聯繫，是現在生活及社會中很重要的一部分。近年來，許多人在數位溝通上面的花費也越來越多。手機帳單、網路費用、有線電視、平板電腦、智慧手錶，都變成很重要的日常花費。如果帳目上只有一項分類叫作「通訊或手機」，那你可能錯失很多省錢的機會。很多人看到固網的帳單之後，會直接放棄申請家用電話；有些人在手機費率上可能不再用兩年綁約，直接在賣場或網路上買空機。

　　把你的通訊費用細分為固網、手機及其他科技產品，你對自己的消費型態會更了解。也想想通訊或科技支出中，有沒有因工作衍生出來的費用，或純粹是娛樂與個人因素。

● 娛樂

　　到電影院看電影，已經不足以涵蓋你在影視上娛樂的花費了。現今的我們可以透過各種不同的管道看電影，可能是家中的娛樂系統、手機、平板、個人電腦或其他裝置。如果你能把這些在娛樂上的費用再分細項，會讓自己看清楚在娛樂上面的消費模式。你真的需要這麼多線上娛樂嗎？串流音樂訂閱的支出有必要嗎？希望升級你的家庭娛樂中心，不就像是裝修了房子，又去添購了新家具、重新粉刷一樣？升級之後，是不是所有的內容也要同步升級？

　　你有加入俱樂部嗎？你曾為了幫小孩或大人辦派對而請藝人來表演？如果你有小孩，你幫他們添購的科技產品，有多少是為了娛樂？或者是為了讓小孩不吵鬧？這樣應該算在育兒費用，還是娛樂費用？你是否要多一個叫作「小孩支出」

的分類？這樣可以讓你想想，除了給他們買科技產品之外，帶小孩有沒有其他比較便宜的方法，例如戶外活動等傳統娛樂？

● 重新定義分類

要讓這樣的記帳模式持續運作，有時你可以包容自己的小罪惡，但千萬不要蒙著眼睛欺騙自己，盡量誠實地面對帳目及每月收支表。怎麼樣可以坦誠面對？你一定要告訴自己，這樣做不是要懲罰自己沒有照預算執行，這個計畫最重要的目的，是要坦誠接受自己。

你可能也會碰到不知該如何分類的時候，酒類支出應該算在食物？還是在娛樂？或者分類在藥物？區分出哪些支出是因為工作而衍生的，也是一大重點。例如，在交通費用這個項目內，你必須要把通勤費（無法報銷）與其他因工作衍生的支出分開。如果你在工作與遊玩時使用同一部車，支出就必須根據每個用途的不同旅程分開計算。同樣地，如果你的手機也是工作及娛樂時都會使用，也必須根據使用時間分別計算費用。

在記錄醫療支出時，你必須使用一些子分類，例如：生病、維持健康（為了維持健康生活買的維他命，健身俱樂部的會員費，或每年的身體健康檢查）、醫療保險（你必須真實看待這些支用，健康檢查是為保持健康，醫療支出則是你的治病費用）。處方藥的支出，跟非處方箋用藥的費用也有所不同。現在你應該能看出，為何這樣的記帳過程可以改變你與金錢的關係了吧！

如果你有一大筆一次性的收支，這時更要仔細想想應該如何分類。這些「非例常性」的支出或收入包含：保險還本的收入、買冰箱、放到個人退休金帳戶（Individual Retirement Account）的錢，或是房子的期末尾款（balloon payment）❹，這樣的收支如何歸類，其實沒有標準答案。對我們來說，幾乎每

---

❹ 編註：分期付款方式中的最後一筆大額付款，其金額通常等於全部債務本金。

個月都會有名目不一的非經常性支出（這個月有各色各樣不同種類的名目需要付款……）。我們理解這樣的狀況一定會發生，也知道這就是人生的一部分，所以只要每月都這樣練習安排收支，就會越做越好，分類也會變得越來越容易，越來越有趣。

這樣的記帳，是一個考驗你是否能真誠面對人生及擁有創意的活動。你需要時時刺激自己的想像力，也需要考驗對自己的誠信，兩者通常一起發生，這樣做，比大部分的打電動、看電視、玩桌遊加起來都有趣。

記錄收入，一樣仔細分類

長此以往按照步驟行事，你不僅對歸類收支更有心得，對於未來收支的預測也會越來越準確。對於自己的消費模式也會更清晰，從內心產生的圖像越來越具體（而不是由外力強迫改變），更獨特、深度滿足、順利，練習帶來的成長及改變，不是傳統記帳模式可以辦到的。

你記錄的是錢的流進與流出，因此對於收入也要有較細分類的記錄。必須細分薪資／獎金及小費／利息及股利收入，主要收入與兼職賺的錢也要獨立計算。連在人行道上撿到的一塊錢，或是自動販賣機找的零錢，抑或是在賭場吃角子老虎上賺的錢，都要記帳。

如果你是接案工作者，要把不同業主付的酬勞分開記錄。例如：遛狗、雜工、當教練、家教、出租雅房。記得在進行這個練習時，你必須建立一個類別叫作「雜物拍賣」，次分類是網拍所得、擺攤所得、賣二手物品所得。你也可能有一個金額會逐漸成長的類別：投資所得（時間一久，金額應該會增加）。你或許也會有幾個月份有「非例常收入」出現，例如寫書的預付版稅，或者是叔叔留給你的七萬美元遺產， 至於你實質的時薪，則是最重要、最穩定的收入來源。財務獨立計畫對此有一個不同的算法。

在你利用記帳工具檢視每個月的收入及建立分類項目之後，應該已經清楚你

的消費模式。找一種自己最容易上手的做法，圖表 3-1 會讓你知道如何建立這個記帳表格。表格中有幾項留白的地方，我們在稍後會告訴你留白的用處。現在，只要把這些欄位空下來就好。

加總

提醒大家，市面上確實有不少軟體或 app 提供各種不同記帳功能。但這個課程的重點是協助大家將支出分類，就算是最好的軟體，也不能替你決定，你的高爾夫球證，應該是屬於娛樂還是工作相關的支出？因為高爾夫球場可能是你談生意的重要場合。有一件要確定的事，軟體或程式不應該是左右你成功記帳的關鍵，很多喜歡自己動手記帳的人，也會藉由自動計算或標註顏色的方式幫忙，讓工作做得更好。有人自己編了代碼，記在一張小卡片上放在皮包中，一旦有消費就趕快記在卡片上。我也看過有些人用銀行給的對帳單或是表格作為記帳的第一步。有一些線上平台可以讓使用者把銀行的帳戶及信用卡紀錄統整，客製化屬於自己的紀錄，但你必須花點時間過濾這些紀錄。

這些工具都非常好，關鍵在於要找到適合自己的方法。本書的兩位作者都使用最古老的方法，就是用紙筆一一記下來，這樣的方法非常有效，常常在按計算機之前，對收支已經有清楚的圖像。

不管你用手記或是依賴資訊工具，這些簡單的程序一定要做，在每月底總計你零星記錄的收支，轉換成你自己的月報表。把你的收入加總起來，你會得到一個總數；同時也把支出加總，並在大分類及次分類下面都得到一個小結，請把所有的支出計算清楚，最後，每月總支出就會出現了。

結餘

接下來，算算你的口袋裡、小豬撲滿或銀行帳戶裡還有多少錢。你應該清楚在這個月中，有多少錢進入，又有多少錢流出，如果你記的帳都沒有錯（或

你沒有遺失任何錢），你當月總帳戶中的錢（現金加上銀行帳戶的金額），應該會等於月初的結餘加上月底的收入減掉支出的金額。如果記帳過程中出錯（或者你真的在這個月丟錢），就會出現對不上帳的情況。無論如何，把這個月的收入減掉支出，就是你這個月存下來的錢。恭喜你！你已經完成了一項小奇蹟，圖表3-2 就是每月收支的紀錄，但這只是一個示範。在這個過程中最有趣的地方，往往是你製作出屬於自己的資產紀錄。

讓錢看得見

我們來到這個課程的重要關鍵：「魔術鑰匙」（magic key）階段。你已經有一個正確記錄的收支表，但你還沒學會應該要如何重建你跟金錢的關係。在你把日常的收支，用小紙片或者是小工具記錄下來之後，其實已經有些小成果。一開始這樣記錄開支時，你看到成果，可能會有些情緒起伏。但隨著新收支不斷地進來，你又會把錢花在可有可無的東西上，很快你就會忘記之前的感覺，例如你一個月花在買雜誌上八十美元，雜誌卻跟你的生活沒有重大關係。但別忘了，金錢是你用來換取生命能量所付出的代價，計算一下你用了八十美元換到了多少生命能量，使用下面的公式：

買雜誌的支出 ÷ 實質時薪＝每小時的實質生命能量

在第二章，我們簡單地算出，雖然表面上你的時薪是二十五美金，但若計算其他因為工作花的時間，實質時薪只有十美元。雖然你的狀況可能不同，但暫時先用十美元一小時計算。在這個例子中，我們把八十美元除以實質時薪十美元，就得到了結果：你用了八小時的生命能量在買雜誌及看雜誌這個興趣上。

八十美元 ÷ 十美元＝八小時生命能量

　　你得算看看，在床旁邊越堆越多的雜誌，到底用掉了你多少生命能量？這些時間可是無法重來的，從你出生到過世，這些時間是最重要的資產。你買了這些雜誌，不只是花了錢，這些雜誌用了你三種不同的資源：你買它們花的錢、你閱讀的時間、還有你因為沒有辦法在下期寄來之前看完的罪惡感（不論是你要把它們堆在一旁，或是把它們扔掉）。

　　這八個小時的生命能量可以有更好的利用及發揮嗎？何不用來在週五休假一天？你還會說沒有時間陪伴家人嗎？這是你已經養成的習慣？你可以把這個時間，用來補眠嗎？你有別的時間或方法補眠嗎？這些雜誌值得你花的每個小時嗎？真的給了你八小時的愉悅及學習？

　　別馬上回答這些問題，注意！用金錢換取生命能量是一種人生的選擇，你要如何進行這個交易？第四章會對此更深入地探討。

　　我們看看另一個例子：你要租房或是貸款買房？假設你一個月花在住房上約一千五百美元，以一千五百美元除以實質時薪十美元，等於一百五十，換句話說，為了住在這個房子裡，你每個月必須花一百五十小時的生命能量。以每週平均工作四十小時（平均每個月一百六十小時）計算，你每天必須花的生命能量幾乎都是為了支付你現在住的房子。你辛苦工作，換到了每天二到三小時待在家裡的時間，這樣真的值得嗎？當然，因為房租或房貸可以抵稅，所以你也許可以扣掉幾小時，但只為了「我可是生活在最貴的城市中嘞！」的心態，就太可惜了。如果你已經有這樣的體認，真的非常好，記得我們之前的約定「不要覺得丟臉，也不要責怪自己」，但也千萬不要欺騙自己，更別自憐自艾。

　　現在，拿出之前製作的每個月收支表，把每個分類及次分類的金額，轉化成以生命能量為單位的表格（你可以把數字四捨五入至半小時）。你的每月收支表，現在有了一欄以生命能量為基準的數字，見圖表 3-1。

圖表 3-1　每月收支圖表樣本

月份：_____　　　　實質時薪：_____

支出	金額	生命能量		
食物				
在家				
餐廳				
娛樂				
住居				
押金／房租				
利息				
旅館				
水電				
電				
手機				
水費				
衣服				
必備衣物				
工作需求				
特殊場合				
醫療				
處方藥				
非處方藥				
門診				

支出	金額	生命能量		
娛樂				
電視／網路／電玩				
線上影音				
嗜好				
酒類				
交通				
油錢				
維修				
大眾運輸				
停車				
其他				

收入	
薪水	
獎金／小費	
利息	
貸款	

(A) 支出總和 _____

(B) 收入總和 _____

(A–B) 收入－支出（存款） _____

圖表 3-2　月底結餘圖表樣本

（單位：美元）

第一部分

公式

月初金額 + 本月收入 – 本月支出 = 月底餘額

月初金額		手上現金		103.13	
	+	支票帳戶	+	383.60	
	+	存款帳戶	+	1,444.61	
				1,931.34	
＋收入	+	本月收入（見每月收支表）	+	2,622.23	
				4,553.57	
– 支出	–	本月支出（見每月收支表）	–	1,996.86	
= 月底餘額	=	你在月底擁有的錢		2,556.71	(A)

第二部分

月底實質餘額		手上現金		173.24	
	+	支票帳戶	+	597.36	
	+	存款帳戶	+	1,784.69	
	=	月底擁有的錢		2,555.29	(B)

第三部分

每月誤差		每月帳戶應有金額 (A)		2,556.71	(A)
	–	每月帳戶實際金額 (B)	–	2,555.29	(B)
	=	記載錯誤或是遺失		1.42	

第四部分

存款：		本月收入		2,622.23	
	–	本月支出	–	1,996.86	
	±	每月誤差	–	1.42	
	=	本月存款		623.95	

一個表格抵得上一千字

我們來看看實際將這個概念落實在生活中的例子。

　　看看羅絲瑪莉如何進行的。她已經將收支狀況轉化為圖表 3-3，你有沒有覺得，光從圖表 3-3 就可以看出羅絲瑪莉獨特的個性，她顯然將不少錢花在讓自己漂亮這件事上，因為她有兩個類別是跟美有關的：美妝與追求美感。她很注重自己的身體，很願意花錢在保健上。從表格中也可以發現，她有一個「保持身體健康」的類別，例如：健康食品及健康醫療，而不是與看病相關的類別，如買藥及看醫生。表格中的「捐款」這個類別被獨立出來，而不是放在「雜項支出」，顯示她對公益事務貢獻滿多。另外，「個人成長」（Personal Growth）這個項目也是在制式的預算表中看不到的，這樣的自我覺察跟傳統觀念強調嚴格預算是完全不一樣的。

　　這樣的過程及紀錄，給了羅絲瑪莉很有價值的資訊，讓她知道自己生活中的優先順序，她也因此有具體的數字，追蹤自己的生命能量放在哪些重要的事務上。每個月有儀式感地將數字填在自製的表格上，就像是玩一個刺激的遊戲：這個月收支表會呈現什麼樣貌？跟上個月比較起來，數字會向上？還是往下？跟前一年平均的數字比較起來又是如何？趨勢是向上？還是往下？現在我們來看看另一對夫妻是如何建立自己收支的分類，又是如何追蹤每個月的收支情況。

　　曼蒂與湯姆住在緬因州的鄉間，他們兩人的職業南轅北轍，湯姆是卡車司機，曼蒂是一個會計；但兩人個性很合得來，彼此在溝通及財務覺知也都很一致，支出及收入也共同支配。當他們在進行財務整理

圖表 3-3　羅絲瑪莉的每月收支圖表（生命能量）

月份：一月　　　　　　　　　　　實質每小時工資：12.14 美元

支出	美元	生命能量／每小時	收入	美元
房租	560.00	46.1	薪資	2,085.00
天然瓦斯			哩程補貼	37.00
電費	21.70	1.8	其他	23.25
水電總支出				
手機通訊	5.72	0.5		
家用	29.39	2.4		
雜貨	85.25	7.0		
請客	3.44	0.3		
外食	6.03	0.5		
酒	6.57	0.5		
汽油	37.88	3.1		
修車				
汽車保險／牌照	248.47	20.5		
停車費	2.00	0.2		
公車／搭船				
醫療保險	55.89	4.6		
健身用品				
醫療	7.75	0.6		

支出	美元	生命能量／每小時	收入	美元
衛生用品				
美妝	13.18	1.1		
衣服／必需品	10.74	0.9		
衣服／非必需品	25.45	2.1		
娛樂				
追求美感				
禮物／卡片	18.60	1.5		
訂閱	25.11	2.1		
個人成長				
郵資	3.15	0.3		
辦公用品				
影印				
捐贈				
銀行手續費				
雜支	0.62	0.1		
貸款	78.00	6.4		
總計	1,244.94		總計	2,145.25

時，兩人的每月所得也合併計算，盤點結果，兩人的實質時薪是十·二三美元。從圖表 3-4 中可以看出，曼蒂調整過的每週工作及相關投入的時間是七十七·五小時，湯姆的工作時數是六十七·五小時，兩人加起來為一百四十五小時；曼蒂每週加總的所得為一○八○·三一美元，湯姆的每週所得則為四○二·五美元，如果把這兩個數字加總是一四八二·八一美元，再除以實質薪資十·二三美美元，可以得知他們每花一塊錢，等於動支六十分鐘的生命能量。但在加總數字分析後，發現不應該把彼此的所得加起來一起看待，應該分開計算，才看得出來他們不一樣的生活型態。

瑪麗及唐恩兩人有相同的興趣（都喜歡音樂），職業也一樣（電腦程式設計師），但如果你認為，彼此的收入及支出就要放在一起計畫，可能還要三思。固然從外表看，兩人很相近，但彼此的個性及行事風格卻是在光譜的兩端。唐恩是在極端理性、保守及小心謹慎這端；瑪麗則是情緒化、喜愛實驗及不按牌理出牌這端。他們兩人連消費、花錢的模式都不一樣。除了音樂之外，其他的喜好也差異不小。在這樣的情況下，若硬是把兩人的收支放在一起計算，會看不到彼此生活的特性，失去月報表的意義。此外，他們兩人在參加課程之後，瑪麗就辭去程式設計師的工作，改當到府授課的全職鋼琴老師。她的工作時間及收入變得不穩定，因此兩人決定，為了彌補她貢獻變少的情況，瑪麗開始多做一些家事及雜務。但這樣做法很難量化，因為做家事的貢獻很難呈現在每月收支表上。他們越是想用這方法解決問題，緊張氣氛越是升高。為了要維繫婚姻的和諧及繼續進行財務自主的課程，他們決定分開計算收支。對於唐恩來說，這事很敏感；對瑪麗來說，這事充滿威脅，但她願意試試看。出乎瑪麗意料之外，分開計算收支之後，不僅情況轉好，她

圖表 3-4　曼蒂與湯姆實質時薪

生命能量 vs. 收入				
		小時／週	美元／週	美元／小時
曼蒂稅後基本薪資				
（調整前）		50.0	1,207.50	24.15
曼蒂調整項目		增加的時數	扣除費用	
通勤		3.0	11.27	
工作所需之飲食		5.0	24.15	
工作準備		0.5	3.22	
娛樂／外食		7.0	48.30	
休假		12.0	40.25	
曼蒂調整項目總計		+ 27.5	− 127.19	
工作調整	曼蒂	77.5	1,080.31	
	湯姆	67.5	402.50	
	總計	145.0	1,482.81	10.23

比較去年同一類別的平均值，看看趨勢是往上？還是往下？

更感覺越來越獨立自主。結婚這幾年來，她在一些小地方太過依賴，獨立計算收支之後，瑪麗重拾在單身時期的獨立及生活能力。

再來看看另外一個參加財務獨立的學員的例子，檢視她的每月收支表。

還記得第一章提到過的伊蘭，用程式設計師的邏輯頭腦編製了自己的收支表。她的每月收支表就像羅絲瑪莉一樣做得很好，她的資產負債表也非常正確及嚴謹，很具啟發性。她的資產主要有：儲蓄、定存單（CDs）及債券。這些資產都能產生利息，因此她把這些利息納入在自己的支票帳戶裡面，在八月底的資產負債表中，她的淨資產成長了六千美元，登載錯誤的金額為十五·四美元。

圖表 3-5　伊蘭的資產負債圖表

（單位：美元）

八月				
資產		期初	期末	變化
存款帳戶		609.03	609.08	0.05
定存單		5,949.26	2,477.53	−3,471.73
債券		104,650.00	112,700.00	8,050.00
支票帳戶		700.40	2,159.99	1,459.59
手上現金		151.73	111.80	−39.93
收入	6,878.56	淨值變化	=	5,997.98
支出	−865.18	變化		6,013.38
變化	6,013.38	結餘／超支	=	−15.40

讓收支反映真實生活狀態

　　這些故事的重點不是提供你一個標準的記帳方法，而是希望在製作每月收支表時能得到啟發，讓收支表反映真實生活的狀態。記得，課程的目的不是做預算表或是消費計畫，不是把生活硬套進社會或一般財務標準，建立及記錄自己的收支是一段自我發現的過程。不是學一套「正確」的方法，而是摸索出最適合自己的模式，只有真正動手去做才知道適不適合自己。對於接下來的課程來說，這是至關重要的一步，有一些人做完了這些步驟，就很驕傲地宣布已經照計畫執行，其實還不到這個程度。但你花的每一分鐘都不會白費，對未來都會有幫助。

步驟三的重點摘要

1. 追蹤及記錄每個月的所得及花費，建立屬於你自己獨特的收入及支出類別。
2. 編製自己的每月收支表。
3. 把花用及收入分門別類記錄在各個分類中。
4. 在每個分類中，計算自己的花費。
5. 統計自己的每月收入及支出，計算出手上的現金及銀行帳戶裡的金額，套用公式（每月總收入減去每月總支出，加上或減去每月誤差）：你在期末實際擁有的錢，應該等於期初資產總額加上月收入，減去你的當月支出。
6. 用步驟二學到的方法，把錢轉換成每小時的生命能量。

看看別人怎麼做對自己很有幫助，很多有趣的問題就會因此而產生。依照我們在結語中的方法及建議，你會發現「錢真的會說話」。以下的幾個問題，大家可以天天用來自問，若能與另一半、朋友或團體討論當然更好。

借用本章結尾「談一談錢」中提出的問題，跟你的另一半或是社團成員對話，每日反省自問。記得如果在反省時，都能不忘在最後加上「為什麼？」，會讓你有更深層的思考；如果都能不忘在最後多問一句：「社會如何形塑我的答案？」則會讓思考層面更為廣泛。不論如何，這些問題，都沒有標準答案。

- ◆ 如何保持對金錢的自覺？
- ◆ 你如何確認自己做到了自覺這件事？
- ◆ 當你碰到與金錢有關的問題時，你會請教誰？專家？親戚？你最常問的問題是哪些？
- ◆ 你花錢時，真正的感覺是什麼？
- ◆ 當你在給小費、捐獻或贈與時，你曾經有過哪些最好的經驗？
- ◆ 你人生的先後順序為何？你靠什麼支應自己的消費？或完全沒有辦法支應？

第 4 章

多少才夠？對幸福的追尋

她挽救了我的生命，因而有了價值。這是一種我不知道如何花用的貨幣！

——電視影集《新世紀福爾摩斯》

你要怎麼過這個充滿驚奇且珍貴的人生？

——詩人瑪麗·奧利佛（Mary Oliver）[1]

不要問自己這世界需要什麼，而是要問自己如何活得充實圓滿，然後一直努力做到。因為這世界需要的是很多過得充實圓滿的人。

——哲學家霍爾·瑟曼（Howard Thurman）

什麼能讓你的人生活得充實圓滿？你要如何過自己的人生？幽默大師布瑞利安（Ashleigh Brilliant）曾經畫了一張漫畫，裡面有一個孤苦無依的小男孩問說：「我不知道要怎樣才能變得快樂，這個在學校沒有教！」

追逐幸福是我們與生俱來的權利，美國「獨立宣言」中也明白宣示，我們追

---

[1] 編註：美國當代最受歡迎的女詩人之一，十三歲開始寫詩，詩選集曾獲普立茲詩集獎及國家圖書獎。

求幸福的天賦其實天生就有，但在學習的過程中卻一點一點被排擠掉。我們現在應該好好想想要如何再讓人生充滿幸福與富足。幸福與富足是我們人生的羅盤，也是改變與金錢關係的船舵。

滿足感是一種深度滿意的經驗，當你會說：哇！這真是美味的一頓飯，或工作做得真好，或是真的賺到了錢……；當你有某種非常想要達到的志向或期待，認知並慶祝自己真真實實地做到，這就是滿足感。要達到這樣滿足的境界，首先必須知道自己在追尋什麼。一餐美味的食物或是一時短暫的快樂，很容易讓人感到愉快，但如果你要追尋廣義、長久的滿足，擁有一個充實的人生，你必須要有目的。在你的夢想中，好的人生到底是什麼樣的景象？

對大部分的人來說，長大好像意味著我們的夢想逐漸縮小，當面對嚴苛的外在環境及複雜的人際往來之後，夢想似乎萎縮了。債務對我們而言，是夢想的殺手，無論是要完成學業，或是攜手另一半組建家庭，在你的面前都會有個無情的聲音咆哮著：「拿錢來，否則你休想往前一步！」一些人長大之後，無奈地揹著債務的生活，但卻不清楚欠債的後果有多嚴重。

不管你的夢想是被債務人、帳單、壞運氣、錯誤的選擇，或是你自己的不安全感銷磨殆盡；抑或你在偉大的金錢力量之前多麼卑微；你都要把對於財富的自主權要回來，因為金錢是完成你人生的重要燃料。你曾經夢想完成一本偉大的著作，但現在只能靠文字混飯吃？其實，書還是在那裡等你，沒走遠。你曾經夢想當一個偉大的療癒者？但現在只能忙著每十五分鐘就得看一個病人？夢想其實沒跑遠，仍在那裡等著你。

對大多數人來說，夢想真的沒有走遠，但你得做一次重大的改變才可能重拾它！你曾經被自己的信仰感動，也希望用一樣的方式感動別人，但現在卻必須花大部分的時間周旋在教會的政治及募款的糾葛中？夢想其實不遠，只是遲來而已。在你的夢想生活及真實生活之間，到底發生了什麼事？你原本信心滿滿的勇氣，為何一點一滴銷磨殆盡？

每日處理不完的瑣事，讓你的眼界越來越窄，讓你前進的步伐越來越遲緩？曾經有人澆冷水地說：「別煩惱了，你的那些夢想到時候就會消失了！」「夢想只是一些幼稚的想法而已，我們要學著『長大』。」

我們不能讓夢想一直遞延，就像休思（Langston Hughes）❷的詩作〈哈林〉（Harlem）：「到了應該讓你的夢想發聲的時候了，不管你是否需要餵養一家人，或是舉債度日。」夢想的意義不在於赦免自己在財務上的責任，而是重燃我們的熱情，在人生旅途上再次注入能量。

不管你現在的狀況如何，用幾分鐘的時間回想自己的夢想，當別人告訴你「不要再做夢了，長大吧！」或「夢想根本跟你格格不入！」時，你腦中的想望是什麼？試著透過自問自答回憶以前的你，刺激自己的想法：

- 你曾想過長大之後要做什麼事？
- 一直盤旋在你腦中，但始終沒有辦法完成的事？
- 過去的人生中，做過哪些最令自己驕傲的事？
- 如果你生命只剩下一年，你最想要做哪些事？
- 做什麼事情能讓你感覺人生充實飽滿？這些事情跟金錢的關係是什麼？
- 如果今天你不用為賺錢養家而工作，那你會做什麼？

這些都是重要的問題，你以前可能都曾經想過，但卻沒有把現況與這些念頭連結在一起。這個練習就是扮演橋梁的角色，世界上沒有無法實現的夢想。花一些時間，拿一本筆記本，深入自己的內心，在沒得到真正的答案之前，請重複問自己；不要急著做下一題，找朋友聊聊，請他們協助你深入內心。時時檢視自己的答案，看看這些答案有沒有隨時間改變。

---

❷編註：美國詩人、小說家、劇作家、專欄作家，是哈林區文藝復興的代表人物之一。

薩巴提爾（Grant Sabatier）大學畢業後，一直跟父母住在一起，就像電影《賴家王老五》（Failure to-Launch）的啃老族。但有一天當他發現連一個墨西哥捲餅都買不起的時候，這個千禧世代的靈魂突然被喚醒了。

　　他曾經答應自己，三十歲時資產要達到一百萬美元。要達到這個目標，第一個需要改變的心態，就是得設法先養活自己。他從電腦螢幕上，把自己少得可憐的銀行存款截圖下來，發誓在五年內要讓資產成長至一百萬美元，並且立刻起而行。

　　現在，他已經是一個成功的部落客（Millennial Money），並規畫出「六步驟走向財富」的策略，包括兼差、股票投資、生活型態轉變、每日存款目標等。

　　當他真的達到一百萬美元資產的目標，他又在電腦螢幕上把銀行帳戶截圖下來，之後他告訴自己，目標絕不僅止於此，他的資產持續累積，向下一個進位邁進。身為一個芝加哥大學哲學系的畢業生，薩巴提爾認為每個人必須提出人生的大哉問。什麼是同理心、圓滿？幸福是什麼？和平是什麼？他認為，財務自主的課程提供了自己很多思考、寫作及表達自己最底層想法的機會，一步步走向自己設定答案的目標。

簡單的夢想因財務自主而實現

　　艾美與吉姆創立了一本個人理財的雜誌《小氣報》（The Tightwad Gazette），希望藉此宣揚簡約生活。他們想要讓一大家子的人住在一個郊區的大農莊裡。當他們結婚時，已經在各自的崗位上工作了二十年，吉姆是職業軍人，服役於海軍，安妮是一個圖像設計師，但他們兩人的積蓄總共只有一千五百美元。他們認為，家庭及社區比終日繁忙的上班

歲月更重要，但如果要過他們理想的日子，勢必得犧牲一人的工作。換句話說，只靠一份薪水養家，最後決定讓吉姆繼續在海軍任職。

在少了一份薪水的狀況下，他們開始向節省成性的父母討教如何省錢過日子的方法，最後還找到屬於自己的節約策略。安妮與吉姆都沒有因此覺得生活被剝奪，還將省錢的創意視為生活的挑戰，也因為擁有共同的目標，兩人關係越來越好。

結婚七年，兩人生了四個小孩，還分期付款買下了一個在緬因州的農莊，把所有的債務還清，還買了新車、家具及新家電。兩年之後，安妮創立了一個論壇，與大家交換節儉過生活的心得，更發揮她在圖像設計的專長，在一九九○年發行了《小氣報》，在這八頁的刊物中，充滿如何省錢過好日子的技巧、故事及報導。一年後，他們又生了雙胞胎，而且還是照他們的方法安穩度日。這個故事已經證明，簡單的夢想，例如在家工作及在鄉間定居，其實真的可以做得到。

魏思的夢想跟大自然有關，他不只希望自己能身處其中，更希望為保育大自然盡一份力。對他來說，我們推廣的財務自主概念與他想做的事情一致，他希望能全職投身自然保育工作，讓人類多了解自然，進而尊重自然。在日常生活中，他其實已經盡可能具體實現自己的想法。他從事化學方面的工作，主要的是測量空氣品質，他走路上班，盡量避免製造空氣污染；假日時他會深入未被破壞的野地划獨木舟；他在週末開課教一般民眾如何操作獨木舟，用這種安全又尊重的方式體驗大自然。手頭若寬裕，除了存錢之外，他也會捐款給大的保育團體。大自然就是魏思生活的指南針，他的每個生命面向也都圍繞著這個目標。

凱西與藍登除了成就自己的人生，還希望讓世界更美好，這夢想聽

起來好像很老套。藍登是一位醫生，也在一家移工醫院擔任主管。凱西以前是個老師，活躍在一些非營利團體中，她同時也是全家的支柱。他們喜歡自己的生活，但也期盼小孩長大，空巢期後能過上自己想要的生活。這個財務自主的計畫提供了他們一個方法，可以從全職生活退休後，也卸下全職父母的工作。結果，他們移居到一個小鎮，買了一塊地，把它變成一個生態村，在各方面都符合環保標準。起初，只有他們一戶人家這樣做，但是後來吸引了其他人加入，也蓋起自己的特殊小屋，形成了一個環境友善的生活圈。結果，藍登變成了這個聚落的村長，凱西則成立了自己的藝術工作室。

什麼樣的夢想一直在召喚你？步驟四的財務計畫是讓你夢想成真的重要工具。根據你的收入及支出，讓你的人生價值、志向抱負、目標及幸福，能一步一步踏實地完成，讓你從現在死寂的日子裡蛻變，活出真正的光彩。

步驟四：下面三個問題可以改變你的人生

在這個步驟中，你必須透過問自己下列三個問題，評估自己到底把錢用到哪裡去了。

1. 我在使用生命能量的同時，生命是否因此得到等量的充實、滿足？
2. 生命能量的運用，是否跟自己的價值及人生目的一致？
3. 如果不是為錢工作，你的消費型態會有怎樣的改變？

每一個問題都是完成夢想的重要面向。第一個問題是讓你自己想想，平常花的每一分錢是否帶來圓夢的幸福感？第二個問題是讓你想想，平常花的每一分錢

是不是花對了方向，是否跟你的夢想一致？第三個問題是假設你今天不用再為五斗米折腰，花錢的方式會如何改變？

要完成這個步驟，得要先看一下每月收支表（見圖表3-1）。注意表中的三個空白欄位，應該將它記在你的支出旁，這裡也是填寫你的三個答案的地方，你已經把費用轉換成了生命能量，要好好看看如何使用生命能量這個珍稀的資源。要回答這三個問題，必須跟收支表內的次類別一起看，這樣評估自己如何花錢，才有根據。

問題一：在使用生命能量的同時，
　　　　生命是否因此得到等量的充實、滿足？

這個問題可以用來評估自己的消費型態，在檢視各個支出類別的同時，要思考這個問題。如果這個項目的消費能帶給你充實富足的感覺，請在第一欄的位置上加註＋號（或是一個向上的箭頭）；假如這個支出沒有為你帶來充實及富足，請在欄目內註明－號（減號，或是一個向下的箭頭）；如果覺得不痛不癢，請在欄目上註明0。

這簡單的練習將讓你了解，生活中有哪些花費未經思考，或是哪些消費已經成為習慣，如此你花錢的方向，與夢想的方向就會背道而馳。你可能也因此會知道你消費模式的弱點，剛開始你可能會很生氣地捍衛自己的花錢模式，例如：「我就是愛買鞋嘛！每一雙都有不同的用處！」「反正都是我的錢呀！」「我就是愛讀書呀，每天下班回家的途中，都會在書店停留一下。如果買來都不看呢？也許有一天我就會拿起來看……」「我真的很喜歡拼布，雖然我現在沒有任何作品，但如果我收集到足夠的樣式，我就會完成。好啦……好啦……十年來我什麼也沒做出來，但是因為我都沒有找到各式不同的花樣呀。」「如果我有……」

長此以往，我們常常自圓其說、自我催眠、說服自己，養成亂買不必要東西

的習慣，但除了你，沒有人能讓你戒掉這個習慣。事實上，也沒有人會聽你這些理由，因為我們這個計畫要求的是自己誠實，而這通常在你自己獨處時才會出現。久而久之，你為了犒賞自己而去買那些可有可無東西的時間就會越來越少，以前在你眼中的寶藏就會變成傻瓜才要的獎品。

另一方面，你也可能發現自己在一些支出上變得比較節制，但生活卻反而過得充實豐富。把這種超棒的感覺及項目註記下來，在這些花小錢卻大滿足的欄位上加註＋號（或是向上的箭頭）。

在做這個練習時必須很客觀，不要合理化自己在某個類別花得太多或太少，如果在某個項目不小心花太多錢，也不要太責怪自己。執行的原則，就像上一章所說的「不要怕丟臉，也不要責怪自己或任何人」，夫妻或情侶間若進行這個練習，也會對彼此消費習慣的差異有客觀且冷靜的認識。

　　瑪莎與泰德認為，透過問問題了解彼此的消費型態，是一個滿溫和的方法，不會有過多的防衛心及敵意。透過問題，瑪莎可以沒有火藥味地請泰德自己思考一下，他的消費是不是真的帶來充實、滿足及人生價值，有沒有妥善使用珍貴的生命能量。他們發現彼此能更有同理心地檢視生活小物，在討論財務選擇時，也不會「雞蛋裡挑骨頭」，不僅整理財務，對婚姻關係經營也很有幫助。

廉價的快感與深層的悸動

有個享受簡單生活的老爺爺想要把人生觀傳承給孫子。有一天孫子很高興地跑來，告訴爺爺他的新發現，「爺爺！我知道幸福是什麼了！」「是什麼？」爺爺問，他想孫子應該是聽到足以跟他人分享的好想法，「就像你買到了非常棒的東西！」消費帶來的廉價興奮，就類似這樣的感覺；就像在彈子台上全贏的快感，這種刺激很難持續。但如果你完成了一個夢想，結果又比預期好很多，那種

成就感帶來深層的振奮就會很不一樣。

「這才是人生真正的喜悅。」蕭伯納在著作《人與超人》（*Man and Superman*）的前言中寫道，「人生真正的歡欣，在於體認到自己擁有強大的力量，正在為一個偉大目標努力。自己不只是自私渺小、只顧獨自發光的軀殼，成天抱怨世界無法帶給你快樂，而是擁有天賦的龐大力量！」[3] 廉價的興奮來自於外在的獎勵，深層的振奮則「在於體認到自己擁有一股強大的力量」。廉價的快感，稍縱即逝；深層的振奮，持續不墜。每個人內在的滿足感，就是深層振奮的量尺。

建立內在量尺

建立內心量尺的最重要工具，是你自己的覺知。問題一協助你建立衡量滿足感的內心量尺，在過程中去除不健康的消費習慣。大多數人用外在條件（量尺）衡量自己的滿足感，布瑞利安以在學校授課的經驗，歸納出滿足感的衡量標準如下：

- 取悅別人
- 成績優異
- 證明給小學三年級曾經欺負你的人看
- 在競賽中獲勝
- 在所有你想要達到的領域擠進前十名
- 贏
- 就算沒第一，也要拿到獎杯

---

[3] 參見：George Bernard Shaw, "Epistle Dedicatory," *Man and Superman* (New York: Penguin Classics, 2004).

◆ 得高分——愛情或業績

這些是衡量滿足感的外在指標，一般人還會用其他方法評斷自己的行為，如：爸媽或伴侶眼中散發的光芒、票數的多寡或暢銷榜的排名。這些都不是真正的滿足感，短暫勝利帶來的亢奮，與夢想達成帶來的長期滿足感，大相逕庭。相信我，如果你的夢想是得到某樣東西或是擊敗對手，你一生會不斷追逐下一個獎勵。

豐足——深層的悸動

活在富裕的環境裡，一直被認為是美國夢的目標，但其實我們是在盲目追求這個目標。當我們質疑美國夢時，才開始自我覺察。試問，沒日沒夜地忙碌，在使用生命能量的同時，充實滿足的感覺真的有等比例提升嗎？你了解什麼時候才能達到真正的「豐足」？

現在，我們必須開始學習區分稍縱即逝的快感與真正的充實滿足。還記得第一章中的滿足曲線，圖中「豐足」就位於頂點的位置，此時不想要求更多，因為欲望完全被滿足了！多一點太多、少一點太少。真正充滿豐足感的一餐是所有香氣、味道及口感都完全融為一體，你的食欲完全被滿足，沒有一絲吃太撐的不安。同樣地，一部能真正帶來滿足感的車子，能符合你所有的交通所需，美觀又實用。你能一直開它跑好幾千英里，荷包不會太失血，維修也非常簡單方便（除非你人生中的最大夢想，就是擁有一台有飛翼、吃油像喝水一樣的一九五七年代的敞篷車，那麼你就值得為它努力工作）。你的內心量尺必須能抗拒表面上的誘惑，不要把讓人留下深刻印象或排遣無聊，當成換車的理由。否則你就會花三年多的人生，為了這部車夜以繼日工作。

你可以做一個測試，看看自己到底是使用內在量尺還是外在量尺。買某個東西或某項體驗是否讓你滿意、滿足、平靜。如果你買得剛剛好，你就會停止追逐

欲望。

財務健全

　　運用內在量尺測量自己的滿足感是財務自主計畫很重要的一部分。我們必須學習，在不受廣告及其他商業手段影響的狀況下做成財務決定，並評估是否對生活事業有幫助，也不要因為把生命能量花在無法帶來幸福感的事務上，而感到羞愧。

　　在第七章會深入談到妮娜的故事，在執行這項計畫前，她說自己對皮夾裡的鈔票幾乎沒有控制的能力。「我走進店裡，鈔票就一張一張地從皮夾裡飛了出去！這不是形容詞，是真實的感覺，我就是阻止不了！」

　　財務自主計畫就是希望一旦出現這樣無意識的消費，有能力地大聲說「不」。記錄每月的收支狀況，在不同的類別旁邊註記＋或0，在註記過程中，也許有時是出於直覺，有些則有明確的理由，不過長此以往，財務「肌力」就會越來越強健，就能對無意識消費說不。過程中，舊習慣可能有時會悄悄上身，你可能會自責或想要放棄，此時切記我們一再重申的原則：「不要覺得丟臉，也不要責怪自己。」

問題二：使用生命能量時，
　　　　是否跟自己的價值及人生目的一致？

　　這個問題頗有啟發性，在自問的過程中，你會開始檢視你的行為是否有與目標方向一致。就像第一個問題，依照你的收支表逐項問自己：「使用生命能量時，有沒有跟你自己的價值及人生目的一致？」如果這項花費確實與自己的價值及人生目的一致，就在第二個欄位中，註記一個＋號（或向上的箭頭），如果沒有，就記上－號（或向下的箭頭），如果沒有差異，就註記0。

艾美及吉姆在執行財務自主計畫時，有一套非常明確的自我目標及價值；同樣的魏思及凱西也很清楚；藍登則認為，在檢視問題二時，確實對財務及夢想的整合有所幫助。相對地，有很多人雖然物質生活很不錯，但卻沒有自我價值的中心思想。

許多富二代或家業繼承人充滿迷失及困惑，但表面上，他們的生活及打扮都非常光鮮亮麗。一般人在完成所謂的「美國夢」之後，也會開始質疑，在物質生活滿足後，下一階段應該要追尋什麼？如何生活？

你自己呢？你的價值及對生命的意義，有清楚的方向嗎？或者你的方向及價值已經與生活方式脫節？或讓生活品質埋葬在並不適合自己的生活方式中？

第一部分：價值是什麼？

所謂的價值是我們重視的原則及特質。追求真實是一種原則，誠實則是一種真實活出自己的特質，活出價值讓我們心靈能夠安頓。不這樣活，會良心不安。如果沒了價值觀，行事就沒有方向。價值像一種道德的基因，我們據此決定什麼是對的，什麼是錯的，反映我們最真實的想法及行事的動機。最終，我們認為的價值會展現在外在行為上（父母有時不願面對這個事實，總是對著孩子大叫：「照我的話做，別學我的樣子！」）。

當我們為下一代提供住所、食物及衣物，或如何當父母及表達最自然的愛，都是根據我們的價值觀來選擇。不管是到公園散步消磨時光，或是回到辦公室，我們的抉擇都基於價值觀。你可能會說：「上班是被迫得做的事，不是基於價值的選擇，是為滿足基本需求。」但別忘了，是你先決定了怎麼過生活，花多少錢，然後才決定要上班賺多少錢。你的價值決定了如何對家庭盡責；你的價值也決定你有多在意老闆的評價。你的行為就是你內在價值的具體展現，如何度過自己的人生，如何花用金錢，都反映了你是誰。

這本書就是有關於生命中最重要的價值：在我們的一生中如何處理金錢。檢

視一下你每月的收支表：兩百五十美元（或是以時薪十美元計算，二十五小時的生命能量，見第二章）外出吃一頓美食，反映了你生命中什麼樣的價值？如何衡量價值，也反映在其他生活大小事中：你如何衡量「便利」的價值？你享受美食上所花的時間及資源，反映了哪種價值？與三五好友閒話家常，又反映了哪些價值？花十二小時做慈善公益？花十五小時的生命能量在手機帳單，又各凸顯了什麼價值？

有些花費你可能覺得心安理得，有些則值得商榷，一頓大餐用掉二十五小時的生命能量，看來似乎還不會太過分，但你有沒有想到，你這週可能才花八小時陪小孩。把資源花在大餐也許比聽音樂會或逛博物館有道理，但你可能忘了曾經說過，藝術讓人生得到不少樂趣。對很多人來說，消費所帶來的價值，往往不是他們的人生想要追尋的，你的帳本最能反映你的習慣、有沒有生活在同儕壓力及貧乏中。

現在趕快再翻到這章的開頭，檢視一開始提到的這些問題，如果你不為生活而工作，那你會如何打發或利用時間？在你的人生中，做過哪些令你驕傲的事？如果明年是人生中的最後一年，你計畫如何度過？你的人生價值就在這些答案中。

你的每月收支表就像鏡子，當你每月在記錄收支時不斷問自己：「這些花費到底符不符合我的人生價值？」你會發現更深刻的自己。就算只是不斷問自己這些問題，改變就會發生，有些人多有些人少，但這都讓你更接近財務自主。最後，財務人生的各個面向就會與你的人生價值和諧一致。

就傳統的標準來說，山繆日子過得非常不錯，但他對於社會體系一直灌輸「如果你有好的物質生活（房子、車子及工作），就會感到富足」這件事，非常不滿及挫折。當他每月評估財務時，問題越來越清楚，他了解到他其實最應該做的事情是貢獻自己，幫助這個世界解決問

題，而不該做一個冷眼旁觀的百萬富翁。於是他冒險離開原本安穩的學校體系，開了一家顧問公司。最後，他跟一個協會創立了訓練課程，幫助大家找到自己的人生價值，鼓勵大家肩負起責任，為了社會貢獻出自己的心力。現在，他的內在價值與外在行為總算一致，找回屬於自己的快樂。

第二部分：人生的目的是什麼？

第二部分的問題，希望能在你人生目標的大原則下評估自己的花費。「目標」是你具體實現價值及夢想的目的地，但它的真義到底為何？目標是方向及時間的累積，根據現在的作為，在未來收成想要的結果，為了你自己及整體世界，做一些有意義的事。對於艾美及吉姆來說，建立一個充滿愛的家庭並享受自己的工作，就是他們的人生目的。對有些人來說，人生目標可能沒有這麼清楚，也沒有這麼聚焦，他們的行為沒法反映深層的想望。有些人每天一早起來，面對的就是沒有目的的空虛人生，花很多時間找尋生活的意義；但也有的人像魏思，老早就很確定自己的人生方向。

人生中的目標到底是什麼樣的東西？目標可能很簡單（為了得到某些東西，所以我這樣作為）。當別人問起：你為何要這樣做？你在做什麼？你給的答案可能就是你的動機。「人生目標」不是光靠理性就能得到的產物，也沒法在短時間內做到，需要長時間的投入才能擁有。它是你相信的東西，有時甚至比你的小我還重要，值得你將生命能量投注在其中；是你的承諾；也可能變成別人認識你的方法，跟姓名、身體、經歷一樣，甚至比你的人生還來得重要。

人生中有各種不同的目標、意義及奉獻，以下是有關三個石匠的故事。路人問第一個石匠：「不好意思，請問你在做什麼？」第一個石匠不耐煩地回答：「你沒看到嗎？我正在把一塊大石頭敲開。」路人又碰到了第二個石匠雕刻家，他問了同樣的問題，石匠抬起頭來，很驕傲地說：「我在賺錢呀，養活老婆及小

孩。」路人又跑去問了第三個石匠：「請問你在幹嘛？」第三位石匠抬起頭來，眼中閃著光芒，帶著崇敬的口吻說：「我在建一座教堂！」（奉獻給更崇高的目標。）

如何找到人生的目標？

梅西（Joanna Macy）是教育家，也是生態學者及作家，對於尋找人生目標，提供三個具體的方向與建議：❹

1. 跟著你的熱情走，專注於你在意的計畫。在你停止做夢之前，你的人生夢想是什麼？如果不為了錢工作，你最想從事的工作是什麼？你追求的，應該不是像汽車保險桿後貼的膚淺標語，例如：「我情願去衝浪」。你要追求的，是你可以投入一生的目標，而不是做一半就放棄的想法。

2. 痛苦也是你必修的人生功課，跟受過苦的人相處，特別是那些曾經觸動你心底最深層的苦難，因為你也經歷過傷痛，所以感同身受？悲痛、哀傷、失望、飢餓、恐懼；你能跟別人分享因磨難及痛苦帶給你的智慧及悲憫嗎？你曾經想對受苦的人們伸出援手嗎？如果你因為身處痛苦中，而失去幫助別人的能力，現在正是伸手幫忙別人解決痛苦的最好時機，因為這是一種療癒。

3. 手邊就有你能起而行的任務，從每天回應身旁的簡單需要開始，找到人生的方向，就像找到好工作及人生志業，讓你像德蕾莎修女（Mother Teresa）❺一樣，展現神聖的光芒。從身旁的任務做起，每每能提醒我們，在這個互相連結的世界中，每一個角落的奉獻都能讓整個世界變得更好。偉大的志業，都是本著熱

---

❹ 參見：Joanna Macy, Presentation at Seva Foundation's "Spirit of Service" conference, Vancouver, BC, May 1985.
❺ 編註：被尊為「貧民窟聖人」，曾獲諾貝爾和平獎，死後十九年封聖。

情及大愛，從一連串的小事情開始做起：為生病的鄰居送餐、教小朋友讀書、投稿給報社、為無家可歸的流浪漢發聲。從做這些小事開始，你會發現生命中充滿了值得奉獻及投入的意義。

熱情、苦難及手邊的小事，就是在物質生活之外，讓我們找到人生目標的敲門磚。

讓我們朝目標前進

現在，花幾分鐘的時間把你的人生目標寫下來。先別管你目前的狀況，也許對於別人來說這目標沒什麼了不起，或者現在目標還不明確，但只要盡量把它寫清楚，用這個宣言來衡量你的行為，如果之後你的目標改了也沒關係。現在就放心地把這個目標寫下來，當作行為的準則。

因為目標是你自己設定的，也要由你自己來打分數，看看是不是都有依照設定的方向進行。一般世俗的標準，常常用物質層面、事業成功或是社會認同來衡量人生目標，但我們這邊借用問題二「使用生命能量時，是跟你自己的價值及人生目的一致嗎？」來衡量你的人生目標，每月、逐項一一檢視你的收支表。如此會更清楚自己的價值，搭配你寫下來的人生目標不斷調整，人生的真正目的就會浮現。

《活出意義來》（*Man's Search for Meaning*）的作者法蘭可（Viktor Frankl）同時也是納粹集中營的倖存者，他曾說，在泯滅人性的環境中還能保持人性，有一個重要條件——找到人生的意義。這跟智力、心理狀態無關，他說，找到人生意義及目標的意志力，比尋求快樂更強大；法蘭可認為，人之所以不同，就在於尋求自己與其他人的建立關係，❻經由圖表 4-1 的問題（改編於法蘭可的書），可

---

❻ 參見：Viktor E. Frankl, "The Feeling of Meaninglessness: A Challenge to Psychotherapy," *American Journal of Psychoanalysis* 32, no. 1 (1972): 85–9 .

以協助你找到自己的方向及目標。[7]把問題答完、加總分數，如果你的分數低於九十二分，代表你欠缺人生的意義及目標，如果分數介於九十二分到一一二分，代表你處於猶豫不決的狀態，對於目的及目標並不十分明確；如果高於一一二分，你的人生目標非常明確。

接下來，該怎麼辦？回頭問問自己：「生活中的花費，是否與人生目的一致？」你的每月收支表將會顯示消費模式有沒有與追尋人生意義同步，仔細坦誠地檢視，你可以改變消費模式或者調整自己的目標。

問題三：如果不是為錢工作，
你的消費型態會有怎樣的改變？

目前為止，我們已經檢視了消費模式，什麼樣的花費能獲得滿足及凸顯人生價值。問題三的目的在於檢視工作在你人生中的地位，及如何聚焦工作以外的人生。先問自己一個問題：「如果你不工作的話，哪項支出會減少或消失？」在工作表支出項目旁的第三欄中，註記這可能的改變，如果支出會因不工作而減少，在欄位中加註一個－（或一個向下的箭頭）；若會增加，註記＋（或一個向上的箭頭）；假如沒有變動，就寫上 0，如果你有辦法計算出增減的金額，也可在備註欄中註明。

這個問題讓你可以想想，如果不需要每天向別人報告工作進度，你的生活習慣會如何改變？如果不需要為了錢一週必須工作四十小時以上，你的日子會怎麼轉變？哪些花費會因此消失？如果你不必工作，那麼你會買更多的衣服嗎？還是少買些衣服？消耗的油錢會變多？還是更少？你會把車子賣掉嗎？會不會住到偏

---

[7] 參見：Purpose-in-Life Test. Copyright held by Psychometric Affiliates, Box 807, Murfreesboro, TN 37133.需經核准才能受試。

圖表 4-1 　人生目標測驗

　　以下每個題目，請依據你的認知圈選。請注意，數字及選項是從一種極端的感覺到相反的另一端。「中立」意味著沒有意見，盡量不要選擇「中立」。

	1	2	3	4	5	6	7
1. 我常感覺	超級無聊			中立			熱情如火

	7	6	5	4	3	2	1
2. 生活對於我來說	總是很興奮			中立			例行公事

	1	2	3	4	5	6	7
3. 在生活中，我覺得	完全沒有目標			中立			有非常明確目標

	1	2	3	4	5	6	7
4. 我存在	完全無意義、沒目標			中立			非常有意義及目的

	7	6	5	4	3	2	1
5. 每天	都是全新開始			中立			都一樣

	1	2	3	4	5	6	7
6. 如果我有選擇，我會	情願沒出生過			中立			希望再有九次這樣的人生

	7	6	5	4	3	2	1
7. 退休後，我會	做一些我一直想做的有趣的事			中立			遺世獨立

	1	2	3	4	5	6	7
8. 為了達到人生目標我會	永遠不想進步			中立			用一切方法達成自我實現

	1	2	3	4	5	6	7
9. 我的人生	空虛，只有失望			中立			充滿令人興奮的好事

	7	6	5	4	3	2	1
10. 如果我今天死了，我感到我的人生	非常值得			中立			完全沒價值

	1	2	3	4	5	6	7
11. 我的人生， 我認為	總是懷疑為何 要存在			中立			一定有存在的 理由

	1	2	3	4	5	6	7
12. 我與世界的關係 是……	很困惑			中立			充滿意義

	1	2	3	4	5	6	7
13. 我是一個	非常沒責任感 的人			中立			非常有責任感 的人

	7	6	5	4	3	2	1
14. 關於人有自由選擇 的權利，我相信人 是	有絕對自由自 己做決定			中立			完全受限於環 境

	7	6	5	4	3	2	1
15. 關於死亡，我認為	做好準備， 毫無畏懼			中立			毫無準備， 驚恐不已

	1	2	3	4	5	6	7
16. 有關於自殺，我認 為	曾經認真想過			中立			從沒想過

	7	6	5	4	3	2	1
17. 我有足夠能力發現 生命的意義、目的 及任務	非常有			中立			沒有

	7	6	5	4	3	2	1
18. 我的人生	在我手中我有 能力控制			中立			被外在因素控 制

	7	6	5	4	3	2	1
19. 面對每天的任務	是樂趣及滿足 的重要來源			中立			痛苦又無聊

	1	2	3	4	5	6	7
20. 我發現	人生既無目的 也沒任務			中立			目標很清楚、 明確

遠一點的地方？把家搬離市區？你的醫療費用會增加，還是減少？（保險費用可能會增加，但你生病的機率是不是也下降？）在假日時，你還需要去週末小旅行舒壓嗎？旅遊支出會因此變動嗎？你會不會為了獎勵自己的辛勞，動不動就浪擲金錢？工作占據了你大部分清醒的時間，那麼為了彌補自己，你會從事哪些花費？

　　你現在可能無法準確地指出，若不為錢工作之後該做哪些事，也可能不知道之後日子應該怎麼過。你現在需要做的事，就是拿出每月收支表，檢視每項支出或收入，想想看，一旦不為錢工作，這些支出會怎麼改變。記得我們的約定：不要覺得丟臉，更不要怪罪自己。向自己提問，不是違背你對職涯或工作的承諾，更不是對公司或是長官不忠誠的表現，相反地，若能每月反求諸己，並好好檢視每項支出，會更增加對工作的滿意度。因為你知道這份工作是自己的選擇與決定。

　　透過問題三的自問自答，你可能會發現一個驚人的結論：如果你沒有花大部分的時間在賺錢這件事上，生活應該會省下許多！因為你的生活很大部分的消費是來自於你的工作。生活的每一個面向都需要金錢支持，從小孩的保母費到家庭修繕，從娛樂到找人傾聽你的心事。你會發現真正的財務自主，是在於讓自己不受制於「用錢滿足我的需求」，而不是一般人所說的，賺到更多的錢，讓所有人幫我服務。

評估這三個問題

　　請再檢視一下你的每月收支表，找到你在上面註記的項目（或是箭頭），看看哪些項目沒有符合第一個問題的條件，也就是說，在使用生命能量的同時，生命是否因此得到等量的充實、滿足？再看看第二個問題：使用生命能量時，是否跟自己的價值及人生目的一致？如果你沒有拚命忙碌工作賺錢，哪一項支出會明

顯改變？你可以歸納出自己的消費模式？你會對自己更了解？在這過程中，沒有必要逼自己，也不需要說：「我下個月一定會做得更好」（記得嗎？這不是在編預算），誠實地面對收支表上呈現的訊息，反覆思考並釐清自己的價值及人生目標，記得我們的約定：不要覺得丟臉，也不要責怪自己或任何人。

步驟四是整個計畫的核心。但若你的人生目標或是內在量尺仍不明確，也別太擔心，有些人在這個過程中就會找到並清楚定義自己的價值及目標。逐月逐年，依照這三個問題定期檢視，你對自己的人生的圓滿及目標，就會有更進一步的了解及認識。每個步驟或過程有相輔相成的效果，放輕鬆，綜效就會出現。其中最重要的原則是：對自己誠實。也不能忘了我們的約定，不要覺得丟臉，也不要責怪任何人。

這是一個資訊蒐集的過程，是重新找到自己的第一步。無意識的消費、花錢成癮的毛病都會現形，只要你保持一貫誠實的態度，用數字清楚地記錄所有開支。 整個計畫的目的，不是為了自我批判或去除內心的罪惡感，而是希望改變你的消費型態，直到它們能與人生方向及目標一致為止。在執行計畫的過程中，以下是幾點提醒。

足夠就好

在第一章，曾提到滿足曲線的概念，在曲線的最頂點是「豐足」。在這種狀態下，維持舒適生活的需求已獲滿足，精神上也過得充實富裕，沒有其他不必要的東西會造成自己的負擔。「豐足」是一種自由、能量強大、充滿信心及可能性的狀態，如果你照著計畫的步驟，就能從數字中找到真實的自己。

就實際操作來說，這三個問題是很重要的自我檢視工具，用來定義屬於你自己的「豐足」是怎樣的狀態。每月不間斷地記帳，久而久之你會發現，每當你想要買一件東西，收支表就會跑進你的腦中。大體來說，「豐足」會有四個成分，四種普遍的特性：

1. 可靠（Accountability）。你了解生活中會有多少錢流進及流出，這是財務智商的基礎，假如你不知道金錢的去向及來源，永遠不可能得到「充足」的感覺。

2. 滿足感的內心量尺。前面曾提過，如果你依照別人的標準及想法衡量自己的人生，那麼永遠也沒辦法達到「豐足」的狀況，就像在一個向下的手扶梯向上爬一樣，別人的想法難料，他人所有的東西也變化無常，自我察覺是重要的關鍵。

3. 人生的目標。人生目標比表面上的欲望或需求更崇高，如果每一個欲望都想要獲得滿足，那麼你永遠不會感覺到「充足」。什麼是比得到想要的東西更崇高的目標？其實，「得到」的反面概念「付出」，往往才是富足或幸福感的神秘來源，把我們的物質需求向上提升到為別人服務，為他人貢獻自己的才能，往往帶來最大的幸福感。

4. 責任。讓生活的意義不再只是為了成就「我」和「自己」，如果你一直都為了自己而活，那麼也很難達到「豐足」的狀況。責任感對你絕對有正面意義，讓你超脫「越多越好」的枷鎖，對別人也有益處。如果把 responsibility 這個英文字拆開來看，可以發現，責任這個字是由「回應」（response）及「能力」（ability）兩個字拼起來的。你因為有能力，才能回應別人的需求。當然，責任的第一步是對自己負責，停止自欺，誠實面對，讓自己的生活、工作與人生的價值平行發展，定義屬於自己的「豐足」。就像愛因斯坦在一九五〇年說的，最終你會生活在一個更寬廣的範圍裡：

「人是『宇宙』整體的一部分，存在於時間、空間中，人以為自己有想法、能感覺及透過經驗了解世事，能獨立於其他事物而存在。這其實是一種意識的錯覺，這種錯覺猶如一座牢籠，使我們受困於個人的欲望之中，只對最親近的人懷有感情。我們的任務應該是將自己從這座牢籠中解放，透過擴大同

情心，在美麗的自然界，擁抱所有的生命以及萬事萬物。」

二十世紀美國哲學家、建築師及發明家富勒（Buckminster Fuller）[8]也有同樣的想法。有人稱他為提倡地球永續的聖人，但在他二十幾歲時曾因愛子去世及生意失敗，感覺人生無望，差一點結束自己的生命。在人生極度痛苦時，他突然頓悟了：他的軀殼及人生並不屬於自己，而屬於全世界。富勒終其一生都在為人類更好的生活尋找方法，他的人生使命變成了：「讓這個世界為了全人類的福祉而運作，透過自發的協同合作，在不侵害生態及不剝削其他人利益的情況下，用最短的時間找到永續發展的途徑。」[9]最後，數以萬計的人加入他的行列，把世界變成適合每一個人生活的地方，沒有一個人被遺忘或遺棄。

想像你心目中「豐足」的情境。可以像富勒深信的，每個人都能有足夠的食物、能量、資源；或者像愛因斯坦描繪的，人類擴大同理心，讓我們能擁抱地球上所有的生命。充足的狀態，沒有一定的標準，你不用刻意去符合誰的期待，但必須盡可能讓自己心中的「豐足」境界得以完成。對每個人來說，這都是遠大的目標及理想，透過簡單的步驟及持續的付出，投入你的生命能量，盡力達到心中想像的「豐足」境界。

如果你認同這樣的想法，現在拿起筆寫第四個問題：

如果每個人都能找到他所愛的東西、滿足他的需求，在公平又充滿同理心的世界裡，你的每月收支表的每個分類，會變成什麼樣的狀況？

---

[8] 編註：巴克敏斯特‧富勒，美國哲學家、建築師及發明家。富勒發表超過三十本書，發明和普及不少詞彙，他有許多發明，主要是建築設計，最著名的是球型屋頂。

[9] 參見：Medard Gabel, "Buckminster Fuller and the Game of the World." In Thomas T. K. Zung (ed.), *Buckminster Fuller: Anthology for the New Millennium* (pp. 122–128). New York: St. Martin's Griffin, 2002.

你可以改寫這個問句，把「如果每個人都這樣做會怎樣？」這個假設放在問句內，就像提出滿足及對焦人生目標這類的問題，可以幫你找到人生方向一樣，這個問句，也能協助你及所愛之人的生活更美好，同時把關照面向進一步擴大到愛因斯坦所說的「更廣泛的範圍」。我們不可能認識世界上的每一個人，但你可以想像他們在「對其他人做你自己認為對的事」。

看看你收支帳的數字，問自己：「如果⋯⋯每個人都在餐廳外食、買二手衣、在自己的後院種水果、計畫自己的假期旅遊，或是只為了每日通勤就買一輛車⋯⋯」記得我們的約定：不要覺得丟臉，也不要自責或責怪他人，只要記得擴大你的同理心。

每個人都可以依據自己對生活及未來的理解來提問，有些人認為環保是重要的議題：「做這件事對地球／氣候／環境，真的是好事嗎？」碰到這類道德層面的問題，基督徒通常會自問：「如果耶穌在的話，會怎麼做？」對於沒有宗教信仰的人，可能會自問：「從科學角度如何看待這個問題？」有些人會從靜思中找答案，有些人則會在大自然中找到答案。你可以稱這個問題為**財務依存**問題。

這第四個問題，會讓你跟金錢的關係產生轉變嗎？不會。但如果你照計畫檢視自己每月收支表，前面的三個問題會變得很簡單容易，習以為常。接下來，你可能會開始想，如果大家都做到了，那接下來呢？如果你到達了這個階段，我跟喬早在一九九○年提筆寫這本書的目的，也算是達到了。

步驟四的重點摘要

1. 在記錄你的每月收支表時，同時自問問題一：「在使用生命能量的同時，我有得到同等充實、滿足嗎？」如果有，請在欄目上加註，根據情況不同，註記＋（或一個向上的箭頭），－（或一個向下的箭頭）或 0。
2. 在記錄你的每月收支表時，同時自問問題二：「使用生命能量時，有沒有

跟你自己的價值及人生目的一致？」如果有，請在欄目上加註，根據情況不同，註記＋（或一個向上的箭頭），－（或一個向下的箭頭）或0。

3. 在記錄你的每月收支表時，同時自問問題三：如果你不為錢工作，你的消費型態會做怎樣的改變？

4. 再次檢視一下你的收支項目及註記的記號。

| 談一談錢 ◆ 關於錢的幾個問題 |

你的夢想、價值、回憶及人生故事，都是開啟與他人對話的話題。如果從別人那裡，聽到令你有「有為者亦若是」的衝動的夢想或目標，別客氣，把它拿來自己用！我們大家可以一起打造真正美好的生活藍圖。

借用本章結尾「談一談錢」中提出的問題，跟你的另一半或是社團成員對話，每日反省自問。記得如果在反省時，都能不忘在最後加上「為什麼？」，會讓你有更深層的思考；如果都能不忘在最後多問一句：「社會如何形塑我的答案？」則會讓思考層面更為廣泛。不論如何，這些問題，都沒有標準答案。

- 你兒時的志願是什麼？現在達到了嗎？
- 你的「遺願清單」（bucket list）[10]中有哪些臨終前想完成的事？
- 你的內心及靈魂深處的召喚是什麼？
- 講講你最愉快的時刻？是什麼讓你感到快樂？
- 有哪些意想不到的事發生，就像夢想成真？
- 如果可以，你想要用金錢幫小孩及所愛的人買什麼東西？

---

[10] 編註：指一張一定要（或者最好）在死前全部完成的清單。

| 第 5 章 |

全部攤在陽光下吧！

步驟五：讓生命能量具象化

在這個階段裡，要把你的生命能量全部攤開來。把它們畫成圖表，會讓你有更清晰的概念，不論是現在、以前或是未來，讓你對自己的財務狀況有更完整的輪廓。這樣，就能改造你與金錢（生命能量）的關係。

透過第一個月的收支紀錄，你對自己的花費及有多少錢流進流出，應該已經有一個比較完整的概念。練習剛開始的時候，面對自己正步向債台高築的死胡同，可能會感覺很不舒服想放棄，你可能會對自己說，「這個小練習還不錯啦，但我已經知道我想要的東西了！」但如果你再堅持一個月，應該會發現支出大幅減少。覺醒是一條長路，小小逃避一下，其實沒有人看得見，要秉持著「不要覺得丟臉，也不要責怪自己」的精神，繼續走下去。第三個月改變會更顯著，你會省更多錢。但你可能會開始鬆懈，因為過去幾個月你都照表操課地做到了，不論是想放縱一下，或是暫時逃避眼前殘酷的事實，你都要拿出意志力來克服，走完這條路。

要如何激勵自己一直向前走？要改變自己的行為模式，通常會有三個關鍵：

1. 把它變成習慣，不是有一搭沒一搭。你必須按部就班，直到變成一般生活的日常，就像刷牙一樣。

2. 請別人幫忙。告訴你的朋友或公開宣示你的決心，一定要把花費寫下來，並在上面註記往上及往下的箭頭，每個月定期跟一個信得過的朋友碰一次面，報告你的進度並聊聊心得。或者每天用電話、簡訊或聊天軟體聯繫朋友，讓他知道你的狀況。更進一步，你可以把你記帳 app 的密碼給這位值得信賴的朋友，讓他監督你，你也可以幫他監控帳務。相互幫忙，愛管閒事，有時候也會讓事情更有效率。

3. 畫成圖表。把每天該做的事列一張檢查表，就像減肥時會在體重計上記錄體重變化一樣，管理體重這樣做，管理金錢也一樣，把過程記錄下來，真的能讓欲望不致潰堤。

　　步驟五就是希望你能把記錄的收支狀況做成一張圖，你可以決定怎麼做最準確牢靠。我們會提供一些建議及方法，讓你加快這個過程，平穩地向財務健全的目標前進。出發了，繫好你的安全帶。

製作自己的逐月收支圖（WALL CHART）

　　首先，你必須要有一張大圖，空間足夠讓你記載五年的資料，在設計時必須讓圖表容易操作，也不會花太大力氣維持。相關資訊其實你都已經放在每月收支表上了，就算沒有電腦或 app 也可以進行，最重要的事就是起而行。你可能正在使用 app，線上服務或是記帳軟體協助管理金錢，可能可以在這些工具上面直接製作圖表，但我們仍希望你能夠親手製作。至於如何運用資訊管理軟體，步驟五的第二部分會介紹。

　　找一張大型的圖表紙（十八 × 十二吋或二十四 × 三六吋，約 A3 或 A1 大

小❶，每一吋有十個方格的圖表紙），在一般文具行或書店應該都買得到。如果真的沒有也不用太擔心，你可以在一張大白紙上畫方格，左方的縱軸代表的是金錢，金額由低至高；你可以畫兩條線，一條是收入，一條是支出，記得上方多留一點空間，因為依照過去輔導的經驗，你的收入可能會增加甚至加倍。在執行計畫之後，不只一位朋友收入增加到還得在上方多加一張紙，他們以前從來不敢這樣奢望。

下方的橫軸代表時間，我們建議保留五到十年，才可以看出更大範圍的趨勢——更可以看著你往真正的財務獨立前進的足跡。如果你覺得用資訊工具輔助比較好，Excel 或其他有電子表格類的軟體是不錯的選擇。完成這些步驟之後，你會發現自己看到了一個新的世界，但資訊工具帶來的發現，絕對沒有比你一筆一筆畫在紙本上來得震撼，成就感也很難與手作比較。

每個月月底，都記得在紙上標註你這個月的收入及支出，最好用不同的顏色區分，之後再用線把每個月的點連起來。第一個月，當你畫上第一個記號時，你已經開啟建立與金錢新關係的第一步，這是發人深省的一步。但當你逐月或逐年登錄之後，真正的學習與樂趣才開始。你的圖表記載每個月的收支動態，並隨著時間向前推移，生動地描繪你朝著目標的進程，這張圖表會激勵你一直往前走，不斷提醒你曾經對自己的承諾。

一開始的悸動與揮霍的循環

第一個月開始追蹤數字時，你可能會發現自己跟很多美國人一樣，收入比支出少了很多，也就是說，你花的錢比賺進來的還多（這也許就是所謂的美國模式

---

❶ 編註：A3 約 29.7 公分×42 公分，A1 約 59.4 公分×84.1 公分。

吧）。親眼目睹現實，也許會有點震驚，好消息是你願意從此改變。你是否曾經在一堆銀行資料及信用卡帳單前發誓，下個月不會再超支了？你是否許過新年願望，立志要節省開支、外食？這些都是在一頭熱時曾經立下的心願。這些舉動其實都是過度節省開支，會讓你的家庭生活充斥剝奪感，像是每個人都在過配給的日子，生活中所需的豆子、米及燕麥，都有限額。

　　這些人把焦點放在縮減每日開支，想要在短短一個月內把消費減半。令人驚訝的是，很多人真的做到了；第二個月，支出金額可能也有相當程度的減幅，但這樣的縮衣節食，其實沒有辦法長久維持。第三個月，很多人的支出就大幅上升，往往把第二個月省下的錢也連帶花用完了。應該怎麼辦？若照以前的做法，可能就再一次動心忍性的節約吧，或者乾脆直接放棄。但真的別放棄，試試看別的方法。

　　　　還記得第一章中的伊蘭，她是一個電腦工程師，不喜歡她的工作，但又不知道如何擺脫。她開始依傳統方法記錄開支，結果跟很多懷抱美國夢的人一樣，用買東西來證明自己的成功，事後卻懊悔。「我看到數字，真的嚇了一大跳，我根本想不到，我花的竟然比賺的還多，但現實擺在眼前，一個月賺進四千四百美元，卻花掉了四千七百七十美元。」她決心接受挑戰改變現狀，無論如何都要降低自己的支出。中午時，她不跟同事出外吃中餐，也沒有買便宜外食，自己從家裡帶午餐到公司。一個月下來，她沒有買一件新衣，也沒有跟別人出外吃晚餐，終於在第二個月時，發現花的比賺的少了。她認為自己一定做得到，「我受到了很大的鼓舞！」伊蘭說，接下來一個月她放鬆了，故態復萌回到以前的消費習慣，前一個月省下的錢全都吐了回去。「我的帳本看起來很糟」，她後來了解真正要改變的不是記帳本，而是她自己。

　　　　伊蘭揚棄傳統縮衣節食的方法，改採我們推薦的計畫，她說依計畫

行事之後，不僅覺得成功，而且連自信心都加強了。她相信自己做得到，不滿的情緒轉換成把工作做好的動力，不但振奮自己，連主管都感受到她的改變。

「在四個月內，我還清了債務，我的每月花費降到了一六四〇美元；我其實沒有刻意努力，但購物及零用，從一個月三五九美元，降到了二〇三美元，可能是因為我在工作時感覺到快樂，所以花錢犒賞自己的需求也降低了，外食的費用從原本的二三二美元降低到七十七美元，因為只有在真正需要時才會到外面吃飯。我搬到離公司比較近的地方，房租比較少，連帶油錢也降低六成。醫療花費也降低了，原因也是因為不開心的時間較少，身體變得比較健康，享受工作之餘，疾病好像也遠離。這些節省下來的費用，我一點都不覺得被剝奪，也不會覺得少花錢是件困難的事。老實說，我一點也不覺得自己有做什麼不一樣的事，這些都一點一點慢慢地發生！」

在這之前，伊蘭花了很多錢參加研討會，試圖改變自己的情況。但多年下來，改變從來就沒有辦法持續，這次到底是做了什麼事，產生了不同的結果？她說，最重要的關鍵就是逐月收支圖。一開始時，把日常生活的大小事記錄收支是一大挑戰，但收支表其實詳實地顯示出她的消費習性，生動地陳述為何每個月賺得錢都不夠花（見圖表 5-1）。

收支表提醒我們與金錢關係轉換的過程，但沒有辦法一蹴可幾，需要堅定信仰及耐心，花時間逐步進行。在改變的過程中，沒耐心、否定及貪婪是很難避免的，需要多一點時間，我們才能反思自己的人生，了解自己未來應該要往哪個方向前進。

看完這本書可能只需要花幾天的時間，但重建與金錢的關係，就不是一天兩天能達到。仔細想想看到收支表的反應為何，而不是為結果煩惱。你會越來越清

圖表 5-1　伊蘭的逐月支出圖表

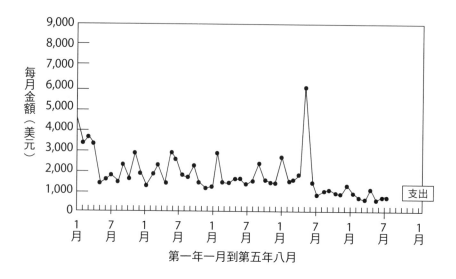

楚，自己走到現在這樣的情況，到底是因為什麼樣的態度及想法，在執行過程中，兩個重要的關鍵是：

1. 開始。
2. 繼續。

　　古諺常說：千里之行，始於足下。但我們卻很少談及，如果要到達目的地，除了第一步之外，還要走千萬步。在計畫推進的過程中，久而久之，你就會感覺到一股神奇的力量；你的支出金額不知不覺中會逐漸下降。到底是怎麼做到的？

三個幫你省到錢的問題

現在看看可以讓你省錢的幾個重要關鍵。還記得我們在步驟四提到的三個重要問題？你應該已經發現，這些問題對金錢的覺察影響不小，同樣地，對你的收支表也會產生一樣影響。

自然而然，讓支出降低

問題一：我在使用生命能量的同時，生命是否因此得到等量的充實、滿足？

每個月在登記收支時，記得都要自問，這樣會增加你在消費選擇時的自覺，支出也會因此逐漸減低。每個月都看到自己的花費在收支圖上向下降，應該是很愉快的事。就像在第四章談到的，一旦對自己的支出有更清楚的覺察及體悟，會帶來快樂，這樣也不會觸動內在的「求生機制」，事實上，你等於是在重新讓自己進化。每一個「－」號都會觸動求生機制，想要往快樂更靠近些，遠離痛苦。然而，一旦你越來越適應這樣的模式，求生機制就會變成你的盟友，會讓你本能地從事真正能帶來快樂的消費，而不是出於習慣成自然的無意識消費，無意識的消費既沒辦法帶來滿足，也不會有快樂。記得葛利葛斯胸針嗎？你很快就會知道人生中有哪些葛利葛斯胸針了，每一次對這種盲目無意識消費的覺察，都會讓你在撙節消費時進步顯著，對於自己生命能量的花用也會更有效率。讓我們看看這是怎樣發生的。

以往，在你試著改變消費習慣或是增加花錢的滿足感時，其實缺乏對自己的消費模式全面及正確的認識。你不懂其實類似葛利葛斯胸針這種盲目的消費根本沒法帶來滿足感，但你卻一直丟不掉它。或許有時候你真的想要丟掉它，也知道它是你邁向節約的阻礙，但你又不知不覺走到賣葛利葛斯胸針的櫃台，「再一次，就這一次！」你現在從上方看到自己的金錢迷宮，知道這是死胡同，你靈光一閃，於是告訴自己說：「我不會因此得到滿足，這樣子花錢，只會浪費我的生

命能量」。

當你大夢初醒時，你會清楚地告訴自己：「等一下！」「我書櫃中有一半的書都沒看過，已經近十年沒有拿過筆了，夠了，不要再買了！」這個剎那的覺醒，對你的人生將有重大改變。現在，你已經把你的消費及取得滿足感的關係連結在一起，無意識的消費應該不容易再一直糾纏你。你已經找到自己，既不用繼續內心爭戰，也不必再靠花錢得到滿足及幸福。相反地，你已經學會如何花用生命能量，也了解如何衡量生命能量的價值，改變方向，一點也不難！

墨西哥裔的艾薇從小就在困苦的環境中長大，一直沒有足夠的錢用。但她和家人並沒有抱怨貧窮帶來的苦難，因為篤信天主教的父親常常說：「我們是受天主保佑的一群人，因為只有困苦的人，才能上天堂。」然而，窮困及挫折在她的人生中一直揮之不去，她心懷怨恨，下定決心，等她長大就會有夠用的錢，就不需要再擔心，想買什麼就買什麼。

艾薇的無意識消費，只有買衣服這件事。在清理自己的資產時，因為累積的資產真的不多，艾薇一路以來都很順暢，但一盤點到衣櫃，問題就出現了。塞滿衣櫃的衣服，到底從哪裡來的？當然，這些都是從不同的服飾店裡買來的，大部分還是從高檔百貨公司血拼得來的戰利品，但她不是沒錢嗎？原來，艾薇認為擺脫貧困最好的方法，就是隨時穿得光鮮亮麗。她一直告訴自己，越多人稱讚我穿得漂亮，我就離貧窮越遠。

當然，上班族穿著得體是很重要的事情，但艾薇每個月總會買上幾套全新的衣服；連舊衣與新衣混搭，都會讓她覺得很邋遢。

在練習記錄每月收支之後，她很快發現了每月在百貨公司敗金，真的很難帶來滿足感，把生命能量花在這個上面，也非常不值。沒有經歷

太多掙扎、自我否定或是被剝奪感，她就改正了這個習慣。不再不停買新衣，令她吃驚的是，她得到的讚美，一點也沒有因為不穿新衣而減少。

海爾自己就是理財規畫人員，但他在練習財務獨立時，發現自己的無意識消費非常嚴重，他稱之為超大型薈利薈斯胸針，或大型消費黑洞。他需要的不只是一副看清自己財務的新眼鏡，而是一個大型的外科手術。

當他在思考滿足感及生命能量花用的題目時，發覺自己在過去八年中是多麼無聊及辛苦，他也找到身陷困境的原因。首先他一直以為，若要扮演好理財專家的角色，一定要有間豪華的辦公室，租金每個月花費他的生命能量高達兩千九百美元，他開始質疑價值在哪裡？事實上，這個辦公室功用極少，因為他大部分的生意都是靠電話、信件或是在客戶的家中完成。他索性把辦公室搬回家中，每月花費只剩七百五十美元。

第二個日常收支盲點是跟小孩的關係。海爾的孩子跟媽媽住，但生活一直靠他供養。養小孩的花費本來就無可厚非，但每次當小孩伸手跟他要錢時，因為感覺虧欠他們，他都毫不猶豫掏錢出來。他有九個孩子，花費當然不在話下，但不論海爾給他們多少錢，孩子們總是還要更多。經過了誠實及明確的評估，他知道孩子們被寵壞了，而始作俑者就是自己。他開始改變方式，雖然小孩跟他的關係沒那麼如膠似漆了，但海爾仍覺得這樣做是對的，不能因為缺席小孩的成長，就不斷付出贖罪金。問了自己第四章的三個重要問題之後，他做了微調，現在花費只有以前的一半，人生也快樂多了。

當然不是每個人都像海爾一樣有餘裕，但我們看了上百個例子發現，平均執行三個月之後，花費就會自然、無痛且顯著地下降兩成左右。他們並沒有覺得生

活被剝奪，也不需要苦苦掙扎，事情很自然就發生了。透過了解自己的支用模式，及使用生命能量取得滿足感的關聯性，一種自發性節制的機制就會被啟動，翻轉你之前的消費行為。長久下來，你會發現自己不花錢也很自在，戒除盲目消費反而變成一種成就感的來源，因為你已經確信，無意識消費並未能帶來任何滿足感。

對焦人生

有關於收支圖，還有其他一些事情要注意。當你的支出下降時，不要忘記每個月還是問自己：「生命能量的使用，是否跟你的價值及人生目的一致？」

這是一個重要的回饋機制，確定你的方向沒錯。你的人生宣言反映生命的價值及目的，代表你真正想要的生活，具有很高的位階，因此得確定你每天的生活與這個價值及目標一致。不過在實際生活中，這個最終目的容易被忽略，甚至跟每日作為脫鉤，而你卻不自知。有時候兩者還會背道而馳，更糟的是越離越遠，甚至產生衝突，而你乾脆視若無睹，忽略內心深處的想法，甚至讓它噤聲。聖經〈羅馬書〉七章十九節對人類的習慣有很深刻的描述：「我所願意的善，我反不做；我所不願意的惡，我倒去做。」

我們記錄下來的資料，提供了日常花用的圖像，具體而實際地描繪我們的作為，這對於完成人生的理想及目標是非常有用的。當你的花費跟人生目標一致，就會感到完整及滿足，美好的感覺油然而生。如果兩者不一致，請自問：「我的花費，可以達成人生目標及價值嗎？」答案如果是否定的，那麼你可能就會對所做的一切感到失望，陷入自我批判的情況。

通常，如果你的答案是肯定的，花費就會隨時間下降，因為不少源於情緒或文化因素的非意識消費會減少，錢不容易從你的荷包裡流走。但也不一定總是如此，你可能會發現，自己對某個人生目標非常感興趣，就一股腦兒栽進去，支出就開始越來越多。例如，你一直期許自己當個聲樂家，可能會自問：哪裡有好的

音樂課我可以去參加？甚至還可能會思考：我是不是應該到義大利去念最好的音樂學校？碰到這樣的狀況，也許你應該在追求人生目的與投入**更多**金錢之間，尋求一個平衡點。換句話說，你也許可以參與地方的歌劇同好團體，那裡有免費的指導老師，你也可以找到志同道合的朋友。

自我節制（如果把錢花在Ｘ上＝非常棒；如果把錢花在Ｙ上＝非常差）可以發揮不錯的效果，打破以往機械式的花錢模式。自然而然地，你會開始越來越少投注金錢在那些無法幫你達到人生目標的事物上，你的狀況會越來越好；同時，你會把錢花在那些有助於達成人生目標的事務上，讓物質生活與內在覺知同向發展。這樣的結合就是財務健全計畫的核心。

就伊蘭記憶所及，她從來沒有人生目標，只是想過日子，盡量趨吉避凶。她回憶童年最快樂的時光，就是跟家人旅遊時漫步在森林裡。在她開始進行財務獨立計畫時，她是家中唯一還會努力向上的人，其他兄弟姐妹，一個靠社會福利金過日子，一個已經自殺了，另一個變成遊民。擁有高薪的工作、跑車及豪宅，讓她看起來就是人生勝利組。

當進行財務獨立練習、被問到上一章三個重要問題時，她原有的自滿受到了挑戰。她一直用外在物質條件衡量自己的人生。她開始思考周邊的同事及朋友也一樣嗎？他們有比物質生活更崇高的理想嗎？有個同事的人生目標是「拯救世界」，伊蘭受到了這個不以外在條件衡量人生的朋友啟發，跟她變成了好朋友。不久，兩人都參加了當地的和平救援團，在那裡認識的朋友都會問自己一個重要的問題，如何可以讓自己的價值得到更好的發揮？到底要採取什麼行動，才能向世界傳達自己的理念？

跟這些朋友開會，變成她的主要娛樂活動。以前她喜歡參加高價的工作坊，或去追逐最新上映的電影，現在她積極參加演講，報名慈善募

款的電話馬拉松。她在住家附近發現一片森林，每週都花上好幾個小時漫步其中。她的支出越來越少，生活費從每個月四千五百美元，降低到九百至一千兩百美元，且穩定地保持在這個水準。找尋生命的意義，變成她今後最重大的人生目標。

問問自己第三個問題：如果你不是為錢工作，消費型態會怎麼改變？這可能會改變你的消費型態。以往參加財務獨立訓練的學員，在支出下降到一定程度後，會在下方畫一條退休後的假想線。移居到比較便宜的郊區應該會讓房貸或房租的開支下降；外食的費用可能整筆消失，這樣的進度會讓你更想要過上自由自在的生活，加速你退休的進度，你會更有意識地省下更多錢。

如果你選擇提出第四個問題，「在一個公平又有同理心的世界裡，我的開支會產生如何的改變？」沒有人能告訴你會發生什麼事。

「例外」的月份

當然，人生中一定會有一些「例外」的月份，你的開支可能會跳躍式成長。繳交保險費、某些維修的費用突然增加、報稅月是一年一度荷包會失血的日子，這些狀況要如何應付？你可以假設，每個月都會有例外性的支出，讓自己習慣應付這樣的支出，但絕對不要漠視這些花用：某個月可能要繳稅，下個月又有保險費，再下個月可能又出現醫療費用。

還有一個方法，可以把整年需要繳交的類似費用，集合計算再逐月攤提。例如你的汽車保險，每年要繳八四一美元（先不要想應不應該買車養車），❷你可

---

❷根據全國保險專員協會的統計，二〇一三年美國汽車保險的平均支出為八四一・二三美元。參見：*Auto Insurance Database Report 2012/ 2013* (2015), http://www.naic.org/documents/prod_serv_statistical_aut_pb.pdf.

以把這筆費用平均分配在十二個月份，其他費用如醫療保險、綜合所得稅及房產地產稅，都可以比照辦理。

沒有唯一正確的會計方法。你要選擇能夠提供你所需訊息的方式，以便在瀏覽收支圖時，知道你的位置以及要去的地方。

讓你的財務攤在陽光下

現在登錄收支已經變成習慣，看到自己的進展，也會令你感到高興，你可以進行下一步了。該怎麼做呢？

跟好朋友談錢也許是一個不錯的開始。讓朋友知道你正在改變自己，而你同時也是一個好聽眾，當朋友提及財務狀況時，你會是個值得信賴的對象。但切記不要擺出顧問的姿態，你也必須把朋友當成是信賴的對象，讓彼此能相互提醒及鼓勵。在這個階段，非常多的學員會開始經營部落格，記錄財務獨立的進程及改變自我的心路歷程，也會把每月記帳及退稅的結果記錄下來。

你也應該開始經營部落格嗎？當然，我們鼓勵你這樣做，這是一個讓你成功達成財務獨立的好方法。喬以往在辦研討會的時候（在上一版的書中也曾提及），鼓勵大家把收支圖掛在每天都看得到的地方。這樣做對你有百利而無一害，圖表能時時激勵並鞭策自己，是否仍然走在正軌上，

有人乾脆把收支圖掛在衣櫥裡，或是掛在衣櫥拉門的內側，每天換衣服時就能看到。如此既能保有隱私，還可以日日提醒自己，在消費時不要忘記財務獨立計畫，更不要忘記工作不再是「做一天算一天」的苦差事。工作不再是賺錢，而是能讓自己更接近財務獨立及免除生活恐懼的重要工具。這樣做是個提醒，也是個刺激，功效就像每天喝的咖啡一樣。

艾薇一直以為遇到了真命天子，這輩子應該跟貧窮沾不上邊，她有

令人稱羨的生活，一個好老公、兩個兒子，一間有三座露台及兩座院落的豪宅，還聘請室內設計師打造裝潢，她也從不用擔心生活費用或帳單事宜。想不到婚姻觸礁，人生一夕劇變，美好的生活轉眼成幻影。她離開了丈夫、房子、豪宅及高壓的工作，自己整理行李，租了一台搬家卡車，帶著兒子移居西岸。

七年之後，透過參加財務獨立計畫，她比以前更自由了。她與朋友瑪格麗特組織了一個二十幾人的互助團體彼此打氣，分享財務獨立的過程及辛酸。他們每月見面，分享心得及成功經驗，當然也會討論一些困難，包括一些最私人的財務資訊。

一開始組織團體時，她就想：「我的父母一定覺得我瘋了，因為我們被教育不能告訴別人你賺了多少，又花了多少……這是一種……一種，很不恰當的做法……」但她自問：為何我們不想這麼做？是害怕讓別人知道自己的財務狀況？她想通了，應該是害怕別人用財務狀況判斷我們的價值。一般社會人士很容易用幾個簡單的數字，就決定一個人值不值得交往。她勇敢地把自己的收支圖攤在大家面前，供參與者討論。想不到原本的懼怕消失了，她感覺到內心本來對金錢的顧忌不見了。錢花掉，就是花掉了；錢賺進來，就是賺進來了，不代表其他意義。現在，她可以跟任何人討論自己的財務狀況，就像談論應該買什麼顏色的沙發一樣，沒有什麼好隱藏的。

久而久之，你會發現收支圖已經開始變化，這反映出你與金錢的關係也改變了。這張圖代表你有沒有根據自己的價值觀過活，當然也體現出你在物質世界中所做的每一個決定。它帶來驕傲，但不是傲慢，代表一種深層的滿足感與人生目標合而為一。一旦你有這樣的感覺，意味若你對自己的進度非常滿意，此時，你可以把收支圖從衣櫃中拿出來，貼在牆上給大家看了。

現在想一下你跟金錢的關係，把你的財務狀況大剌剌地掛在客廳牆上，每一個進出的人都可以看得到，這種感覺如何？你覺得放鬆，還是緊張？你感覺輕鬆的程度，其實是衡量你的財務健康與否很重要的指標。如果你還是緊張，沒關係，依照計畫步驟繼續往前走，不安的感覺就會慢慢消失。

財務獨立只是附帶的結果

之前參與計畫的學員表示，改變與金錢關係的過程既挑戰又迷人。在結帳時，把每一塊錢仔仔細細算清楚，變成一種很享受的儀式，跟朋友敞開心胸聊聊金錢的事，也非常有趣。

記錄每月收支是整個練習的重點，問問自己上一章那三個重要的問題，會讓你很快的檢視自己的行為是否與人生目標及價值觀吻合。一邊把收入支出數據畫在收支圖上，同時也檢視自己的金錢覺察能力是不是已經提升？依步驟執行了幾個月或一年之後，你會發現整個過程產生了令人震驚及滿足的附帶結果：隨著收入持續超過支出，你終將從債務的泥淖中重生，並且開始儲蓄。

以現在的財務狀況來看，你可能會懷疑，真的達得到這樣的成果嗎？會債台高築，並不是因為你的收支客觀環境，而是你如何應對這些情況。許多成功達成財務獨立的學員曾身陷債務，失業已久，有的沒有大學學歷，還有必須照顧一大家子，或是住貧民窟。他們沒有人可以倚靠，僅能以有限的資源繼續前進。

所謂的財務獨立，最嚴格的定義是指，你必須有選擇的自由及自主支配時間的能力。因為在固定薪資之外，你已經有足夠的收入支應生活基本需求及溫飽；但財務獨立也有比較寬鬆的定義，就是從債務泥淖中掙脫出來並且儲蓄。

財務獨立就是徹底脫離債務

對很多人來說，債務是沉重負擔，清償債務是非常重要的里程碑。一般人通

常在債務沒有清除之前，甚至沒有意識到債務有多沉重。

你的狀況如何？你深陷債務中嗎？你清楚現在欠多少錢嗎？你的債主有哪些人？你知道背負債務要付出多少成本嗎？或者一直到死，你都擺脫不了房貸、車貸及信用卡借貸的困境？

許多大學畢業生走出校門的時候，身上除了用錢打造的畢業證書之外，還背負了數萬美元的學貸。有人幸運地找到工作，以為從此一路順遂，買新車慶祝自己好不容易畢業了，沒想到身上又多了另一筆債務。但可能會有人說：喂，我有全職工作耶，花個兩萬美金買輛車應該不為過吧？他們不知道，這樣的做法會讓自己在財務獨立的起跑線上又倒退不少。

那些把債務視為理所當然的人，通常會把還款金額調整得越少越好，其實這樣會降低收入。他們不了解，用高利率信用卡借錢買新的音響以慶祝加薪，其實會把賺進來的錢又吐回去。動用車貸買車，最後付出的總額，一定會比車子原本的定價還高。如果你用三十年貸款買房子，最後付出的總金額會是原來定價的兩倍至三倍（依當時的房貸利率決定）。不同的研究結果都顯示，喜歡用信用卡消費的人，比用現金支付更會花錢。❸

理財專家蘭西（Dave Ramsey）不斷呼籲大家，如果要跳脫債務陷阱，就趕快剪卡，讓信用卡消失在生活中。現在越來越流行的輕鬆貸（easy credit），及時行樂，尤其是網路購物更方便。每當你在線上消費一次，就像被簡化成液晶螢幕上的一個畫素一樣，我們花的不再只限於你賺到的錢，借貸消費代表你正在燃燒未來的資產。借錢已經變成美國人的生活方式，就是因為借錢，讓我們不得不跟工作緊緊綁在一起；也是因為借錢，讓我們得一直工作到死。為我們過往的歡

---

❸ 參見：Drazen Prelec and Duncan Simester, "Always Leave Home Without It: A Further Investigation of the Credit-Card Effect on Willingness to Pay," *Marketing Letters* 12, no. 1 (2001): 5– 2. 有關於這主題的重要研究。

樂，焚膏繼晷地賣命；還有為那些可能永遠享受不到的奢華，付出自己的青春。

　　譚雅曾形容自己的工作是「白天暴忙，晚上才能輕鬆一下」。她在一家高科技軍火公司擔任圖像設計師，同時也熱中投身教會各項活動。因為她身上背了兩萬六千美元的欠債，讓她的人生好像沒有其他選擇，不斷有人跟她說沒有別的辦法，於是她對金錢的覺察就變弱了。

　　但財務獨立計畫，像一面無情的鏡子，也拯救了她。她設計了一個「走向無債一身輕的日子」的圖像，貼在收支圖上，還設計了有魔鬼氈功用的數字貼布，緊緊追蹤自己資產總額的變動情況。「我想像自己是一根快要燒盡的蠟燭，或是一夕間輸掉了一大筆錢。」她這樣跟我們說，結果不到兩年，在沒有加薪也不曾感覺生活被剝奪的情況下，她達成無債一身輕的目標。

　　當譚雅仍在追尋真正富足的人生目標時，參與了一些短期志工活動，她覺得非常喜悅。到哥斯大黎加或是肯亞協助當地居民蓋房子，都帶給她內心真正的快樂。不過當她第一次從肯亞回國時，卻極度沮喪，因為雖然她親手幫了當地窮困地區蓋醫院，但當她回國之後，肯亞仍是窮困之地。於是，她開始收集原本會被丟棄的醫療用品，打包後交由到肯亞參加狩獵團的觀光客運往該地。

　　譚雅那時已經沒有背負任何債務了，她知道自己下一步應該怎麼走。她了解肯亞人民常常因為牙齦腫大而死亡之後，索性辭了工作，把房子及車子出租，飛到肯亞協助當地蓋牙醫診所。因為沒有債務，出租房子及車子的所得，就夠她在肯亞鄉下生活，譚雅終於取得財務獨立了。因為沒有債務，她得以追隨自己的心而活。

脫離債務，就是一種財務獨立的方式。因為沒有債務，你可以選擇自己的生

活方式，不管外在經濟環境如何，你都可以很驕傲、自在及尊嚴地說：「我沒有欠任何人任何東西」。

　　一旦脫離債務，人生選項就變多了。當每一分錢、每一張支票都是你自己擁有的時候，你會變得很強大，就像譚雅一樣，可以遠行完成心願，或是追求夢想。當然，你可以開始享受轉變之後的人生，隨著你的花費越來越少，在你的收支圖上，所得及支出的距離會越拉越大。這個距離，有一個名字叫「儲蓄」（見圖表 5-2），儲蓄也是另一種財務獨立的表現。

圖表 5-2　支出、收件和儲蓄的收支圖表

（單位：美元）

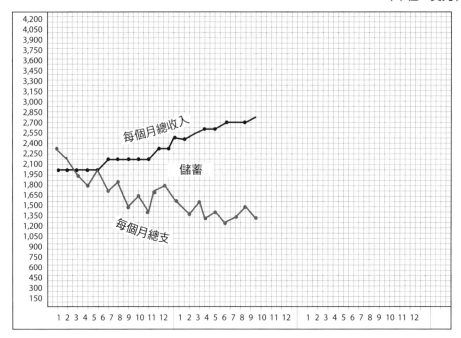

當一個儲蓄達人

你現在存了多少錢？還有負債嗎？還是正在還清債務中？或是把你賺的錢全部花光？你的儲蓄率是往財務獨立邁進很重要的指標，關於要存多少錢，有一個概念可以參考：如果你花掉所有的月薪，那你永遠無法退休；如果你的收入一毛都沒花掉，那恭喜你，你已經財務獨立了，再也不需要為賺錢而工作。

在這中間的大多數人呢？就像我之前提到的，參與計畫的人大部分花費都會少兩成左右，他們甚至不知道在改善之前把錢花到哪裡去了。

然而，一旦你發現自己的收支圖開始轉變，那表示有一盞明燈已經點亮了。你存的錢越多，離財務獨立越近。存錢其實就像遊戲一樣。例如，檢視你的日常支出，你發現每餐中的肉類占據食物類別支出的最大部分，那麼你就可以把每餐肉類的比例減半，或是減少每週吃肉的次數。有個理財部落客就決定在一年內不買新衣服，結果他發現這樣做一點也不難。

一個人住，對你來說可能太奢侈，你可以考慮把多餘的房間租出去。多一個房客，可能讓你的退休時間早一點，甚至提前四年以上。這樣做不僅可以多一些收入，像早上起床氣或是堆在水槽的碗盤，這些壞習慣也比較容易戒掉。這樣的改變比較容易持續，真的能戒掉一些惡習。

曾經聽一個長期援助街友的人說過，大部分的美國人其實離街友人生很近，只要生活中多出兩筆支出，可能不少人就得流落街頭。甚至有些長期觀察美國消費債務的專業人士表示，兩筆支出算是保守估計，只要生一場大病或是突如其來的失業，就會讓一些美國人流落街頭。聯準會在二〇一五年曾經發布一項報告指出，四成七的美國人，如果碰到四百美金左右的緊急支出，就會被迫借錢或是變賣一些財產才能支應。❹

---

❹ 參見：Neil Gabler, "The Secret Shame of Middle-Class Americans," *Atlantic*, May 2016.

為何像美國這樣的富裕國家會有這麼多人得過這種生活？如果你有存款，失業其實不會這麼可怕；如果你有儲蓄，就算沒有了固定薪水也不用變賣財產；甚至還可以藉這個空檔，發展一下你之前工作時無暇或太疲累而從事不了的興趣或志向。你可以帶著全家一起出遊；你可以背起背包去世界其他地方看看；你可以趁機閱讀；你可以把以前一直沒時間做的家事一併做完；也許做點小生意，或是發揮你創意的潛力，繪畫或是創作音樂都行。你有多一點時間，好好找到適合自己志趣的工作，也可以上大學或是研究所進修，讓你的人生進階，以後找工作也許更容易。你可以選擇做志工，搞不好就可以留在那個機構，變成全職人員。你可以重新跟家人建立感情，這些都值得試著做看看。

　　問問自己：如果一年不用工作，你會做哪些事？如果腦袋一片空白，也別太意外，每天夜以繼日的工作占據了你的腦袋，暫時淹沒了你的夢想及渴望。持續地問問自己，同時探索其他可能性：如果你有一定的儲蓄，不用為了賺錢而工作一年，那你會選擇做哪些事情？

　　你覺得儲蓄重要嗎？你真心覺得很重要嗎？請反覆思考一下。你延遲了夢想實現的時間嗎？是不是想等找到更好的工作或還清了債務之後再說？存款會讓你自我的形象變差嗎？它代表了你逝去的青春？或是向父母投降嗎？存款在你的字典裡，是不是永遠是那個「有一天才會做的事」？你是認為所謂的「可支配所得」代表是把錢花光的那種人嗎？以你的財務現況，存錢對你來說是一個永遠達不到的夢想嗎？你信仰的宗教或是認同的政治團體怎樣看待儲蓄這件事？你需要把多餘的錢拿去捐助教會，幫助窮人或是做其他公益嗎？這些問題不是要你現在就改變存錢的習慣，而是要了解你對存錢的認知，你才能比較健全且從容地處理儲蓄這件事。把這些事情想通，自然而然會發生存款的結果。

　　之後的章節，我們會討論如何更善用存款。如果你的存款放在定存單或是一些債券商品上（例如：美國政府公債、公司債或其他 AA ❺ 或以上等級的城市債），或是公司會提供一些員工理財商品服務，就算你放著不管，它也會隨著複

利效應慢慢一點一點長大（第八章會仔細討論這個部分），開始得越早，你的獲利會越多，就是這樣簡單。有些父母就是因此在小孩很小的時候就幫他們開了帳戶。雖然存款的比率會隨著時間而變化，但是如何有效配置資產跟聰明消費一樣，會成為重要的人生課題，做對了，就能以少換多。

再強調一次，儲蓄是財務獨立的重要方法，儲蓄能讓你在職場這條路上更有勇氣，也讓你有機會探索生命中被忽略的部分。有了存款，你可以渡過接不到案子或是臨時工作的艱難時期。存錢會減輕你流落街頭的恐懼，不致在迫不得已的狀況下，做出錯誤的決定；存錢讓你有機會擁有更自由的人生，從債務中解脫，從朝九晚五中解放人生，萬一有突如其來的緊急花用，也能比較從容應對。儲蓄就像是在河流上蓋水壩，在水庫蓄積你未來的生命能量，在銀行帳戶裡累積。有一天這些存起來的生命能量，小則可以讓你重新裝潢家裡，大則可以讓你找到人生的新方向。

就從這張圖做起？

這張圖其實沒有神奇的魔力，你只要在每個月月初把數字記錄上去，剩下的時間什麼都不必做。但時間一久，若你保持平常心跟它互動，傾聽它的訊息，繼續記錄下去，你會發現，財務智商隨著你的收入、你的花費、你的存錢模式……種種行為累積之下逐步提升。

* 這張圖不斷**提醒**你要有恆心及決心去改變你跟金錢的關係，要時時接觸，不能抱持「眼不見，心不煩」的心態，才能改變長久以來養成的花錢習

---

❺ 編註：AA 為一種投資評等的等級，AA級表示高等級的金融商品。

圖表 5-3　琳達及麥可的薪資及存款

（單位：美元）

1992 年開始執行財務獨立計畫　　1999 年底達成財務獨立

開始股票 / 原物料投資，1991 年停止

（債務 = 貸款；房貸、租屋、次順序抵押貸款、車貸、信用卡）

慣。

◆ 它是一種**回饋機制**，一眼就能清楚地告訴你目前的狀況及邁向目標的進
   程。你不用每天計算小豬撲滿裡面有多少錢，確定自己是不是存到錢，收
   支圖上的兩條線，不是往上就是往下。

◆ 它是一種**激勵及提醒**，記錄你體會到的滿足經驗，刺激你往更高的方向努
   力。當你忙碌於平常大小事的時候，抬頭看看這張圖，提醒自己美好的生
   活就在前方。

◆ 當反對的聲音充斥時，它也是你向前的**動機**，告訴你這是正確的方向；當
   誘惑來臨時，一想到你月底必須在這張圖上註記收支狀況，會有助於你當

機立斷。

◆ 它把你的財務狀況一五一十表現在曲線上,在圖表前你很難說謊,必須對所有的進度**誠實**以待。

◆ 它也是你珍惜生命能量的**狀態**。你的收入代表你用了多少人生貢獻在這美麗的星球上,支出也代表你把生命能量花到哪裡去了。收支圖上也記載了你如何使用人生中最珍貴的資源——你的時間。

◆ 同時也可以激發你對個人理財的**興趣**,透過讀書、聽播客❻、參加課程、結交朋友,讓你的理財能力向上提升。

◆ 最後,它也能凝聚**支持**你的力量。當你把圖表貼在顯眼的地方,每個人都會看到。他們的參與及關心是很好的助力,讓親朋好友當你的啦啦隊。

琳達及麥可的故事

在聽到某個廣播節目後,琳達及麥可這對夫婦,在一九九二年七月開始投入財務獨立計畫,那時他們大概有五萬兩千美元的債務(車貸及房貸)。因為持續記錄收支圖,也正確執行每一個步驟,很快地他們隔年七月就已經還清債務。但故事尚未結束,如果再往前推到一九八六年,你會發現,他們有一筆七萬五千美元的負債。那是因為他們追逐一個「穩賺一百萬」股友社的建議,把錢投入股票及原物料的投資中,最後以虧損十二萬五千美元出場。麥可非常喜歡《跟錢好好相處》這本書,因為透過這本書,他對與金錢的關係有所覺察,也承諾要改變自己,他發誓再也不要經歷股友社失敗時那種痛不欲生的慌張。

他按部就班、一點一點進行財務獨立計畫,終於達成了財務獨立的

---

❻譯註:播客是一種數碼媒體,指一系列的音訊、影片、電子電台或文字檔經網際網路發布,然後聽眾經由電子裝置訂閱該列表以下載或串流當中的電子檔案,接收內容。

目標。琳達現在把大部分的時間投入她最愛的手縫百衲被，麥可則重拾吉他，有時還在臨近的俱樂部中表演，賺一點零用錢。他們現在也帶領一個財務獨立小組，協助那些想要安穩退休的人，往財務獨立的目標邁進。

步驟五的重點摘要

每月在收支圖上登錄你的收入及支出。常常檢視，同時把這資訊分享給別人。

| 談一談錢 ◆ 關於錢的幾個問題 |

社會支持是改變行為的重要關鍵，會督促你向前，讓你覺得受激勵。

借用本章結尾「談一談錢」中提出的問題，跟你的另一半或是社團成員對話，每日反省自問。記得如果在反省時，都能不忘在最後加上「為什麼？」，會讓你有更深層的思考；如果都能不忘在最後多問一句：「社會如何形塑我的答案？」則會讓思考層面更為廣泛。不論如何，這些問題，都沒有標準答案。

- 你需要多少錢才會感到快樂？
- 什麼東西或是誰，能協助你改善與金錢的關係？
- 如果你知道你的朋友、老闆或是陌生人所得有多少，你的看法會有哪些改變？
- 什麼東西能驅動你存錢？
- 什麼東西能夠幫助你存錢？

| 第 6 章 |

用省錢的方法圓夢

　　很可惜，在英語的世界裡，找不出適當的詞彙描述到達滿足曲線頂端時的那種境界，那種豐富又不多不少的狀況；在這種狀態中，我們能清楚地管控所有資源（時間、金錢、財產），同時又能讓精神層面（創造力、智慧及愛）向外擴展。很遺憾，在英語世界中，「滿足」或「足夠」（enough）這個字，沒有進行式語態，也很難解釋在完成財務獨立計畫後那種富足又儉樸的境界。「簡約」（simplicity）或「極簡」（minimalism）這兩個名詞，只描述了沒有多餘事物的狀況，比較靠近「節約」（austere）甚至是「隱世」（monastic）的概念。整理（tidying up）這個詞又比較強調技術面，著重外在物質，沒有描繪到內心深層抽象的層次：時間、財富或豐足。

　　另外一個字「簡約」（frugality），比較適合用來描述「功能」，適用在解釋二十世紀大蕭條時期我們的祖父祖母過的日子。但是什麼時候，簡約生活已經從美國主流社會中消失？「簡約」曾經是傳統美國社會的精神指標，也是美國長年以來跨時間及跨文化的理念，在希臘羅馬時代，蘇格拉底及柏拉圖都曾視之為「黃金信條」。舊約聖經曾經寫道：「使我不窮也不富，只供給我所需要的飲食」；耶穌基督也曾教誨我們：「你們不能又事奉神，又事奉瑪門（瑪門是財利的意思）」，強調簡單的物質生活有助於精神生活的富足。

美國歷史著名的人物（富蘭克林、文學家梭羅、愛默生及詩人佛洛斯特）及團體（亞米胥人❶、貴格教派、哈特教派、門諾會）都強調簡約這個美德的重要性，並強調施行這樣的生活方式，是基於對土地的尊重，也出於對天堂的追尋。但挑戰在於，要讓美國成為簡約的國家，需要大多數國民都身體力行。事實上，今天能過富裕的生活，是因為我們的先輩幾世紀以來厲行簡約生活的成果。就像前面章節提到的，「多才是好」的消費文化是在近幾十年才形成的潮流。我們的立國精神是簡約，現在是必須回歸簡約生活並確實執行的時候了。現在仔細看看簡約這個概念，是不是達成富足生活的關鍵？

簡約生活帶來的樂趣

如果你查字典裡簡約的定義，會發現：「在使用金錢及動用資源時，以經濟的方式進行」❷。乍聽起來很對，這定義強調簡約是一種外在表現的行為，不帶一點個性，但卻不見達成財務獨立的人士體會到的那股優雅、自在及豐富的感覺。如果深入一點去看，你會發現簡約這個英文字，是由拉丁文的字根 frug（意思是「美德」）、frux（意思是價值及成果）及 frui（意指享受及利用）衍生出來。

現在知道了吧！簡約的真義是一種美德，透過**善用**每一分鐘的生命能量，讓它活出最好的價值，不只有趣，還是一個脫胎換骨的歷程。簡約意味著享受當下擁有的，如果你已經有十件衣服但是仍感覺沒衣服可穿，你可能就是購物狂，因為你的喜樂不是從「使用」物品得來，而是從「獲取」而來。但如果你有十件衣

---

❶ 編註：亞米胥人是基督新再洗禮派教門諾會中的一個信徒分支，以拒絕汽車及電力等現代設施，過著簡樸的生活而聞名。

❷ 參見：*The American Heritage Dictionary of the English Language*, Fifth Edition (New York: Houghton Mifflin, 2016).

服，多年來在不同場合把它們穿在身上，那你就是在過簡約的生活。所謂的浪費，指的並不是你擁有物品的多寡，而在於你沒有好好享用物品帶給你的價值。你是否能成功過簡約生活，關鍵不在於省錢，而是在於有沒有好好利用並享受現有的物質生活。

什麼！簡約是享受物質的生活？這不是物質主義嗎？崇尚簡約的人不是應該反對物質主義嗎？其實不盡然，就看你以哪個角度觀察。對於物質主義來說，世界上的一切就應該被使用，甚至應該把資源用盡。崇尚物質主義的人通常用他擁有的物品判斷自己存在的價值，或者是別人對他擁有物品的看法來決定自己的價值，結果造就了「多才是好，東西永遠不夠」的宿命。然而，崇尚簡約的人會善用珍惜擁有的物品，從中找到生活的樂趣：一朵蒲公英、一束玫瑰花、一顆草莓或美味的一餐。物質主義者在享受鬆餅早餐時，會先嗑五個橘子下肚；簡約主義者會享受每一顆橘子，體會橘子的色彩及紋理，在剝開橘皮時，細聞散發出來的清香，觀察半透明的紋理，享受咬下去汁液滿喉的滿足感，還不忘把橘子皮保留下來，當作下回烤麵包時的材料。

簡約的真義就是讓「快樂 vs. 物質」的比例越高越好。如果你善用每一樣東西，能夠從中取得最大的快樂，這就是簡約。但如果你一定要先擁有十件物品才能感受到快樂，那就是曲解了簡約生活的意義。

西班牙語裡有一個詞叫 aprovechar，是指聰明地使用每一樣東西，陽光燦爛時趕快去沙灘，或是把剩菜剩飯變化為美味的一餐。讓生活上碰到的每一件事都充滿價值，享受所有美好的事物及時刻。簡單的一餐、一盒草莓或是一趟巴哈馬遊輪之旅，都能滿足身心，就是簡約生活的精髓。現在瀰漫在北美地區「越多越好，永遠不夠」的心態，不只造成剩餘物資過多的現象，更失去好好享受周邊現有事物的機會。其實在北美地區，物質主義也是個誤用的詞，因為很多人追求的是征服、地位、成功、成就或是社會價值，他們誤以為這些是造物主所在乎的事。然而，一旦買了夢想新房、新車或是找到理想伴侶之後，我們往往停止享受

這些事物帶來的美好，而是汲汲營營去追求更新的事物。

另外一個簡約的真義是，我們誤以為享受一件事物一定要擁有它，其實重點在於「享用」，而非「擁有」。如果能享受一件事物帶來的好處，就已經做到了簡約。其實，許多人生的快樂來自於你懂得使用某項事物，而非擁有它。所幸現在的世代對於擁有物品的依戀，已經比上一個世代減輕了不少。可能因為收入比較少或是出租服務越來越普遍，許多分享概念的服務受到歡迎，從電影、有聲書到汽車，新世代開始質疑擁有一件事物的價值，並體會到共享經濟的好處。

簡約，正是一種學習分享的過程，不必再細分東西是你的、我的還是他們的。有句話說「房子是一個人的城堡」，以前的價值觀常常把擁有一間房視為自主、獨立的象徵，後來又擴大為每個人最好都要有獨棟別墅，做自己的領主。如果我們想要一件東西（過去想要，或是想像未來會想要），就希望把它框在屬於我們的世界裡。但我們卻沒想到，其實外面的世界也是「我的」一部分，並不屬於敵人或對手。

簡約生活就是安於目前已經足夠的狀態，把多餘的東西讓給其他無法享受的人。這是簡約概念在實務上及道德層面上都非常適用的原因。共享資源意味著成本降低，也可以把產品及服務分給更多人，從割草機、汽車到客房，所有用不到、剩餘的資源，都可以藉由分享讓更多人使用。分享管道很多，可以透過二手店、線上拍賣網站或是地方性的交換市集。這樣地球資源可以不必過度開發，也可節省能源，廢棄物當然也會相對比較少，流到海洋中的塑膠垃圾、堆放在回收處理場的垃圾以及排放的廢氣，都可以減少。把你家中多餘的東西整理一下，割草機或是手推車可以轉貼到網路上看有沒有人需要，也可以賣一點錢，或是借給鄰居（或許對方還會送你手工麵包或是幫你顧一下小狗做為答謝）也不錯。分享，會讓「施」與「受」雙方的生活更加豐富多彩。

分享除了會讓心情變好之外，對於鄰里間的交流也很有幫助。透過每天或定期的互惠及協助，會有更多願意聆聽的好朋友，社區會變成你最重要的資產。身

為社區的一分子，你會有歸屬感，需要幫忙時也找得到人協助。簡約生活並不是要一個人獨居或變成只要自給自足的獨行俠，融入社群之後，你會發現給予比擁有帶來更多的快樂及幸福。

事實上，財務獨立計畫的目的，就是希望你能扭轉以前「多即是好」的心態，改為「足夠最好」知足常樂的生活方式。簡約生活就是豐足人生的平衡點。

簡約生活讓你能從周邊生活環境中，找到最大的幸福及快樂。簡約就是一種正確使用資源的生活方式，不論是你的金錢、時間、能源、空間或是財產，都能得到最充分的利用。這個境界就像和煦的陽光一樣，不會太熱、不會太冷，沒有東西被浪費或被晾在一旁，剛剛好為我們所用。就像一部線條流暢的機器，俐落、完美、簡單及優雅。這一切全落在於那個充滿魔力的字眼上——**豐足**，滿足曲線的最頂端，人生最豐足、學習能力最強、最願意付出的那個點上。

我想提醒大家一點，雖然我們想了很多辦法省錢，但絕對不是希望大家過窮苦的生活，或是變成或小氣鬼。我們的目標是創造一種簡約的生活，從每一分花出去的人生資產中得到最大的滿足。

你知道我們是用錢為單位計算生命能量，如果你把錢花在用不到或是沒有辦法帶給你滿足的事物上，就是一項不聰明的做法。還記得我們在第二章提到的算式嗎？如果你現在四十歲，你的生命能量大概只剩下三十五萬六千五百三十二個小時，看起來不少，但在你生命告終之前，這些時間非常珍貴，善加利用，將來才不會後悔。選擇要把時間花在朝九晚五的全職工作上賺錢，還是創造另外一種形式的財富，例如：友情、人際網路或是其他技能，是一輩子的選擇。

我要強調的是，有創意的簡約生活是自我肯定的一種方式，一方面肯定你創造了的基本物質生活，同時也聰明地使用現有的資源，適度地消費，最後成就自尊、自重的人生。

步驟六：衡量你的生命能量——把花用減到最低

在這個步驟中，主要探討的是如何聰明使用你的生命能量，同時，讓花用降到最低。

把這個章節想成是一個選擇清單，找到你真正感興趣、真正對你有啟發的想法，把其他東西放一邊。每個人都適用，但並不是每一項都適合你，選擇的結果，也許是靠直覺，但問問你自己為何選擇某些概念？又為何拋棄某些想法？可能有些想法從小就已經深植心中，有些則是文化迷思，有些更不經意透露出你隱藏在心中的價值。

記得一件事，這些概念提供一個改變的機會，並不是非做不可。簡約生活必須樂在其中，不是要你當個吝嗇鬼。

停止對別人秀存在感

停止這種無意義、無效又浪費時間及金錢的舉動，因為別人也在用盡全力秀存在感，根本會忽略你也在秀存在感這件事，更糟糕的是他會以為你想要炫富。一八九九年，美國人托斯丹・范伯倫（Thorstein Veblen）❸出了《有閒階級論》（*The Theory of the Leisure Class*），雖然沒有造成轟動，但其提出的「炫耀性消費」（conspicuous consumption）概念，卻點出深植在美國文化中的心態。在這本書的前言中，社會評論家卻斯（Stuart Chase）這樣說：

---

❸ 編註：托斯丹・范伯倫，又譯為托斯丹・凡勃倫，生於美國威斯康辛州卡托，挪威裔美國人，經濟學家，被推崇為制度經濟學的創始人。著名作品為《有閒階級論》及《企業理論》。

衣食無缺的人們，不管是現代社會，或是更早以前的時代，都沒有好好利用社會提供的多餘資源。他們沒有利用這些資源去擴展人生、增加生活智慧，或讓生活過得更精彩，或修練自己變得更體貼助人。他們往往把金錢、時間、力量及資源，用來塑造形象或對別人秀存在感，要讓別人以為自己是個富有的人，膨脹自我，殊不知這些努力往往沒有效用。❹

炫耀性消費是跨文化及人類社會的反常行為，你不一定要隨之起舞。社群媒體發達也助長炫耀自我的風氣，跟別人比較的潮流越來越盛。因為朋友可能會常常在社群媒體上張貼自己到異國度假的照片，或是到高檔餐廳的美食照，買了新行頭也不忘上網炫耀一下。但如果你能做到不跟風，也許就可以為自己省下幾萬甚至幾百萬的花費。如果真的忍不住要拿東西跟別人比一比，不妨把你省錢的撇步昭告天下，或是把露營時看到的大自然美景貼在社群媒體上，勝過別人在高檔度假村的炫耀文。

十大省錢之道

1. 不要去逛街血拼、也不要逛網路商店

如果你不去逛街，就不會花錢，當然如果生活中真的有需求，還是得到店裡買東西，但千萬別為了逛街而逛街。

道理很簡單，如果你不移動到店裡，就沒機會掏錢買東西。不僅如此，現在

---

❹ 參見：Thorstein Veblen, *The Theory of the Leisure Class* (New York: Modern Library, 1934), xiv.

隨時可在線上購物，不出幾天或是幾小時，貨品就會出現在你家門口。就算你不常上購物網站買東西，在你上網的時候，一些廣告也會形影不離，你的螢幕、短訊、電子郵件，充滿各式各樣「相關性高」的商品訊息，誘惑你花錢。這種新型態的廣告內容跟你的使用習慣牢牢相繫。如果你聰明地使用它，有時確實會買到划算的必需品，但千萬小心，如果一疏忽，可能你人沒去賣場，但卻花掉一大筆錢，買了一堆你用不著的東西。

在線下的世界裡，二〇一四年曾有一項調查指出，七成五的美國人承認若進了大賣場，會因為衝動而買下原本沒有計畫消費的東西。一時的興奮是衝動消費最大的原因，男人在喝醉時容易亂買，女人則是在無聊及傷心時容易敗家，但兩者在生氣的時候都很容易衝動消費。超過一半的人表示，在拿到帳單時心中滿是後悔。❺

買的人得負最大的責任！你在網路上瀏覽的時候，你的興趣及嗜好都被追蹤，不論是搜尋引擎、社群媒體或廣告主，都會透過演算法及人工智慧推薦你有興趣的產品，刺激你衝動消費的欲望，類似「一鍵購買」（one-click shopping），更容易讓人敗家。

為何血拼成為美國人打發時間的最佳手段之一？原因不只是對產品及服務的需求而已，而是為了填補我們內心無數的渴望（這種填補無效居多，要不然我們不會一直想血拼）：工作完成後的獎賞、對抗憂鬱的心情、提振自尊、強化自我認知、身分地位象徵，或是遛小孩；而逛大賣場的話，既可以交朋友也可以打發時間。消費對美國人來說實在是最愛的活動，全國都染上了這個毛病，是物質濫用的來源之一。

怎麼辦？千萬不要把逛街當作獎賞，或是放鬆、娛樂的場所，減少你跟誘惑

---

❺ 參見：Martin Merzer, "Survey: 3 in 4 Americans Make Impulse Purchases," Creditcards.com, November 23, 2014, http://www.creditcards.com/credit-Card-News/impulse-Purchase-Survey.php.

接觸的機會，標記廠商的促銷資訊，利用電子郵件的篩選功能丟進垃圾郵件中，上網時小心辨識，哪些廣告是特別針對你的上網習性推送有助於分辨其他隱藏性的廣告。更重要的是，一定要堅守非必要性商品不買的原則，訓練你的簡約生活心志，就像練肌肉一樣。久而久之，那些針對你而來的廣告，就不再能左右你，不只省下很多錢，你的理智及靈魂都因此而更強壯。

2. 在你的能力範圍內過活

這個概念對於一些讀者來說，可能已經有點過時。只買那些你付得起的東西，避免舉債消費，除非你有把握在短時間內能還得出錢，同時不會動用到緊急零用金。這個概念其實在幾個世代之前、在信用還沒有被濫用之前，是一個時髦的做法。你的生活有正反兩面，光彩的一面，是你要的東西可以馬上拿到；陰暗的一面是你得為它付出代價，包含利息。借錢買東西，不論是汽車、房產或是假期，結果往往是你必須付出三倍以上的價格。

到夏威夷度假兩週可能要辛苦工作四個月來交換，值得嗎？你不是一定要把信用卡剪掉，但如果你要使用信用額度，我們就建議你別用。我了解有了信用卡，一旦緊急狀況出現，至少還能暫時應付全家的基本開銷，但區分什麼是真正需要、什麼是為了滿足欲望，就變得非常重要。你必須將自己的負債水位降得越低越好。

依自己的能力消費的主要目的在於，你還沒有足夠的現金之前不要買東西，就不必多一筆利息開支，也順便靜下來想想真的需要這個東西嗎？這樣做的好處是會比較願意善用已經擁有的東西，從中得到最大的樂趣及好處，不論它是一輛已經高齡十年但仍舊很棒的老爺車、你穿了很久的外套，或是一直陪伴家人的老房子。當然這樣做，當經濟景氣轉差時，也能夠讓你有更多餘裕應付。

3. 好好照顧你已經擁有的

有一項最重要的東西，我們必須長時間將它維持在不錯的狀態，就是你的身體。一些簡單的預防性作為可以讓你省下很多錢，照顧好你的牙齒，可以省下很多上牙醫診所的錢；選擇身體能夠負擔的飲食（是為了健康，而不是味蕾），會讓你省下好幾千美元的可能花費，同時也能讓身體保持強健。

把這些原則應用到其他你擁有的財產上，衣服若破了就試著縫補；鞋子若壞了試著修好；舊電腦功能變差，試著換上新的硬碟或加裝記憶體；定期更換機油，可以延長車子的壽命；用心保養用品，讓使用年限及功能加強（你家那些不動的吹風機或是吸塵器，有多少是因為裡面毛球太多而故障？）。清潔冰箱盤管（coil）上的灰塵，可以保持冷度使其運作正常。機器跟人不一樣，機器壞了不會自己修復，需要定期保養。如果你偶爾頭痛，不管它可能一下就好了，但如果你不管電腦或是汽車發出的異聲，很快就會造成更大的損害，花費也會更多。我們已經習慣奢侈的生活，不再花心思在維護已經擁有的事物，「反正東西再買就有了。」我們常常對自己這麼說。但買更多會花更多錢，而且源源不絕的供應，就長期來看很難維持。我們必須開始腦內革命，多想想如何把東西修好，而不是再買一個新的。

4. 把東西用到完全不能使用為止

你還記得曾經把哪樣東西一直用到不能用為止？如果這世界上沒有時裝產業，我們可能好幾年都會穿一樣的衣服。檢視一下你擁有的東西，是否還沒等到用壞，卻只為新款上市，就換了手機、家具、鍋具、床組？可曾想過如果你能延長兩成的使用年限，這樣會省多少錢？

如果你以前每三年就要換一次床組，現在延到四年；如果你每四年就換一輛車，試著延長到五年；如果你每兩年就換一件外套，試著把現在的外套穿到第三

年的冬天；如果你手癢想要買東西，問問自己：「我是不是已經有一件完全一樣的東西，狀況很好，卻一直放著沒用？」另外一種省錢的方式，是在你丟掉一件東西前，先問問自己：這東西真的完全沒用了嗎？或是還有一點用處？

把不要的衣服剪裁一下就可以做成抹布；看過的雜誌可以當成製作紙藝的材料，網路上有很多人都在教大家手作，讓舊物品重生。在過簡約生活時，有一點要提醒大家：千萬別讓自己消耗太多時間在真的不堪使用的物品上。如果你已經花了一些時間在修理一盞燈，但可能還有問題，那就不用再繼續浪費你的生命能量了。如果你花在修理老車的時間，比你使用車子的時間還多，或是修理的費用太高，那就買一輛新車吧！如果舊跑鞋已失去彈性，穿著膝蓋會不舒服，就買一雙新的吧，因為膝蓋手術的花費比買一雙新鞋高得多。

5. 捲起袖子自己動手做

你會幫換燈泡或其他汽車零件嗎？或是修理水管漏水嗎？你會自己報稅嗎？自己做禮物嗎？自己換腳踏車輪胎？自己做蛋糕、做書架？翻修家具？自己經營園藝？自己設計網頁？幫家人理髮？自己組織非營利團體？這些都是我們父祖輩以前過的生活。那時，大家都能做一些簡單而基本的生活技能，現在我們都已經養成請別人代勞的生活習慣。翻轉一下這樣的趨勢吧，當你想要打電話請專人幫忙時，多問自己一句：我可以自己來嗎？要花多少時間才能學會？把這個技能學起來，以後會有用嗎？現在，有一群人就是希望把這種手做的創客❻精神找回來，成為新的潮流，透過自己的雙手，讓電子零件、木材、電線、織布能有全新的生命。

沒錯，現在的電子產品相當精密，創客可能沒有能力在缺乏儀器的情況下完

---

❻ 編註：Maker 在此是指一群酷愛科技、熱中實踐的人，他們以分享技術、交流思想為樂。

成一些任務。例如：以前出產的汽車多是機械構造，比較容易在後院自行拆修，但現在的汽車太多功能都靠電腦或晶片控制，需要專業的廠商才能服務到位。

　　當蒂娜年輕時，她與醫生丈夫住在斐濟幾個月，當地人對他們非常景仰，愛戴的程度令蒂娜消受不起。她試圖減少當地人對他們的尊崇，但做不到。然後她發現，由於斐濟人生活上使用的每件物品都是自己做的，因此斐濟人看到她與醫生丈夫擁有的收音機、手錶和打字機，都以為是他們自己動手做的，才會對他們兩人無比崇拜。

　　學習基本的生活及生存技能的管道很多元，網站、書籍、線上課程、其他成人教育，及越來越多人學習自己動手做的媒體：YouTube。每學習一項技能都會是一個新機會。若你真的學不來，以及有些你完全不想學的，可以請別人幫你做，或是記下如果有問題發生時可以找誰幫忙。每一次的學習，每一次的投注生命能量，都不僅獲得一項新技能而已，而是減低下次犯錯的機會，或者節省下回可能的支出。當然，以目前的環境來說，直接換新的可能比修理更便宜，但如果你想多一種能力，或是教育下一代如何面對淘汰舊物的時候，就值得這樣做，到網路上去找些 DIY 的影音教學來學習。

　　一個曾參加過財務獨立課程的學員分享一個她修好暖氣機的故事。她說，她家的暖氣壞了，找了三家公司來估價，每一家公司都很明確地指出問題在哪，不過說的原因跟解決方法都不一樣。因此她自己開始鑽研像迷宮式的熱氣管，同時又去上了一個短期的課程，根據所學及所知，選了一家最接近自己想法的廠商。因為這樣做，她省下了幾百美元的費用，不用破壞家具或牆壁，更一路擔任起監工，邊看邊學，因此避免了好幾個昂貴的錯誤，省下不少鈔票。這些錢可以拿去做別的事，畢竟現在生活費越來越高。

6. 對自己的需求做好計畫

　　花點時間研究一下自己要買什麼東西，也能夠省下一大筆錢。如果你花多一點的時間搜尋，可以用更便宜的價格買到想要的東西。把你來年想要買的東西羅列一張清單，事前做些功課，研究各廠牌、型號及價錢的不同，善用周邊適合的比價工具，比價網站、電商購物平台或是分類廣告，請系統在商品降價時給你即時的通知。事前看好自己要的商品，當降價來臨時才可以用最划算的價格買到，因為促銷活動的特惠價格幾乎都是限時幾天、幾小時、甚至幾分鐘。

　　在重要節日，不少廠商也會推出大型的促銷活動。注意一下地方報紙，不少傳統商店特別會在假日打折，至於像價格比較昂貴的商品，如汽車、電腦、手機，在舊款手機快下架、新款手機還沒問世這個期間，通常都會有比較大型的促銷。觀察你的輪胎，如果左後輪的胎紋都變薄了，就要有換胎準備；或者是預期何時你會有搭飛機的需求，多花一點時間搜尋那個期間的票價，預先做好計畫，就能用比較便宜的價格買到想要的東西。換個角度想，如果你要求快，買到的價格一定較高，所以便利商店的東西應該是最貴的。事先做好採購計畫：每到傍晚就會嘴饞想吃的零食，每到週三就會喝完的牛奶，或預估衛生紙何時會用完。同樣的商品，到大賣場、電商賣場或是大型超市購買的價格，可能比附近便利商店低了許多，而且時間一拉長又可以省一筆錢。

　　此外，做好計畫可以消滅簡約生活中最大的敵人──衝動性消費。如果你在出門前沒有做好採購規畫，例如：你在三點五分出門，可能在五分鐘後就已經站在專櫃前，買你不需要的東西。我們並沒有強制你出門前的購買清單裡只能有一件東西（當然，對於衝動型的消費者，這樣限制自己的行為，也是不錯的做法），我們指的是，當你要購物時必須非常誠實，清楚知道要買的是什麼。

　　千萬不能看到割草機或是喀什米爾毛衣，就忍不住地說：「這就是我預計要買的東西」。你可能聽過帕金森定律（Parkinson's Law，「只要還有時間，工作

就會不斷擴展，直到用完所有的時間」），我們可以依此推論：「只要你一直衝動消費，需求就會源源不絕而來」。

7. 好好研究價值、品質、耐用性、多功能及價格

好好研究一下自己的消費行為，同時，也仔細看看值得信賴的電商網站或購物市集，看看網友對它們的評價。想想你自己需要什麼樣的產品，哪些東西對你最重要，不要只看價錢，以為買到最便宜的東西才是最好的消費。如果你想要用一個物品長達二十年之久，那麼耐用性就很重要。直覺上來看，價格低是省錢最好的方法，但如果你買了一個可以用十年的四十美元物品，跟一個只能用五年、定價三十美元的物品比較起來，長期來看，四十美元的商品反而能幫你省二十美元。

多功能性是另一個簡約概念，買一個具備四種不同功能的十美元商品，比你分別用五美元買四種商品，至少就省了十美元。一個多功能的好鍋，可以替代半打的不同功能的器皿，如：飯鍋、鑄鐵鍋、陶瓷慢燉鍋、深油炸鍋及義大利麵鍋。因此，如果你想要用久一點，購買耐久性高及多功能的產品，應該是一個省錢的選擇。但如果你不常用，也許就不值得花錢買一個高品質的商品。清楚自己的需要及了解你的所有可能選項，是聰明消費最重要的途徑。你也可以提升自己識別商品的能力，仔細看看買到的東西，衣服的接縫線有沒有縫好？收針有沒有收好？材質夠不夠堅硬？家具在組合時有沒有釘好？螺絲有沒有拴緊？你可以期許自己變成鑑定物品的專家，可以一眼看出物品能否長久使用，就像林務員一眼就能看出傾倒樹木的年齡一樣。

8. 花小錢買東西

這樣做，可以讓你用小錢買到對的東西：

● 比價網站

可以讓你找到最適合你的東西，可以讓你在便利性、選擇性、環保，或幫助在地經濟的這幾個條件中，選出最適合你消費的商品。你可能比較願意向在地商店購買，而不是上網消費大品牌，但到底價差要多少才值得？必須要對價格有全面的了解才容易做出決定。用搜尋服務或是其他網路上的比價機制，讓你更了解價位及庫存狀況。許多商家，不管是傳統商店或是線上購物網站，都提供比價服務，如果價格便宜，地點又方便，你就可以選擇在這個店家消費。有些商店還會提供買貴退差價服務。特別是那些價格高的商品，多在消費技巧上花一點心思，絕對可以讓你省下好幾千美元。

● 討價還價

消費時你若付現，可以要求商家打折；買到瑕疵品也可要求折價；如果促銷期將在明天開始，或已經在昨天結束，你還是可以試著討價還價；如果看見特價品，千萬不要以為不能再打折，還是試試可否折價；如果你一再購買同樣商品，也可試著要求打折。試試看每次消費時都喊喊價。如果你不試試看，永遠不知道能否搶到便宜。

討價還價是一個歷史悠久的傳統。標籤上的定價通常都比較高，如果你買新車，不需要胡亂殺價，廠商的經營成本及優惠活動在網路上查得到，你可以依此爭取到更優惠的價格。我每次買新車時，都會比較方圓一百英里的經銷商提供的價格，結果每一輛車的買入價都比定價再下殺個三到五折。

例如，在二〇一七年我看到一部二手的 Sunrader 露營車準備出售，因為我之前的經驗，知道這款車的價值及稀有性。我試駕時發現這輛車上坡有點吃力，還發出劈啪聲，但因為我對這款引擎還滿熟悉，知道該如何修好它；這部車好像有泡水過的跡象，一個門栓還有點問題，我當然不願用定價買有這麼多問題的車子回家。銷售人員問我，那你願意出多少錢？我第二次上門時，出了一個對折的價

錢，銷售人員二話不說：「成交」。

其實，不管你要買什麼東西，從五金行到衣服專櫃，都不妨殺殺價，反正不會有什麼損失。最近一個例子，是我為了健行活動得買一雙新跑鞋，在促銷花車上看到一雙跑鞋，上面標的定價是九十五美元，但沒說打折之後的價格，我問店員打折之後賣多少？「三十九・九九美元，」他說。「能賣我三十美元嗎？」我問。他看了一下庫存狀況，回答：二十八美元。基於以前的討價還價經驗，賣家的出價不是應該比買家高嗎？為何這次比較低？不過，我聽到這個價錢當然閉嘴，馬上付錢走人。我的經驗裡，討價還價最可能成功的店家是獨立經營的小店，店主可以自己決定價格，很快就能成交。因此，如果你看到大賣場的標價比較便宜，試試和一些獨立經營的小店殺價，他們通常會給你滿意的報價！

● **買二手貨**

你也可以買二手貨，試著調整自己對二手貨的心態，因為我們大部分都是住在別人「用過」的房子裡。建商先把房子蓋好，之後再把浴室、廁所、冰箱等東西，一一加上去。買新車最大的成本就在折舊，第一年折舊幅度就高達兩成，如果你買一輛幾個月或幾年的二手車，馬上就可以省下好幾千美元。

還有哪些東西使用二手的比較划算？到 eBay 或其他二手網路商店找找看你需要的東西，有沒有一些中古的好貨，社群網站或媒體上面也有不少賣家。就像汽車一樣，其他像家具這類很快折舊的商品，到二手拍賣網站找，可以省下不少錢。你也可以在住家附近找找看有沒有平價商店，像十美元店、三十九美元店或五十美元店這樣的商場。近幾年來平價商店已經成為潮流，衣服、餐具、家具或是窗簾都可以在這些商店中買到，有些品質真的不差。不少消費成癮的人都會選擇在平價商店出清全新的東西。如果你真的不愛平價商店，那也可到較高檔的寄賣商店或委託行找找你要的東西，品質通常會比平價商店好。

依照我們在美國的經驗，若要買衣服，到平價商店最好；家電用品、家具或

是其他家庭用品，則到跳蚤市場或一般家戶辦的車庫大清倉最划算；在這樣的拍賣現場，如果你能在開賣之前就到（在賣家還沒喝完晨間咖啡之前），應該能搶到一些特別的品項，但記得也別去得太早，否則對方不會讓你先進場挑貨。你也可以選擇晚一點再進場，這時大家想趕快清倉，買到便宜貨的機會也越高。

有些地方會舉辦以物易物的拍賣會，很多人都會把家當拿出來，有一些精明的小販或是收藏專家會擺攤，或者有些家庭要搬家，也會趁著這個機會把家當清一清。不論你在實體拍賣現場或是網路拍賣，記得你要找的東西一定是真正需要的，不要只因為「它們真的很划算」之類的理由，最後買了一堆用不著的垃圾回家。

古諺說道：「一個人的垃圾可能是另一個人的寶藏」，若要買二手貨，你可以參照「自由循環網路」（Freecycle Network）或「什麼都不要買計畫」（Buy Nothing Project）等組織的建議與指示，買到你需要的東西。一個因為重新裝潢而不要的大型舊窗戶，可能可以給農民當成溫室的窗戶，這樣他就不用到廢棄場花時間找了，這種二手物品的交換，對買賣雙方都有好處。

9. 用不同方式滿足你的需要

能滿足需求的方法絕對不只一個，世間上有其他百百種的替代方案。傳統的經濟理論認為，更多、更好、更不同種類的物品，才能滿足我們的需求，但這樣只會讓我們刷卡機會越來越多。誰說簡約生活帶來的樂趣，會因為花錢花得比較省而變少？例如，怎麼做才能最有效提升你的精神：抗憂鬱藥？跑步？心理治療？看看風景？去看一場好笑的電影？幫助更需要幫助的人？還是靠逛街購物？哪一樣對你最有效？你的對應方法只有一個？還是有很多？當你覺得累壞了，你會怎麼做？休息？運動？咖啡因？心理治療（買東西或是聊天）？看電視？換句話說，有成千上萬的方法及策略可以滿足需求。

例如，自由是人類的基本需求，如果你認為「自由」與「旅遊」的定義很接

近，想想看自己追尋的是什麼？在核心需求後面是什麼價值或欲望在蠢動？若以一般標準來看，你想望的可能是新奇事物、刺激或是跳脫日常繁瑣及無趣的例行公事；你可能希望在太講求目標導向的生活之外，過一下優閒甚至散漫的日子，學學語文、文化或是其他事物，認識新朋友；放慢步調、減輕壓力，在陌生的大海中優游；或者是離開狹窄的生活框架，嘗嘗新的料理；在搭飛機的過程中，好好看完一本小說。離開都市叢林，不必參加開會，讓一天開心的度過。但你真的要去很遠的地方旅遊，才能滿足上述的需求嗎？記得我們說過，簡約生活不必拿你的快樂來換。

真正的簡約，追求的是如何用少一點的成本準確找到你要的生活方式，而不是什麼錢都不花。你不是要限制自己的需求，而是要準確找到自己想要的。如果想要從例行公事裡解脫，可以試著偶爾放鬆標準一下（例如：讓房間亂一點），或是不要把這麼多責任攬在身上（人家找你幫忙，不要總是不懂拒絕），抑或是改變自己的習慣（例如：凡事都動手自己做，不願意雇人幫忙）。如果現在原油價格很高，考慮一下近一點的旅行，平常開車時，多留意身旁的風景，也許會發現附近就有像國外的地方。你也可以把露營車拖到一百多英里以外的森林或海邊，不必去到非常遠，那裡也許就有清新的空氣或是優美的景致可以享受。

就近找一些可以休閒的所在，也許離你後院不遠處就有世外桃源。當然，這樣做也可以敦親睦鄰，分享彼此人生故事。而在一個地方待足夠長的時間，也能讓你仔細品味，樂趣也會變得更多。

替代品絕對不代表被剝奪，真正的意義在於有創意。當發揮創意時，可以讓你思考一下，以前用買新東西為手段的方式，到底是想滿足哪一方面的欲望。例如，當肚子餓時，吃東西就能滿足我們的欲望；當感覺孤單，透過參加團體或是跟人會面，就可以感覺被需要；如果你感到無聊，看場電影，或者是翻閱雜誌，或者做一場小旅行，就能夠排解；但大部分我們的需求都不是物質性的。每次當你的購物欲望來襲時，不妨花點時間想想，你想要的到底是什麼，是不是可以透

過創意的安排滿足需求，而不是用買東西的方式填補空虛。

唐妮菈‧米道（Donella Meadows）在《成長的極限》（*Beyond the Limits*）這本書中，就切中要害的強調：

> 大家其實不需要豪車，需要的是受人尊敬；不需要一個裝滿衣服的大衣櫃，其實只是希望自己有魅力；或是想要穿漂亮的衣服帶來的喜悅、變化及美麗。大家其實不需要太多電子資訊產品，但需要生活中有一些值得做的事情，每個人都需要被認同，需要群體、挑戰、知識、愛及喜悅。想要用外在物質填補這樣的需求，無疑是錯誤的，沒有辦法滿足我們的胃口，因為用錯誤的方法，永遠解決不了真正的問題。通常心理層面的空虛，才是追求物質欲望背後的最大推力。❼

尋找替代品，並不應視為一種限制，反而是一種解放。把你自己從以前的習慣思維中解放出來，看到更豐富多元的世界，而不是只看到眼前伸手可得的物品。

10. 務必遵守九個步驟

成千上萬的人已經確實遵守九大步驟，成功完成這個財務獨立計畫。透過逐步執行，改變了他們與金錢及外在物質世界的關係，這是一個重大轉變，不是單純存錢而已。購物衝動因此煙消雲散，不再自我否定與沉淪，取而代之的是自我覺察，換來的是更大的幸福與快樂，你可以把這個計畫視為重要的錦囊，仔細執

---

❼ 參見：Donella H. Meadows, Dennis L. Meadows, and Jorgan Randers, *Beyond the Limits: Confronting Global Collapse, Envisioning a Sustainable Future* (White River Junction, VT: Chelsea Green Publishing Company, 1993), 216.

行完這幾個步驟，人生會有重大轉變。每一步都非常重要，綜合運用能讓你不斷進化。

省錢的基本

從小氣財神到聰明存錢

　　在本書之前的版本中，有一個單元叫作「省錢必勝的一○一種方法」，但隨著時空轉移，有些方法已經不適用。有許多部落格主及網紅提供了很多新的想法及技巧，不少書籍也倡導簡約及簡單生活的概念。包括，如何省錢旅行及用小錢做大菜等心法，也教大家如何修繕房子，甚至從無到有自己蓋房子；另外，也會教大家如何自己種菜，尤有甚者，還分享如何建立生態小花園。最後，要提醒大家，不論任何策略或做法，自己從頭到尾實踐一次，比無數的建言都來得有力量。聽聽下面的故事：

　　　　亨利看著自己的收支圖，考慮是否要繼續請人整理房子及看顧花園。但他其實還沒準備好自己捲起袖子做這些事，他突然想到一個方法，他發現家中的大餐廳一直空著，當初買房子的時候，大餐廳就順便一起裝潢，結果一家人都在小餐廳中用餐，根本遺忘了還有間大餐廳。參加財務獨立課程之後，他想起如果重新改造這間餐廳，變成一個獨立的房間或工作室，就可以租出去。他最後找到一個夫婦願意幫他整理庭院及家裡，用勞務折抵房租。

　　這樣有創意的做法很難在「幾招搞定○○」的文章中找得到。不過，這確實對很多人有所啟發，協助改變原有的行為模式並採取有創意的做法。所以我們把這些生活中會碰到的實例整理出來，協助大家省錢，同時賺到自由。

處理你的債務及財務

簡約生活的最重要條件之一就是避免欠債，畢竟，你已經做了這麼多努力讓口袋裡有錢，得珍惜這個很重要的優勢。既然已經如此，就不要再讓錢又流出去，再次進入債務的循環中，拖累邁向財務獨立之路。

有人乾脆所有開支全部用現金支付，但許多身上本來就已經有背債（如：學貸、房貸或車貸）的人，想要趕快進入簡約生活的步調，因此選擇盡速付清欠債，最簡單的方式就是用信用卡或現金卡借錢，但這樣的做法只會讓自己進入另一個負債的循環中。我們一再強調還清高利息債務的重要性，更重要的是，要徹底避免再次借錢。信用卡借款很方便，有人也認為這樣可以累積點數，但這不是每個人都能做，除非你確定在每個月底能連本帶利地全部付清，否則絕對不要輕易嘗試。我要強調的是：每個月！若做不到，就使用現金或是簽帳卡，包括金額比較大的汽車貸款或是其他分期付款。再強調一次，除非賣方開出免利息的優惠，或是你有信心能在期限內還完借款，在這樣的情況下，你才能考慮使用分期付款。

如果以上說的你都做不到，無論你消費什麼，都請用自己口袋裡的錢購買，絕對不要再跟銀行借錢，因為還得支付利息。不過，有些債務可以視為投資，如果你用貸款買的物件未來會增值，你的購買力也能夠隨之提升。如果你每個月都能如期繳息，你住的區域不動產的價格又穩定上升（不是那種暴漲地段，因為漲多易形成泡沫，泡沫破掉，買氣就會停滯），那麼你可以試著借一些利息低且利率固定的貸款。這樣，也許會是一個聰明的投資。特別是你付出的利息，還可以抵稅。許多人認為，還清房貸讓房子完全屬於自己，會使生活過得更舒服，因此會想盡辦法早點把房貸還清。

年輕人為了美好的未來，也會借學貸就學。但當你將學貸視為人生重要投資的同時，當然也不希望一畢業剛出社會就背負沉重的債務。最好的方法是爭取獎

學金，避免學貸發生。如果做不到，也要想辦法在短時間內把學貸還清，同時別忘記要扣繳你的所得稅。如果你在學生時代已經借了錢，務必確定每個月你都能還錢，否則你的債信會受損；一旦債信受損，你以後可能借不到錢買房子或是租屋；若急用時要動用信用貸款，利率也會比較高。

現在不少銀行都會提供線上服務，並會給予用戶優惠利息，善用它也是不錯的選擇。美國有一些類似銀行的金融機構叫 Credit Union（信用社，這種合作社的業務基本與銀行相同，但規模要小很多，一般都是地方性質），收取的手續費比較少，存款利息也比較高，不妨試試看。不管你在哪間銀行開戶，千萬不要提領超過你存款額度的金額，或是跳票。因為，這樣你得繳納很多服務費，多利用線上服務提醒你存款餘額不足、追蹤消費並且自動支付帳單。

找到安居的所在

就像在第三章提到的，房子應該是你每月開支中金額最大的項目。都市化的結果就是房價越來越高，因此，若你能有創意地找到安居的地方，會讓日常開支減低不少。想一想，搬到房價比較低的區域，或是找室友來分擔你的支出（利用不同的網路平台及社群媒體提供的服務，越來越容易找到室友）。想想你是否能找到可以遠距上班的工作，或是住小一點的房子。根據統計，平均每個美國家庭的居住空間，從一九七三年的一六六〇平方英尺（約五十坪），成長至二〇一五年的二六八七平方英尺（約八十坪）。❽問問自己，真的需要這麼大的空間嗎？

住兩百多平方英尺（約六坪）的空間也許真的太小了，但換一個角度想，如果居住的地方小一點，打掃不會太辛苦，冷暖氣的開支也會比較少。有一種共居的社區，能和志趣相投的人住在一起，又可以共享資源達到省錢的目的，也是不

---

❽ 參見：US Department of Commerce, *2015 Characteristics of New Housing*, https://www.census.gov/construction/chars/pdf/c25ann2015.pdf.

錯的選項。如果你已經找到適合居住的區域，可以找找附近有沒有還未放到市場上的出租物件：沒人住的房子、沒人照顧的庭院，或是郵件沒人收的住家，用地址到戶政機關找到屋主的聯絡方法，試著詢問他們願不願意把房子租給你。

如果你已經有房子，可以把用不到的空間出租。如果你還在找房子，不妨找雙拼式的住宅，一邊可以租給別人，這樣會減輕不少房貸負擔。最後，因為科技發達，我們可以在世界各地工作，近來有越來越多職場人士沒有固定住所，也一樣能上班賺錢。這樣，不僅所在環境優美宜人，花的錢也比較少。

> 瑞秋有一份待遇不錯的工作，但這份工作卻埋葬了很多她的價值及想要做的事情。她常想，如果不上班就可以做想做的事，漸漸地覺得上班就像蹲苦牢一樣。財務獨立課程開啟了她的想法，但臨門一腳是她自己的創意，讓事情露出曙光。她想到自己可以搬到樓下，把上層的臥室出租，用租金繳納每月的房貸，她現在正往這個方向前進。
>
> 卡拉及理查兩人都是藝術家，在自家所在地的管理委員會擔任樓管。他們搬進來時，房子已經裝潢好，不花一毛錢。因為上班地點就在住家大樓，不需要通勤，每天穿著工作服上班，也不用刻意打扮，當然沒有治裝費的問題。如此既有薪水可拿，又有更多的時間投入在他們熱愛的藝術上。

交通費用

想想看以下的狀況，有史以來，人類幾乎都是被動物拖著往前走。在遊牧時代結束、農耕時代開始之後，大部分人類的活動範圍都超不出離家十英里的區域，一八六〇年代奧圖（Nikolaus Otto）❾把內燃機裝上汽車之前，引擎根本不

---

❾譯註：奧圖是一位德國科學家，一八七六年發明了四衝程循環內燃機。

存在人類社會，一百五十年前，地球上只有一小撮人擁有汽車。我們之所以願意到世界四處探索，驅動的力量不是汽車引擎，而是好奇心。因此，我們需要花點時間想想看在「行」這個重要的需求上，如何簡約生活。

對大多數人而言，汽車應該僅次於房子，成為生活中花費第二高的項目。擁有一部汽車成本不低，包含：保險、牌照、保養、修理、汽油及折舊。如果你必須擁有一輛車，務必盡量保持車況良好、能源效率高、妥善保養，保有一輛車的時間盡可能越長越好。就長遠來看，買一輛新車的成本真的很高，因此開車時間不要過長以免耗損，跟別人共乘、搭公車、住離工作地點近一點，或能在家工作幾天，或者走路、騎腳踏車，都可以延長車子的壽命。

問問老闆能否一週只要來公司四天，這樣可以省下通勤成本，尖峰時間也不用跟大家擠著上下班。如果你住在都市，有不同的方法取代汽車，大眾交通運輸、共乘、分享單車、計程車、租車等等，有了這些替代方案加上停車費很貴，若住在都市中，你幾乎不需要買車。就算你不住在城裡，最好想盡辦法，不要買第二輛車，家中維持一部車就好，如此不只省下辛苦錢，還可以有其他好處。

羅絲瑪莉仔細計算過成本，賣掉她唯一的汽車。她所住的城市有倡導共乘的方案，她每週一次的採購雜貨，就利用這個服務完成。她算過，每個月會有一個週末需要出遊，用租車方式花的費用比擁有一輛車，包括：保險、牌照、分期付款、修理及維護還省。如果想出去走走甚至露營，就會商請有車的朋友載她一起去，這樣不只省錢，人際關係也因為這樣的自然互動變得更好。雖然全程油錢由她負擔，但這樣加起來，比自己開車省了一半費用，而那份快樂更是無價，是非常划算的交易。

泰德經營一家裝潢公司，除了自己的車之外，還擁有另外兩部汽車（一部貨卡和一部用了滿久的老爺車），通常用來載工具及材料，因為

這兩輛車都已經很舊，不值什麼錢，他認為花費應不高。錯了！從每月收支表可以看出，兩輛備用老車持有成本相當高。仔細計算保險、牌照費用及更換變速箱的成本之後，他馬上把這兩輛車賣了，若有需要就去租貨車。

好好照顧自己的身體

醫療費用真的很驚人，保持身體健康對自己及荷包都是一件重要的事，最好的方法就是健康飲食、運動、休息及減壓。雖然健康概念的說法常常不一樣，甚至也常相互抵觸，但預防仍是重要的關鍵。如果你有健康醫療保險，有些保險會提供身心健檢、預防，甚至還提供健身俱樂部的會員資格，這些都可以善加利用。有些公司或機構會提供各類的健康保險，員工可以提撥部分薪水，存放在信託帳戶或是投資在金融商品上，萬一需要醫療費用，就可以從中得到給付，投資所得還免稅，這些都值得好好利用。

如果你自己負擔健康保險，在選擇保單時務必留意，是否適用價錢高一點的醫療服務，如果你的身體大致來說很健康，你可以選擇自付額高（higher deductible）的險種，這樣保險費會比較低，可以省一點。

如果你沒有醫療保險，那麼預防保健和貨比三家就更重要了。可以找時間逛逛醫療展，有些攤位會提供免費的血液篩檢，廠商只會收很少的費用。如果你的牙齒需要定期檢查，可以留心一下家附近的診所，裡面可能會請一些實習醫師從事最基本的牙齒保健及檢查，費用都相對低廉。另外，同一個牙科醫生可能在不同的醫院都有門診，可以花點時間比較哪個醫院收費比較低，以往的經驗告訴我們，醫院之間的差距真的很大，找到便宜的會讓你很有感。

因為國內高額的手術費用及醫療險，不少美國人開始到其他國家尋求醫療服務。有些組織例如海外就醫指南（Patients Beyond Borders），協助美國人到國外找到對的醫療機構，通常這些國家的花費只有在美國的兩成到九成。不過，這樣

做也是有風險，因為就算在國外做完手術，回國之後若引發併發症，你還是得付昂貴的醫療費用，在上路之前務必做好準備及研究。

換工／分享

不少研究結果顯示，融入社群生活是邁向幸福及簡約的重要道路，而最快速的方法就是分享你擁有的事物。前幾章提到的共乘汽車，不管是租或是借都是很好的方式。近來社會上，對於社群分享的接受度已經越來越高。社區媽媽會輪流照顧小孩、「專長交換」或是提供「待用」服務等，都是其中的例子。透過這樣的互助合作，社群網絡會更緊密。以「專長交換」來說，擅長剪髮的人，可以透過幫鄰居理髮交換照顧長輩或陪同看病的服務，或者是交換修電腦。盤點你會的技能，加上一點創意，就會讓分享創造雙贏的結果，你也會更融入社群。

飲食

不管多省，大部分的人還是會花錢在吃這件事情上。一旦你開始記帳，應該就會發現飲食也是一筆不算少的開銷。花點時間在家做菜，可以招待朋友，又可以節省費用，比到外面打牙祭划算多了，也有益健康。如果你是有機食物愛好者，在自家的花園種點菜，保證也會讓生活費下降，同時不用擔心吃下肚的東西。

日用雜貨也有省錢的方法，有些很簡單，有些則需要費點心思。簡單的做法包括詳列清單、不買清單外的產品，了解商店中有哪些產品促銷，收集折價券，不隨手亂買東西，大量採購。跟隨節令採購也是個方法，這樣做可以大量節省開銷，買的食物也是最符合時令、最新鮮的東西，但不必堅持二月一定要買桃子，九月一定要買草莓。

在日常購物項目中，最花錢的應該是肉類、酒及咖啡。若要有效省錢，這幾項食品需要多花一點精神。可以試著減量，或是看看哪裡可以買到比較便宜的商

品。作家波倫（Michael Pollan）對於選擇日常食物有個不錯的建議：「不要吃太多，選全食物，從土地中長大的最好！」讓我們反思是否真的要消費這麼多肉類。

對於少不了的日常必需品，考慮跟朋友鄰居揪團採購。多數人會很直覺地到商店裡去採購食物，但其實在我們身旁有不少野生的植物，也可以當成選項。打聽看看鄰近地區是否有農民願意讓你到他的果園裡採水果，或到野生灌木叢上摘漿果（在美國東北岸，就有很多莓果生長在無人看管的土地上，我們曾經摘了非常多回家），可以做好鄰里關係又免費，何樂而不為？

通訊及娛樂

仔細計算每年在網路、手機、電話上的花費（包括家中的有線電話），還有訂閱線上音樂、線上影片或電影、新聞內容、報紙或雜誌的花費。這些費用很零星，但加起來也頗為可觀。如何控管這些花費，又可以取得你需要的娛樂服務？

第一，如果你還用傳統價格偏貴的電信合約，從現在起不要再續約。如果你跟家人用同一家電信公司的門號，也有很多省錢的方案可以選擇，你可能會發現，新方案所付出的成本只有原來的四分之一，可以省下上千美元的費用。電信公司都有推預付卡服務，如果你不是重度用戶，這些應該就夠用了，如果你每天都待在家中或都在辦公室，這些地方都有 Wi-Fi，可以關掉上網功能；只要有網路，就不需要打電話或發簡訊，用通訊軟體溝通就行。電信公司的資費方案都會試圖綁約，不會讓你隨便跑掉。

你若選擇購買不附手機、單門號的資費方案，就買二手機來使用，前一年的旗艦機款，隔年價格都會調降好幾百美元，你不需要買最新機種，一個功能齊全的智慧型手機，不要一百美元就能買到了。如果手機是必備品，那就把昂貴的家中電話解約。電視及電影這些娛樂花費怎麼辦？你可以停掉昂貴的有線電視或是衛星電視，改採用無線電視（OTA）服務或是線上串流服務，只要用天線就能接

收到電視節目，品質比有線電視及衛星電視都好，而且完全免費。其實網路上有不少免費的串流影片，如果你選擇付費收看電影或其他視頻內容，記得最符合你需求的，而且一家就好；線上音樂服務的消費原則也跟電視電影一樣。

雖然花錢訂閱新聞服務、支持新聞產業，在這個社會中非常重要，但也要注意花費，特別是現在非常多的資訊都可以透過不同的來源免費取得。如果以印刷品來說，現在公共圖書館的資源比三十年前要豐富很多，可供借閱的書籍，不論種類或是方便性都比以前好很多，大部分的圖書館都有數位內容的服務，供人下載電子書或者是有聲書。這些都是免費的，已經由納稅人的稅金支付了。

度假

隨著你對金錢越來越能掌握，生活也越來越滿足，你需要放空的機會應該變少。如果要休閒，可以考慮近一點的地方，甚至你可以想想「在家度假」（staycation）這個概念。當然，為了讓生活過得更好，你仍然花了不少時間維持經濟狀況，在這樣的情況下，休假必不可少，放鬆也相當重要。也許你可以把後院的吊床換一個新的（或二手的），想一些有別於傳統旅遊的休閒方式。如果你還是非常想找一個不一樣的地方轉換心情，也許來個一天小旅行，或是找個離家比較近的地方，畢竟三英里跟三百英里都算是轉換環境。

露營其實就是一種省錢的休閒方式，可以放鬆、接近大自然，又不必花太多錢。如果真要長途旅行，省錢的方法也不少。機票方面，網路搜尋引擎能找到最便宜的方案；如果你的行程及時間有彈性，就可以買到最划算的機票，通常只要一般價錢的一半左右，利用信用卡集點機制，累積里程、住宿扣抵或是現金回饋也是辦法。至於住宿，考慮當個「沙發客」，分租民宿或青年旅館，這樣不僅解決住的問題，還可以接觸其他旅人及在地人士。也可以試試「以工換宿」，類似「世界有機農場機會組織」（WWOOFing, World Wide Opportunities on Organic Farms）這樣的機構，會提出全球各地有機農場或是永續農場的勞力需求，你可

以用勞力換取住宿及三餐。

不管你去哪，避免跟一般觀光客擠在一起，找找當地餐廳，利用當地大眾運輸，如此會有更多體驗，費用也更節省。如果你嚮往異國風情，在地球的某一個角落也許有人跟你想同一件事，那你們可以交換住宿。現在有不少跨國換宿的服務，你可以換到法國普羅旺斯或羅德島的普羅維登斯，也可以試試志工旅遊，參與科學研究或各式服務。如果能協助世界某些村落擺脫疾病，或興建學校，總比像觀光客四處拍照、購物、買紀念品來得有意義。在網路上找找看，有沒有人需要你幫忙看家？這種媒合網站也不少，許多追求財務獨立的人，每年就有一段時間移居到消費水準比較低的國家，不用在經濟壓力下被迫回去擔任正職工作。那裡的住宿、交通或是食物都相對便宜，還可以四處旅遊，一舉數得。

保護好自己的東西

如果你照著這本書過日子，將成為聰明花錢的消費者。當你在購買行為上具備了重要的概念及技巧，就要把這個能力應用到買保險上面去。在你買保單之前，一定要知道自己到底在買哪種產品。例如，你的車險真的能夠涵蓋所有開車時可能發生的狀況嗎？萬一發生碰撞，出險範圍有多少？如果替你家的傳家寶保險，你確定萬一被偷了，能夠拿回一模一樣的？如果你沒有家人要養，沒有後顧之憂，你還需要壽險嗎？買保單之前一定要詳細審閱，才能讓保險價值發揮到最高。如果不了解，找找身旁值得信賴的保險員，應該可以跟你講得更清楚。

凱西與蘭登在記錄自己每月收支表時順便檢視一下保單，結果讓他們吃驚不已。他們每月花六美元為凱西祖母傳承下來的珠寶買保險，但回頭一想，保有祖母的遺物是為了紀念，萬一掉了，世界上沒有任何東西可以取代，那每個月付六美元，所為何來？花錢買一個安慰？藍登用財務獨立計畫中學到的技巧，以預計財務獨立的時點，回推利率水準來

看，要多少本金才能產生每月六美美元的利息？結果他發現，需要一千美元。這個數字讓他馬上結束保單。

講到保單，艾琳與昆丁在投保之前，做對了一件事。為了怕自己在往生之前就把錢用完，他們思考要不要買長照險，但高額保費讓他們猶豫再三。後來他們想通了，與其買一個保險怕自己變老、變窮，不如好好保持健康，跟社會多接觸，讓身體及心理都保持在活躍的狀態。因為沒有小孩，他們選擇住在一個大型、混齡且多世代集居的社區，萬一有一天需要坐輪椅，也有人可以從旁照顧。

菲利浦及坎貝爾（Michael Phillips and Catherine Campbell）的著作《老年生活的簡單投資》（*Simple Living Investments for Old Age*）[10]提到，做好四個步驟可以讓老年生活過得更好。作者認為，第一個步驟是持續追求健康（不能只當個藥罐子，靠老年給付過活）；第二、結交新朋友，特別是年輕朋友，參與社區活動。這樣，不僅讓自己保持活躍，更能證明自己的價值；第三、盡量讓自己的財產保持單純，有接受新挑戰的準備，而不是每天等著跟上帝報到；最後，持有傳統式的資產，例如房地產，能持續有收入。這些建議提醒我們，保有資產不等同於「越多越好」，因為為了要更多，我們會投注過多的時間、擔憂及金錢在維護資產上。只要把力量確實集中在那些值得保護的資產就行，想想如何在下半輩子優雅且簡約地生活，永遠不會嫌早，也不會太晚。

養育後代

美國農業部（US Department of Agriculture）統計，把一個小孩拉拔到十八

---

[10] Michael Phillips and Catherine Campbell, *Simple Living Investments for Old Age* (San Francisco: Clear Glass Publishing, 1984, 1988).

歲，不含大學學費，至少得花費二十三萬美元。雖然數字看來很驚人，但不少追求財務獨立的父母，其實也找到很好的方法，既能省錢，又能養出好小孩。最重要的是父母必須以身作則，擔任簡約生活的楷模。如果你能控制自己的開銷，孩子就會模仿；如果你的小孩比較叛逆，你也許可以給他多一點零用錢，告訴他這些錢必須用來支付自己的衣著及其他必要開支。不少追求財務獨立的父母表示，告訴小孩他自己得支配花用，孩子就會變得比較簡約，也會有創業的想法。

盡量帶孩子接近大自然，不要關在家裡，會帶給小小心靈更多的刺激及自由，這是重要的人生禮物。但很可惜，這樣做的家長變少了。另外一個可以讓孩子在使用金錢上發揮想像力的方法，是讓他們自己張羅一些事情，包括舉辦生日派對（自己做蛋糕，玩一些傳統遊戲，跳馬鈴薯布袋、砸水球，都是好玩不花錢的活動），或是要他們自己籌備萬聖節舞會（自己打造萬聖節裝扮，是個既有趣又非常值得留戀的回憶）。

如果小孩不愛這些創意活動，還是吵著要買東西，你不妨拖延幾天沖淡他高昂的興致，通常興頭一過，小孩也不會這樣堅持了。但如果你的小孩對於一些特定的東西非常執著，跟他討論要用什麼方法或付出怎樣的代價才能取得這些物品。服裝交換和贈品，可以減少在孩子衣服上花的成本；承接別人的舊衣服也能省下不少錢，一些線上交換物品的社群或是媽媽團體，都會把小孩長大後穿不下的衣服便宜賣給需要的人，養育小孩需要的東西應有盡有：嬰兒床、玩具、澡盆……

找保母的費用（就算你找一個比孩子大不了多少的大孩子照顧，仍需要花錢），可能比你出去吃一頓大餐還高。試著找找看周遭有沒有同年齡小孩的家庭，若有事要外出時，跟他們交換看顧孩子，大家講好，這週末你帶小孩，下週交換過來，這樣也能省一筆錢。每兩週就有一次與另一半單獨約會的機會，又不需為看顧孩子支付額外的費用，一舉兩得。另外，加入保母互助會這樣的團體也是可行之道。

養育小孩最大的開支就是大學學費，在《給初學者的簡約生活指南》（*Frugal Living for Dummies*）一書中，有特別介紹如何節省大學學費的單元。如果你的孩子通過 AP ⑪ 或 CLEP ⑫ 考試，就可以免修一些學分，報名費只要一百美元。透過考試取得學分，可以節省數千美元的學分費，你的孩子入學之後可以直接讀大二，也因此早一點拿到畢業證書。你也可以先讀兩年制學院（學費比較便宜），再轉學到四年制的大學去。或是參加「開始起跑」計畫，可以讓高中生在中學階段就先讀兩年大學課程，這樣一上大學就直接進入大三就讀。

> 凱西與蘭登想出了一個辦法，用經濟的方法送兩個小孩上大學。他們思考：為了送小孩進大學，我們倆必須再工作十年，這樣有道理嗎？他們決定只幫孩子準備好上州立大學的學雜費，如果他們要去念常春藤名校，就要自己張羅不夠的部分，不論是打工賺錢，或是爭取獎學金都行。

在孩子上大學的幾年前，你就先告知家中可負擔的範圍，哪些學校可以考慮。簡約生活最大的好處之一是，收入及財產雖然不多卻很滿足，而這樣的物質條件，也比較容易申請到就學補助。許多財務獨立學員的經驗顯示，通常私立學校會有比較多申請補助的機會，如果順利申請到，學費會變得跟公立大學差不多，甚至更少。

善用大學網站上的學費計算工具，大概就能了解學校有哪些補助、助學金大約多少、有沒有打工付學費的方案，或是申請學貸。也許你會發現，只要孩子成績夠好，常春藤學校的學費搞不好還比較便宜。

---

⑪ 譯註：Advanced Placement，由美國大學理事會贊助的高中先修性大學課程。
⑫ 譯註：College Level Examination Program，大學同等學力考試。

丟掉不要的東西

當然，如果你照著計畫前進，你買回家的東西應該不會直接進垃圾桶。許多實施財務獨立的學員，在改變與金錢關係的過程中會清出不少東西，透過跳蚤市場賣出小賺一筆；有些也會透過線上交易平台賣掉，或是把它們捐贈出去（還可以抵稅）。

廚餘可以養花種菜，或放到廚餘桶中，日後當成肥料，也可以拿來養蟲，豐厚地力。有一些城市，舊輪胎、紙類、鋁製品、鋼材、玻璃及厚紙板都可以回收；有些城市例如紐約，已經有廚餘再利用計畫。

垃圾收集也有互助機制，一個住在公寓大廈的學員，願意幫大家收垃圾再集中處理，這樣自己賺點小錢，住戶也不用特別花錢請人。她的垃圾本來就不多，一個禮拜集中跟其他住戶倒一次就行，順手把垃圾桶帶出再帶進就好。雖然這是小錢，但總是聚沙成塔。有些束之高閣的東西，看起來不起眼，但不妨送去鑑定一下，也許會挖到寶發一筆小財。

逢年過節

對於大部分人來說，送禮是表達情感的一種方式，然而，有不少其他方法既可以表達情意，又不必花錢買禮物。第四章中的第三個關鍵問題其實已經透露線索。如果你不再為了賺錢而工作，可以考慮其他的送禮方法（比較便宜的做法）。傳統上，耶誕節是送禮最重要的日子，你可以過得有意義但簡約一點。麥奇本（Bill McKibben）的著作《一百美元度好節》（*Hundred Dollar Holiday*）裡的想法可以給你一些幫助。[13]他說有些追求財務獨立的人會限制給孩子的禮物數

---

[13] 參見：Bill McKibben, *Hundred Dollar Holiday: The Case for a More Joyful Christmas,* reprint ed. (New York: Simon & Schuster, 2013).

量，只送小孩一件耶誕禮物，或讓他在三件禮物中選一件。

　　艾美及吉姆對於耶誕節禮物的滿足曲線，有一個不同的新發現。他們觀察興奮的情緒，會隨著開啟第一個、第二個、第三個禮物而逐漸上升，之後又會慢慢下降。小孩通常喜新厭舊，但把禮物一件一件拆開之後，發現沒有一件適合他們，就會對禮物厭煩然後鬧脾氣。

　　其實送禮物的方法（一整年都適用），不一定局限在實體物品，可以考慮送朋友「服務」，例如：看小孩、按摩、一頓家庭料理。你也可以在跳蚤市場看到好東西先買起來，再找適合的時節及對象送出去；別人送你的禮物，若自己用不到，也可以再包裝送出（但要確定再致贈對象與送禮者不是同一人，或是彼此的親友不會重疊，否則就會穿幫！）。最後，如果要消化多餘的禮物，可以舉辦一個交換禮物的「神秘耶誕」（Secret Santa）派對，請大家帶一個禮物來參加，彼此交換，就可以解決禮物過剩的問題。

　　娥蘇拉每到了耶誕前夕就非常苦惱，如果把父母、兄弟姐妹、妯娌、姪子女、甥子女一起算進來，她總共要準備二十多件禮物。在跟自己良心及靈魂掙扎過後，她認為不應用以前的方法送禮，於是她鼓起勇氣寫了一封信給家族成員，表達她對大家的情感並告訴他們，今年不會再送耶誕禮物了，想不到大家的反應非常好。順帶一提，娥蘇拉也親力親為籌辦自己的婚禮，包括聯繫親友、安排餐食及餘興活動。

　　你也許會有自己的方法，娥蘇拉的做法很值得大家參考：面對現實，告訴自己究竟想要的是什麼，勇敢、誠實地改變以前的做法，這不是小氣或吝嗇，反而是一種智慧及聰明的轉變。隨時隨地追求自己認為對的事，是這個自由世界的主

流，要承擔一些過度消費的後果。以後見之明來看，這樣的自由代價很高，有所覺醒能幫你省下不少開支，而且騰出更多時間做你認為對的事。

志同道合的夥伴

在執行財務獨立的過程中，當你發現更多省錢度日的方法，應該會發現生活越來越有趣，也越來越駕輕就熟。**如果**找到能夠讚揚你的做法、跟你分享成果的人，那恭喜你，你是個幸運兒，有權利在別人面前炫耀。這樣的人生夥伴能提升你的鬥志及技巧，如果沒有伴，會有點孤單。

如果另一半不配合你的做法，可以找其他一些支援團體，增加自己的信心，得到多一點支持。很幸運地，現在有個推廣 FIRE 的全球性財務獨立社群，其中有不少作家及部落客，在線上就可以提供建言及支援，甚至可以安排面對面的諮商，讓你的財務獨立之路走來更順暢。

安及福瑞德是透過網路討論區認識的，現在他們對於簡約生活的目標及價值有共識，但年輕的時候並沒有這樣的想法。福瑞德主修電腦，碩士畢業，在認識《跟錢好好相處》這本書之前，車庫裡面堆滿了成千的「玩具」，同時也欠了很多錢。他厭倦過這樣的日子，花了整整一個星期，把《跟錢好好相處》這本書徹底讀一遍，最後，離開了全職工作，那時他才二十七歲。到三十五歲時，他宣布「退休」並過著「花錢少又有型」的生活，他賣了房子、離婚，開始在十美元商店裡買東西，租屋、自己做菜，過自己想要的日子──旅行、航海，還在歐洲一個環保團體工作，薪水雖只有三分之一，但快樂多了。安好幾次都立志要過環保的生活，但屢屢失敗，為了謀生從事網路相關工作。認識了《跟錢好好相處》這本書及福瑞德，讓她確認自己的價值，可以找到過不同生活的方向。她開始減少開支，存款也多了起來，目前只需從事兼職工

作。現在，安及福瑞德兩人住在舊金山的船屋裡，一起旅遊，擔任志工，協助想跟他們一樣過自己生活的人。她說，「現在大部分的時間，我都可以做我想做的事，有時間訓練鐵人三項比賽、推廣自行車及練習彈吉他。過了五年無車的生活，我們買了一輛車，可以到更遠的地方旅行。偶爾，福瑞德現在也會參加一些有獎金的競賽，但不是出於財務需求。因為價值觀相近，我們現在關係緊密，相處時間很多，生活真是美好！」

安及福瑞德是真的體會到過度消費對地球已經造成傷害，他們牢記這個概念，不僅讓支出下降，更提升對保護地球的自覺。

省錢，同時也救地球？

省錢及救地球看來好像無關，但其實是相同的概念。你擁有的金錢，其實是地球的一部分，怎麼說？錢是地球資源的載體，你每次花錢，買的不只是一件金屬、一塊塑膠、一件木材或是一些零件，這些材料都是透過取得一部分的地球資源做成的，開採之後運輸、製造、加工、組裝成品、再送到門市，你再把它們帶回家。這些製造、供應過程的成本加起來，構成最後標籤上的價格，電腦就是個例子。但對環境的影響卻沒有計入價格中，經濟學家稱之為外部成本：空氣污染及處理廢棄物的成本——肺部疾病、癌症、呼吸系統疾病、沙漠化、水災等……每一次消費，我們都在投票，決定要讓子孫住在什麼樣的地球上。

金錢扣押了地球資源，我們稱這種概念為「波哥經濟理論」（Pogonomics Principle），這是一種從漫畫人物波哥（Pogo）❻發展出來的想法。一九七〇年

---

❻ 譯註：波哥是漫畫家凱利（Walt Kelly）創造的人物，世界地球日的代表物之一。

第一屆「世界地球日」，波哥就說：「我們碰到了敵人，那就是我們自己！」地球受到污染，已經不再是秘密，因為人們不斷需要更新、更多、更不一樣的產品。

但我們現在可以採取一些做法，有創意的簡約生活是一種雙贏的方式，對我們的荷包、對地球，都是好事。簡約生活不是要你住在沙漠中，吃著野生莓果，用無花果葉蔽體。記得我們的重要約定：不要感覺丟臉，也不要怪罪任何人。人類生來就是要消耗資源，消費是我們的生活之一，也能帶來快樂，應該正面看待。只是，若要讓環境永續，現在的習慣需要做一些勇敢的調整及轉變。但我們在等什麼？把這個問題放在心上，我們其實有很多選擇，可以降低污染且獲得雙倍的快樂與滿足。事實上，享受與大自然互動，體會與地球這個萬物生命根源的連結，是一件非常令人愉快的事情。

如果你想省錢又想要了解如何拯救地球，有許多好書、部落格及網站可以參考，幫助你重新衡量自己的生活方式。到圖書館借書，拯救樹木，也是保護地球的好方法之一。關鍵在於記得你買了什麼及哪些是你用不到的東西，所有你丟掉的東西或是你沒法享用的東西，都會讓金錢付諸流水，浪費你的生命能量，也浪費地球珍貴的資源。虛擲生命能量，意味著你回歸為錢工作的日子，一步步讓自己邁向死胡同。簡約生活，對實踐者是好事，對地球當然也好。正如達賴喇嘛所說：

> 當我們談到環境保育，會觸及很多相關的事情，最終的決策在人心。
> 所以，我認為關鍵在於每個人都要發揮對宇宙萬物的真誠關懷之心！**⓯**

⓯ 參見：The Dalai Lama and Galen Rowell, *My Tibet* (Berkeley and Los Angeles: University of California Press, 1990), 55.

寫下你的省錢必勝方法

持續記錄每月收支表一年之後，在十五至三十個大類別中，你應該會有一千多項的進出記錄。無論買什麼東西，你已經學會如何用較少的錢買，從蘋果到百日草，生活品質也沒有因此下降。這樣的態度及做法，讓你的生命能量得到最好的運用，也保有自己的獨創性，不必跟著別人走。令人興奮的是，你的儲蓄積少成多，車庫拍賣之後，家裡比較清爽，可能也已經開始用親友的贈禮來裝潢。你覺得自己更強了，因為想了一些有創意的方法過簡約生活，所以我們會把這個過程稱為「創意簡約過生活」。現在拿一張白紙，把你一千零一種簡約生活的方式寫下來，並且盡情享受這些方法。

控制你的思考

任何曾經練習過冥想的人應該都知道，兩耳之間的頭腦就像一隻發狂的猴子，以每秒至少一個的速度產生一系列的想法。在短短的十一・六天內，你會有一百萬零一個想法，而且其中的大多數都會與欲望有關，我喜歡這個不喜歡那個，我愛這些不愛那些。佛陀說，欲望是所有痛苦的根源。它也是所有購物的來源。

小心應付你自己接下來的一百萬零一個欲望，你將有一百萬零一個機會，控制自己不去買無法帶給你滿足的東西。廣告不會讓你買東西，其他人的期望不會讓你買東西，電視不會讓你買東西，是你的想法讓你不停敗家。小心這些吸金的傢伙，它們對你的荷包來說，是非常危險的東西。

檢查表：在敗家之前一定要思考的問題

☑ 1. 不要逛街

- ☑ 2. 就自己能力範圍生活
- ☑ 3. 好好利用身旁的事物
- ☑ 4. 物盡其用
- ☑ 5. 自己動手
- ☑ 6. 預測你的需求
- ☑ 7. 消費時多方考量：價值、質量、耐用性、多用途和價格
- ☑ 8. 用最少成本買東西
- ☑ 9. 用不同的方法滿足你的需求
- ☑ 10. 遵守九個步驟

步驟六的重點摘要

以生命能量為指標，提高自己對消費的覺察，以降低每月的總支出。讓生命活出品質，比追求世俗的生活水準更重要。

| **談一談錢** ◆ 關於錢的幾個問題 |

找到方法降低支出、追求滿足感，不該只是追求個人利益的行為。在傳統消費主義走不通的此刻，透過討論，我們可以交換彼此的態度觀念及過簡約生活的小訣竅。

借用本章結尾「談一談錢」中提出的問題，跟你的另一半或是社團成員對話，每日反省自問。記得如果在反省時，都能不忘在最後加上「為什麼？」，會讓你有更深層的思考；如果都能不忘在最後多問一句：「社會如何形塑我的答案？」則會讓思考層面更為廣泛。不論如何，這些問題，都沒有標準答案。

- 你花錢消費，有沒有想取悅誰？或讓誰高興快樂？

- 你如何讓生活過得更節省？做了哪些事？你感覺如何？

- 講一講你最愛的一項東西，你喜歡它哪個部分？

- 帶我們一起購物，告訴我們你想去哪，你的感受，及你想買的東西。

- 你曾經做過哪些無意識消費？

- 談談最近一次你把東西用到不能再用的經驗。

| 第 7 章 |

愛還是工作？善用你的生命能量
——工作及收入

在第六章中，我們討論了如何透過更有意識地消費，善用你的生命能量。本章將進一步探討如何善用時間，讓你的生命能量有更好的利用。如何讓你最珍貴的資產——生命能量，更有效的發揮？工作，對你的人生真的有幫助嗎？

有時候，我們為了釐清事情的真相，會探究一些想都不用想的事。本章我們要討論的是「工作」這件事。傳統的觀念認為，為了維持生活，我們必須工作，但這種定義剝奪了我們的生活。有些人為了工作，忽略了生活中其他的層面；有些人在週間忍受工作，只能利用下班時間與週末放鬆；有些人好不容易得到遠距工作的機會，但似乎永遠沒有真正休息的時間；有些人在零工經濟的浪潮下，開始兼職人生，但自己當老闆的結果，就是只要醒著就得工作；有些人非常喜歡工作，真的在工作上有成就感，但是一腔熱血總是被公司決策、主管上司、投資人潑冷水。當工作＝賺錢時，工作就會越來越沒有意義。當生命能量沒有辦法凸顯時，就無力去改變。

要解決這個困境，首先要想想心目中的「工作」是不是定義錯了？如何在上班或是下班時都能讓生命能量得到最棒的發揮？工作是不是正在摧毀（透支、破壞或浪費）你的人生？你真的想要善用你的人生嗎？在第二章中已經了解，生命能量是一項非常珍貴的資產，它非常稀有，過去了就沒有辦法重來，我們的選

擇，決定了人生的意義。到目前為止，我們已經學到了如何讓消費、滿足感及價值觀相連結，往同一個方向發展。現在，要把焦點放在如何將工作賺來的血汗錢發揮出極大值。

工作到底是什麼？

就像金錢一樣，我們對工作的定義，是從小到大，從父母、文化、媒體及生活經驗耳濡目染而來。其中的很多想法、理念及感覺都相互矛盾。

下面的描述，就是呈現我們對於工作概念的混亂。二十世紀的經濟學家舒馬克（E. F. Schumacher）[1]說，工作有三個重要目的：

1. 提供生活所需。
2. 讓我們的天賦能力可以發揮。
3. 透過與他人合作，解放與生俱來的自我框架。[2]

已故的經濟學家席爾包（Robert Theobald）這麼說：「工作應該被定義為人們不想從事的事情；金錢則是為了彌補工作上帶來的不愉快的報酬。」[3]

作家特科爾（Studs Terkel）在著作《工作》（*Working*）中則提到：

這本書提到的「工作」，就本質上來說，其實是一種對生理及心理的暴力行為；也是一種潰瘍及創傷。就像是一場拳擊賽，讓人精神崩潰

---

[1] 編註：德國統計學家，創立實際行動組織。

[2] 參見：E. F. Schumacher, *Good Work* (New York: Harper & Row, 1979), 3–4.

[3] 參見：Robert Theobald, *The Rapids of Change* (Indianapolis: Knowledge Systems, 1987), 66.

或瀕臨發瘋；也是一種每日必來的羞辱，每天帶著創傷從人群中走出來，能存活下來就是一種勝利……也是一種追尋，追尋每天存在的意義及每日三餐；追尋認同及現金；追尋生命刺激，避免麻木；簡單來說，希望能多一點人生，少一點朝九晚五、吃喝等死的無奈。❹

但二十世紀詩人紀伯倫（Kahlil Gibran）卻說：「工作能讓愛被看見。」❺

到底什麼是工作？是祝福還是詛咒？試驗或勝利？就像重新定義金錢一樣，我們要來定義工作這件事，看看到底哪種說法才是比較真實的觀點。

工作的定義

先來看一下「工作」的歷史，藉由回顧歷史，可以找出創造自己人生故事的新機會。我們對於工作的概念從何而來？為何我們要工作？工作在我們人生中到底是什麼地位？

把每日工作時數減到最少

身為人類，我們都必須為基本的生存做些工作。但多少才夠？許多不同的研究，從狩獵、採集文化到現代歷史，在成年人中一天約需要三個小時。《石器時代的經濟》（*Stone Age Economics*）的作者薩林斯發現，在西方影響改變日常生活之前，生活在喀拉哈里沙漠（Kalahari）的即昆人（Kung），每週需要兩到兩天半的時間狩獵，平均每週工作時間為十五小時。女性收集食物的時間，每週大概也是這樣。女性一天的工作大概可以支撐家用三天的蔬果需求。不論男性和女性

---

❹ 參見：Studs Terkel, *Working* (New York: Ballantine Books, 1985), xiii.
❺ 參見：見Kahlil Gibran, *The Prophet* (New York: Alfred A. Knopf, 1969), 28.

大都工作兩天，然後休息兩天，閒暇時就玩遊戲、閒聊、準備各種儀式，以及相互拜訪。顯然古人的工作時間比今天銀行家短得多。❻

　　這也顯示，一天工作三小時應該可以維持我們基本的生活。在工業革命之前，這樣的工作型態看起來合情合理。但在那時，工作其實跟家庭生活、宗教慶典及玩樂密不可分。接著工業革命到來，「工作」及「不工作」的時段逐漸區隔開來，工作占生活的比例越來越大。

　　十九世紀，工人厭惡長時間的工作，抗議工作時間過長，爭取縮短工時。倡議者稱，工時降低將減少疲勞並提高生產率。他們說，工業革命若真的成熟，工時縮短是自然的趨勢。因為人們會開始更多的學習，透過學習，提升知識，能支持民主制度發展。

　　但經濟大蕭條讓這趨勢停止了，❼大蕭條前，每週工時，從六十小時急遽下降至大蕭條時的平均三十五小時，後來慢慢增加到四十個小時左右。但近幾年來，每週又增加至五十個甚至六十個小時。為什麼？

追求生活、自由及薪資的權利呢？

　　在大蕭條期間，如果你有休閒時間，就等於失業。為了經濟發展和減少失業，羅斯福新政規定每週工時為四十小時，政府成為雇主的靠山。工人被灌輸就業才是真正的公民權利（生活，自由和追求薪水？），休閒則不被認同。作家漢尼考特（Benjamin Kline Hunnicutt）在著作《工作沒有盡頭》（*Work Without End*）中，提到全民就業主義（the doctrine of full employment）的概念：

---

❻ 參見：馬歇爾‧薩林斯（Marshall Sahlins）著，《石器時代經濟學》，生活‧讀書‧新知三聯書店，二〇〇九年。

❼ 參見：Benjamin Kline Hunnicutt, *Work Without End: Abandoning Shorter Hours for the Right to Work* (Philadelphia: Temple University Press, 1988), 311.

自大蕭條以來，極少有美國人暢議減少工作時數是景氣增長、提高生產力，或讓經濟持續發展的重要手段。相反地，太多的閒暇時間，普遍被認為是消耗經濟、增加工資負擔及經濟退步的象徵。❽

「成長是好的」和「充分就業」的神話，在現在社會的價值體系中確立了關鍵地位。這與「充分消費」的概念完美吻合，讓大家普遍認為，如果有休閒時間，應該是拿來盡情消費，而不是享受空閒。在過去的半個世紀裡，充分就業意味著更多的消費者擁有更多的「可支配收入」。利潤增加、業務擴張，就會帶來更多工作，更多消費者，也象徵更多的可支配收入。正如在第一章中看到的，消費推動「進步」的巨輪繼續前進。所以社會對於休閒的概念，發生了根本性的變化。

本來應該是充滿享受的、文明的日常生活，變成了擔驚受怕的來源，不斷提醒人們在大蕭條時期的失業問題。隨著休閒價值的下降，工作價值相對上升。為了達成充分就業的目的，越來越多的人把工作及賺錢當成生活重心，拿到酬勞之後，再藉由消費，耗費更多資源，廣告業的發達更助長這種趨勢。為了反制這樣的趨勢，二十一世紀初，出現了一些倡導重視休閒生活的運動。電影製片人葛拉夫（John de Graaf）發起了一個「找回你的時間」（Take Back Your Time）運動，呼籲勞累過度的美國人，應該縮短工時，延長假期。即使所有的研究都顯示，減少工時和充足休息可以提高生產力。為了解開大家的迷思，「找回你的時間」的倡導者更進一步找尋長工時的文化來源，想要翻轉一天必須工作八小時的想法。越來越盛行的慢食運動，也想改變現代人工作上癮的問題。慢食運動強調吃飯應該是一段歡樂、愉悅、文明和對話的時間，我們應該戒掉在電腦前狼吞虎嚥解決一餐的習慣，不要成為在滾輪中永遠停不下來的倉鼠。

---

❽ 同❼，頁 309。

工作有新定義

漢尼考特表示，在過去的半個世紀裡，我們對於工作以外、生命意義的重要來源：家庭、文化和社會的耕耘越來越少。工作以外的傳統儀式、社交活動以及彼此陪伴，都提供了人們一種目的和歸屬感。如果少了這份歸屬感，休閒生活很容易流於孤獨及無趣。因為工作以外的生活失去了活力和意義；工作已經不再是達到目的的手段，而是成為目的。漢尼考特說：「人們現在都只從工作中尋找生命的意義、目的甚至救贖，更不會用傳統哲學或神學的方向思考。大家對於宗教的大哉問，都從工作、行業或職業裡尋求解答。」❾

霍克希爾德（Arlie Hochschild）在二〇〇一年的著作《時間困局》（*The Time Bind*）中指出，在家庭生活中，大家都有三件事要做：工作、家庭及修復因為工作造成的關係損傷。就算是有一些標榜「家庭友善」的企業也獎勵工作時間長的員工（無論他們是否有生產力），**有些**公司把辦公室裝潢得比家裡更加舒適，誘使一些員工願意花更多時間待在公司，因為整體環境更優。❿最後一個讓工作成為社會重心的關鍵點在於，新教教義越來越盛行。在那之前，工作被視為粗俗，宗教才是神聖的。之後，工作被視為救贖的舞台，而優渥的物質條件也被視為虔誠宗教信仰的一部分。

現今二十一世紀，工作的角色越來越多元，甚至已經開始扮演起宗教的角色：我們在工作中尋求人生定位，當問起「我是誰？」和「我為什麼在這裡？」以及「這一切所為何來？」時，我們都朝工作尋找答案；關於家庭的問題，當問起「哪些人跟我屬於同一群人？」或「何處是我的歸屬？」時，我們也從工作上

---

❾ 同❼，311-314。

❿ 參見：Arlie Russell Hochschild, *The Time Bind: When Work Becomes Home and Home Becomes Work*, 2nd ed. (New York: Holt, 2001).

找答案；當要尋找愛情或是深刻情感的時候，職場也提供一個重要管道。就好像我們相信工作的場域裡，有一個迷人、像童話故事裡一樣的白馬王子，可以滿足需求並激勵我們朝康莊大道前進。我們開始相信，透過工作能獲得所有的東西：地位、意義、冒險、旅遊、奢華、尊重、權力、挑戰以及夢幻般的獎勵。人生最重要的事，就是找到好的工作。

若以相處時間計算，跟我們共結連理的是工作，而不是伴侶。我們對工作許下誓言，不論好壞、富有或貧窮、疾病和健康都至死相守，態度比真正的婚姻關係還堅定。工作讓我們陷入「家中、高速公路、辦公室」僵固的生活輪迴中。希望有一天被公主親吻之後，癩蛤蟆能變成王子，工作就是生命中的癩蛤蟆。

現在的年輕人就業環境更為艱困，手機及平板電腦讓員工隨時得聽從公司召喚。為了生計，更有人必須兼兩到三個差，這樣變成二十四小時都在待命。當正職工作養不活家庭，兼差也很難還清學貸的同時，不少年輕人就得跟家人住在一起，擠在父母家的地下室裡過活。因此現代美語把「推擠」（hustles）這個英文單字，當作「兼差」的同義詞，象徵為了要生活下去所必須付出的能量及代價。他們完全清楚正處在必須靠兼差才能養活自己的年代裡，需要極大的勇氣才能逆流而上。以往工作帶來的社會地位及退休金保障，在現在的社會已經完全被切碎了。在這樣的情況下，年輕人能從童話故事中甦醒嗎？不，因為他們必須時時刻刻都得工作，死守工作崗位。即使約會也會變成培養人脈的一環，為的就是下一個工作機會。

我們贏得了工業革命嗎？

自從我們的祖先每天工作三個小時，把時間花在享受社交、儀式、慶典和遊戲以來，文明已經走過了一段很長的路，但這樣做真的值得嗎？我們發揮創造力及獨特性，使得人類在物質生活上有長足的進步，科學、技術、文化、藝術、語

言和音樂都已經大幅進展，並帶給我們無數的啟發。相信大多數人都不願時光倒轉回到過去，錯過巴哈或盤尼西林。但是，我們確實需要暫停一下，重新評估方向，我們的航道正確嗎？看看現代的職場和就業環境，我們在哪？這是我們想要到的地方嗎？

- 不少上班族感覺有志難伸，上班的日子充滿了重複、瑣碎或不具挑戰性的任務，這些工作既不需要創造力，也很難發揮智慧。有些人則覺得工作過度，尤其現在企業縮編，更多的責任都落在少數留存下來的幸運兒肩上。新創領域則像是拓荒時代的狂野西部，如雨後春筍般冒出來的資金充沛的新公司，為年輕員工提供免費食物和乒乓球桌等福利，以平衡工作環境的強度。

- 近年來社會公義的意識提高，在氣候變化及消費主義副作用氾濫的狀況下，受薪族的心靈正受到兩種勢力的拉扯。經濟上，他們需要工作；但從道德上講，他們不支持公司提供的產品或服務。

- 退休保障不再安全。只有七％的公司仍然提供固定福利養老金計畫。四分之一的公司只保障具有「一定貢獻度」的員工，提供 401(k) ⑪的退休計畫加上一些現金。⑫其餘公司直接將退休儲蓄的責任轉移到勞工身上。不少人甚至懷疑，美國國家社會保障安全網是否能保障勞工的長期工作安全。當然，這也是本書暢銷的原因，我知道你們想把退休生活完全掌握在自己手中，不論發生任何狀況，都能根據自己的時間表幸福退休。

---

⑪ 編註：這是美國於一九八一年創立的一種延後課稅的退休金帳戶計畫，將相關規定明訂在國稅法第 401(k) 條中，故簡稱為 401(k) 計畫。美國的退休計畫有許多種類，而 401(k) 只應用於私人公司。

⑫ 參見：Jonnelle Marte, "Nearly a Quarter of Fortune 500 Companies Still Offer Pensions to New Hires," *Washington Post*, September 5, 2014.

◆ 根據紐約非營利組織美國經濟諮商會在二〇一四年發布的一份報告，大多數美國人對工作感到不滿。在一九八七年的第一次調查中，六成一一的工人表示喜歡他們的工作。這是歷史的高點，工作滿意度最低點，發生在二〇一〇年，只有四成二六的上班族表示喜歡他們的工作。由於長期受雇趨勢已經不再，勞工在同一間公司任職到老的機會越來越低，因此企業對員工的醫療保險的免賠額和工資扣除額越來越高。工作保障和醫療保險這兩項，也成為滿意度下降最多的類別，自一九八七年以來下跌了十一個百分點。❸

看來，我們已經受夠了這個瘋狂的世界。但有趣的是，很多人對工作仍然充滿童話故事的幻想，認為自己是中職場彩票的幸運兒，逾半的人並不討厭自己的工作，工作上癮症仍在美國社會處處可見。我們仍企圖填滿那無底洞似的需求，冒著臨死才後悔的風險：我們幹嘛要花這麼多時間在工作上？

工作的目的到底為何？

讓我們繼續探討工作這個議題，這個最親密、最深刻的關係。但首先反思幾個問題：

◆ 你為何選擇用現在的方法來賺錢？
◆ 每天早上，是什麼激勵你起床去某個地方賺錢？

---

❸ 參見：B. Cheng, M. Kan, G. Levanon, and R. L. Ray, *Job Satisfaction: 2014 Edition*, Conference Board, June 2014 [September 2015], https://www.conference-board.org/publications/publicationdetail.cfm?publicationid=3022&centerId=4;https://www.conference-board.org/press/pressdetail.cfm?pressid=6800.

◆ 就你的經驗，想一下，你做這份全職工作的目的到底是什麼？（如果你的家庭是靠配偶或親屬工作賺錢養家，那這個「養家餬口」的工作目的究竟為何？或是依據過去的工作經驗思考一下；如果你已經退休或失業，想想你曾經有過的工作。）

現在，看看下方的各種目的清單，看看哪些適用於你的情況。

● **賺錢**
  ◆ 為自己和家人生活所需
  ◆ 為了儲備未來
  ◆ 為了從事慈善事業
  ◆ 為實現財務獨立

● **安全感**
  ◆ 確保你在公司的地位得到保障
  ◆ 確保享有各項福利

● **傳統**
  ◆ 繼承家業
  ◆ 承擔家庭責任
  ◆ 因為家中的每個人都在工作

● **服務**
  ◆ 為了公平分享
  ◆ 為他人、社會和世界做出貢獻

- 為了改變世界，將技能用在幫助他人的地方

- **學習**
  - 獲得新技能，開拓市場
  - 享受刺激和挑戰
  - 創新和創造

- **權力**
  - 影響他人
  - 影響決策和結果
  - 贏得他人的尊重和敬佩
  - 追求成功和卓越

- **社交**
  - 享受與同事的情感聯繫
  - 與其他人互動，感受自己是社會的一分子
  - 參與因工作衍生的活動和派對

- **時間**
  - 充分利用時間，讓生活規律

　　注意到了嗎？工作有兩個不同的功能：物質、財務功能（即獲得報酬）和個人功能（情感、智力、心理甚至精神）。最根本的問題是：正職工作的目的是什麼？實際上，工作只有一個目的：獲得報酬，這是工作和金錢之間真正的連結。其他的「目的」只是一種獎勵，有固然好，但與獲得報酬無直接關係，因為這些

都可以在無償報酬的工作中獲得同樣的好處。

對於中產階級來說，工作帶來的壓力、困惑或失望，很少來自於工資多寡。從前面的討論已經看到，只要超過一定程度，更多的錢並不會帶來更多的滿足感。正職工作之所以會帶來諸多困擾，可能的主因是富足人生當中需要的啟發、認可、成長、貢獻、互動和意義，沒辦法透過工作得到。美國經濟諮商會針對工作滿意度的研究，證實了這點。**可以發揮自己的潛力、在同事間取得良好人際關係、工作帶來的樂趣及個人價值被認可，才是真正工作滿意度的來源，而不是報酬。**你有沒有想過，如果將大部分對工作的期望寄託在不以賺錢為主的工作上，這樣滿足感會不會比較高？

這樣的概念讓我們重新審視，究竟應該與工作保持怎樣的關係。工作目的有兩個，第一，取得報酬，供給生活的基本所需；另一方面與金錢無關，我們希望能透過工作成就人生的目標。但對於那些沒有辦法賺到豐足養家的數百萬人來說，第二個方向是可望而不可即的目標，即使夫妻兩人都已經很努力，所得還是很難應付自己及家人所需。美國是世界上唯一的先進國家，沒有透過立法保障勞工有薪休假的權利，一半以上低收入的上班族沒辦法享有帶薪休假的福利。❹

不該使工作和薪資掛鉤

真正的問題並不是對工作的期望太高，而是將工作與薪資混淆在一起。應該重新定義「工作」這個概念，將工作視為任何有生產力或有目的性的活動，而非僅限於給付薪資的職位，上班，只是眾多「工作」中的一種。這樣可以讓我們改正對「工作」錯誤的認知，餵飽全家和上屋頂整修，只要能帶給我們意義、目標

---

❹ 參見：Ray, M. Sanes, and J. Schmitt, "No-Vacation Nation Re-visited," Center for Economic and Policy Research, http://cepr.net/publications/reports/no-vacation-ation-013.

和滿足感的活動，都應該視為工作的一種。打破工作和金錢之間的聯繫，使我們重獲平衡和理智。追求人生的成就，不再仰賴傳統定義的工作，應該擴大觀照面，看到生活的全貌：追尋內在意義、強化與他人的連結以及實現人生意義和目標。

把工作和薪資分開，等於是打開了另一扇門，讓生活的各個面向合而為一：從賺錢到照顧家人，找到真正的自己。到達了這個境界，就再也不用透過消費才能找到幸福，幸福會自動來到生命中。無論你喜歡還是討厭上班，把工作和薪資分開，可以更清楚地看到，在你的心裡，生命能量這個最重要的資產到底占了多重要的位置。

還記得我們在第二章關於生命能量的討論：一個四十歲的人將剩下大約三十五萬小時？其中有三分之一的時間用來睡覺，百分之十五用來做雜事（烹飪、清潔、修理東西、瑣事）。基本上，你可以將自己的時間銀行帳戶分成兩半，這些時間是你僅有的，生命中沒有比時間更有價值的東西。將工作與薪資分開，代表你生活中的每一個時刻都很重要，把時間根據自己的想法重新安排，絕對是最值得做好的一件事。

打破工作與薪資之間的關係，跟認識到金錢只不過是用來交換生命能量的工具，一樣關鍵、同等重要。金錢是生命能量的單位，它的價值不是來自外部的定義，而是來自於如何運用。同樣的，選擇如何工作也是一種凸顯內在價值的表徵；你所做的一切，都表達「你究竟是誰？」，而不全然是經濟上的考量及選擇。把工作和薪資分開，我們將重新考量生命品質及自我價值，並把這些當成是最重要的人生目標。把工作和薪資分開看待，可以讓上班這件事及人生目標對焦到同一個方向，並找回自己的人生。

打破工作和薪資掛鉤所帶來的巨大影響

從這個角度來看，可以知道為什麼每天庸碌地上班會是一個死胡同。除了賺錢之外，工作沒有辦法完成你的人生目標。

每天八到十個小時。一週五天。一年五十週。四十多年的人生。這引發了很多問題，當你的人生走到滿足曲線最高峰時，那時的生活需要多少錢？你的工作是否提供這個金額？你用工作換來的金錢，是否低於應得的價值？賺回家的錢，是否低於生活所需？或者你賺到的錢，遠多於美滿生活所必需？多餘所得的意義是什麼？如果沒有意義，你的工作時間是不是應該縮減一點？把珍貴的時間拿去做更有意義的事？如果工作確實能豐富人生，那麼你的人生目標是否清晰？是否與價值觀吻合？你在上班時，是否能帶著愉快的心情？如果不是，你想改變嗎？

我們先來探討一下，如果你重新定義了工作，而且把工作與薪資分開來看，對人生會產生怎樣的影響；又如果你把工作看成是完成人生目的的手段、而非賺錢的工具，又會對人生產生怎樣的影響。

剛進社會的年輕人及職場歷練豐富的資深公民，比較容易這樣做。不少千禧世代的年輕人，在二〇〇八年金融危機之後才進入職場，當時股票市場價格下跌了一半。如果聽從父母的指示，依照父母的期望上大學背負學貸，迎接他們的，就是大幅衰退的經濟及萎縮的傳統就業市場。

他們被迫走向自行創業、打零工或是兼差的道路，適應這個不斷改變、機會稍縱即逝的社會。程式設計師、部落客、app 設計師或自行創業的年輕人，必須忍受長時間沒有收入、可能結果是一場空的環境。難怪，這世代的年輕人重燃對本書的興趣，積極尋求財務獨立的可能。他們的生活有了更多不同面向，要賺錢，也要有興趣；熱情投入之餘，也會保留一些搞怪的空間。

在年齡光譜的另外一端，戰後嬰兒潮也已經快到退休年齡。靠社會福利過活的時候，他們也必須有另類、但不能離經叛道的方法賺錢，有了充足的退休收

入，他們大可含飴弄孫；如果錢不夠多，他們也可以靠帶別人的孫子賺點小錢。他們的職業生涯大部分時間只為一家公司工作，因此需要很大的勇氣及能量，才能重入職場，特別是現在的世界年齡歧視非常嚴重。這就是說，還在職場中的老鳥，更應該將工作和收入分開看待。這樣會激勵你改變與金錢的關係，更可能達成提前退休的目標，一個充滿自由、無所憂慮的退休。

1. 重新定義工作，人生選擇更多

假設你天生是一個教書的料，卻因為薪資較高而當程式設計師（你以為你真的需要這麼多錢）。按照舊的思維方式，每當有人問你做什麼時，你都會被強迫說：「我是一名電腦程式設計師。」內在的自我感覺和外在表現間的長期不協調，對你其實已經產生影響，你可能因此不開心而不自知，也可能因此生病。我們的一位朋友就是這樣，她放棄了成為鋼琴家的夢想，轉而成為程式設計師。她染上一種令人莫名其妙的怪病將近一年之久。在這樣不協調的情況下，可能會刷卡買東西來解決心理及生活的不平衡。

但你可能不會覺得問題出在職業，因為程式設計是你重要的謀生之道。當工資和工作之間的聯繫打破時，另一種選擇也會因此打開。當你被問到職業時，你可以肯定地說：「我骨子裡是一位老師，但是現在用撰寫程式來賺錢。」誠實面對你真實的身分，可以重新評估你的「職業」。你可能開始存點錢，回到學校取得教師資格。也可能因此減少寫程式的時間，多留一點時間，擔任教學志工。你可能乾脆開始教別人寫程式，也因此會開發第三個興趣，例如泛舟，同時週末時教程式，賺點生活費。將工作和工資分開，可以拆解你原本的生活，並以一種更好的模式翻新自己的生活。

唐娜是一個成功人士，但越來越覺得折磨人的職場不適合自己。做為一名醫生，她發現自己很諷刺地在一個不健康的體系中看顧大家的健

康，一週一百小時以上的超量工作，讓她沒有足夠的睡眠時間，更別談其他了。在擔任住院醫生的初期，她就知道這項工作需要長時間的投入，她沒有時間想關於金錢的任何事，也沒有時間考慮如何花錢。與另一位醫生結婚之後，這種麻木的生活模式更加嚴重。多年的工作，唐娜和丈夫積累了房屋和汽車以及海外投資，他們認為自己根本做不到財務自主課程要求的追蹤花費，執業相關的瑣事已經夠煩心了。

但唐娜超級醫生的生活已經快過不下去了，兩個孩子的出生提醒她最重要的事情。她希望脫離醫療業務，重新找回一個可以讓人生平衡發展的職業。抱著惶恐的心情，她離開了醫院這個舒適圈，依照自己的人生價值，開設了清一色女性員工組成的診所，並獲得了不少「好處」。

她無意間聽到了財務自主的課程，非常喜歡，滿懷熱情地與丈夫商談，問他自己也關心的問題：「如果你不需要為錢工作，你會想做什麼事？」「你是什麼意思？」他回答。「我喜歡我的工作。」「但是如果你可以免費幫人家看病，也不用支付任何開銷呢？」不想回答這個問題，他馬上睡著了。

唐娜的老公還是上了課程，但對於新的執業方式，他並沒有像唐娜一樣的熱情。她開始研究另類執業的可能，最後得出結論，就算身在傳統的婚姻框架中，儘管與丈夫不同調，女人也必須走出自己的路。

隨著自己體會日深，唐娜重新評估她的診所。她的員工不想要跟主流醫療院所一樣長工時的生活，但也不願意少賺一些錢。傳統醫院之所以收高額的費用，是要支付醫生的薪資。唐娜認為需要改弦更張，但這樣的產業生態，不斷將她拉回到舊的工作方式。「要嘛我必須採取不同的方法，要嘛乾脆都不要做這行！」對於唐娜來說，財務自主的主旨，就是從舊的思考中重生，金錢、工作、生命的意義和目的，都會跟著這個大方向調整。「如果新型醫療做法的代價，是少賺一點錢，那就這樣

吧！」

唐娜並不孤單。「新美國夢中心」（Center for a New American Dream）曾進行一項全國性調查發現，近一半的美國人已經做出了改變，雖然賺的錢比較少。調查顯示他們很滿意這樣的改變，雖然收入減少，但壓力也相對減輕，更能讓生活保持平衡，休閒時間也更多。

2. 減少工作量，可以活出內心真正想要的

我們大多數人是因著外在大環境，決定自己的角色和生活方式。就像中式餐廳的料理一樣，每個人大都制式地在一個大分類中選擇自己要的東西。從「求職」的廣告分類中選擇「消防員」；從擇偶條件中選擇「金髮碧眼」；從要生幾個小孩的問題中選擇「兩個」；在個人風格中選擇當一個「隨性」的人；在諸多汽車品牌中選擇「豐田」；從政治光譜中選擇黨派；從購屋條件中選擇「公寓」。

我們將多元的面貌塞入「工作」要求的條件中，除非是藝術家或企業家，否則必須按照別人安排好的事項行事才能拿到薪水。職場中存在著一種微妙而不負責任的氛圍，因為我們總是在別人的要求下做事，並盡量取悅其他人。

在大公司中，大多數員工都不知道究竟是誰制定了這樣的工作規則，迫使我們在這框架下努力做事。而且這些公司不僅控制職涯，還控制我們個性的發展，看不見的企業文化，甚至管制我們與誰談話、穿什麼、「吃」什麼樣的午餐。必須加多少班，才會被長官「看到」？更影響日常生活的各種選擇。顯然地，如果把賺錢當作是目標，我們就會想方設法，企圖在職場中活得好。但是，如果你把自我與賺錢拆開來，就像你將工作與薪資關聯切斷一樣，你就可以重拾失去的自我。當你重新認識自己，重新釐清價值觀、信念、才能以及什麼事是你該關心的，你才能從內而外地、舒坦地工作與賺錢，也不會因工作而失去自我。

瑪格麗特正在重新調整自己，從活在別人的價值中（從外部生活），轉變為為自己而活（從內而外）。她離婚，有兩個孩子，是個有強烈責任感的單親媽媽。她希望盡可能賺錢，讓家庭生活更美好，她放棄了原本的教學工作，成為一名經過認證的理財規畫師。佣金是她重要的收入來源，不同產品有不同的抽佣比重，她常常陷入佣金與客戶利益的衝突裡。這讓瑪格麗特痛苦不已，認為應該盡快跳出這個循環中，她停止一味追求銷售的手段，這讓身體變得更好，但她個人的財務卻出現狀況。

　　所幸，她加入了艾薇成立的個人理財的支援團體，成員有二十位，開始實施財務自主計畫。當按步驟實踐時，她發覺小組的每一個成員都越來越可以按照自己的價值觀行事，雖然彼此狀況不同，但他們願意跟隨自己的想法走。例如，有一個女性成員看到自己的才華在傳統框架中不斷被浪費掉，「他們付給我的薪水，根本不值得我用這樣的痛苦換取！」於是她辭掉工作，靠儲蓄生活一段時間，直到找到另一個工作為止。

所有改變都是在執行計畫的過程中發生的。

3. 重新定義工作，讓我們成為自己生活的設計師，而非只是賺錢工具

　　在工業革命之前，大多數人都是農民，他們大都能夠打造、維護和修復日常生活所需的一切。工業革命之後，特別是資訊和科技革命，讓我們開始出售自己一小部分的才華及時間，來換取所需的一切。失去了工作就沒有了收入來源，但仍然必須背負抵押貸款、車貸和卡債。然而，切斷工作與薪資之間的掛鉤，你對

人生「剩下的時間」就開始有主導權。

我們可能沒辦法回到以前那種凡事親力親為的生活環境，但只要越能享受無薪工作，債務就會越來越低。我們可以開始學習親手處理各種雜事，或者自己建造露台，或架設一個網站或部落格……當停止為金錢工作時，我們可能會失業，但並沒有失去工作。你的所有作為最終都可能成為薪酬，你在生活中學到的技能，以後可能會成為你的報酬，在一項工作中獲得的技能，可能會成為另一項工作的收入。

在一份工作中，也許可以學會交易的來龍去脈，熟悉之後就可以離開那份工作，可以為樂趣而做，也為利潤而做。職場變成學校，工作成為表現自我的舞台。無論是否有薪資，你都是自己的老闆，開拓自己的道路。

4. 重新定義工作，為退休生活增添生機

退休並不意味著停止工作，而是意味著你可以停止為錢而工作。我們都希望對他人有貢獻，並希望貢獻被認可。如果認為有償工作是人生中唯一可受人尊敬的貢獻方式，那麼誰願意退休？沒有人想成為一個被時代淘汰、被丟在一旁沒人聞問的廢物。把工作和工資分開，意味著你在每一個角色、任務和活動中都是有價值的。它可以讓你早日退休，你就可以把更多的自己貢獻出來。

5. 重新界定工作，重視無償活動

南茜厭倦了聽到自己說：「我不知道自己的方向在哪？」每天晚上她都看著自己的行程表感嘆，為何事情還有這麼多沒做？但她記錄自己的支出，認為自己應該可以掌握。每隔十五分鐘，她就會記錄一下自己的錢及時間花到哪裡去。她很快地了解，她把大部分時間花在了不重要的活動上：清潔、烹飪、購物和與家人聊天。

她的行事曆上只記載了與工作相關的事物，與同事會面，回覆電子郵件，其

他大部分時間都不在行事曆上。她發現，如果打掃房子能夠賺錢，她會把它列入清單。打掃家裡當然沒人會付她錢，因此不會出現在紀錄上，現在她記錄所有自己做過的事，為所有的有償和無償工作都感到自豪。無酬的活動往往被視為毫無價值，但它們的價值真的低於有償工作嗎？我們的文化幾乎普遍相信，如果沒賺錢、沒有職業、也沒有受雇，就是一個無用的人。其實，只要內心開始自我發展，心靈也逐漸邁向成熟，還能夠評斷自己的作為，這就是一種工作，與有償工作及家庭雜務一樣重要。

花時間去了解自己，思考、禱告，發展一套自己的生活哲學和道德規範，設定個人目標和評估進度。將工作和薪資的關係切斷，停止痛苦地接受工作賦予的自我認同。

6. 重新定義工作，讓工作及玩樂完美結合

工作是認真的，玩樂是輕浮的；工作是大人做的事，玩耍是幼稚的；工作是有用的，玩是無用的；有時玩遊戲可能看起來像工作，就像一場激烈的西洋棋比賽。有時候工作看起來甚至被稱為玩樂，就像在職業體育競賽一樣。有時候，工作會讓人覺得非常像玩，人們會說（帶點愧疚），「這份工作非常有趣，我不應該拿薪水的。」如何分辨工作和娛樂之間的差異呢？玩耍和工作都可以有競爭性，也可以是合作的。

它們既能建立技能，也能獲得成就感，兩者都讓你進入專注、集中及心流的狀態。事實上，一個人若完全投入一項活動，外面的人會不知道他是在玩，還是在賺錢。這是把工作和薪資分開看待的力量，你可以重新連結工作和娛樂，人生會變得很享受。

7. 重新定義工作，讓人們享受更多休閒娛樂

對於希臘人來說，休閒是人生最高的境界，是自由的本質，一段自我發展的

時間和更高層次的人生追尋。然而，身處於二十一世紀初的我們，無法真正放鬆和享受休閒。即使在字面上，我們把休息時間稱為「暫停」（time off），但其實只休息了幾分鐘，就又回頭去工作，當一顆充滿生產力的螺絲釘。如果我們沒有為錢做事，就能享受休閒時間。玩樂在人生中絕對是必要的，在樹蔭下放鬆聽小鳥啁啾是應該做的事情；隨意散步也很值得；把電子用品留在家裡快樂去露營吧！花一些時間獨處，做你任何想做的事；無所事事到處找樂子也是人生必備；休閒不會讓你失去自我，只要你別只為工作而存在。

也許因為工作深入到人生中的每一個小時，我們沒辦法認真的休閒，只能抽空小旅行，三不五時還必須查看手機，看看朋友的訊息，社交媒體的動態，或是追劇。一旦將工作與薪資分開看待之後，我們在工作時會比較專注，休閒時也會集中精神在自己選擇的活動上。

8. 重新定義工作，為「生計」打開了新的曙光

「理想的生計」，指的是找到你真正想要從事的行業，或真正喜愛的工作，我們的財務自主計畫巧妙地避開了這一崇高努力的陷阱。沒有人可以向你保證，你會找到真正願意賣命工作的老闆。就算你自己創業，可能會花上許多年的時間尋找生意機會，或是找出對的方法、對的技術能力，才會有人願意投資。群眾募資是一種創新的方法，不必苦等政府補助，但位於倫敦的「眾籌中心」（Crowdfunding Center）在二○一五年的一份報告發現，有七至九成的群眾集資計畫都以失敗收場。❺

失敗的原因大都與你的產品或服務無關，反而與運氣、機會、毅力、關係、種族或性別以及其他因素有關。但選擇離開受薪人生，也許可以讓你的生命更完

---

❺ 參見：Catherine Clifford, "Less Than a Third of Crowdfunding Campaigns Reach Their Goals," *Entrepreneur*, January 18, 2016, https://www.entrepreneur.com/article/269663.

整，你可以自己做主賺錢，也可以追隨內心真正想做的事情。你可以提前做退休計畫，依照財務自主的九大步驟就可以實踐你的熱情及夢想，把上班的歲月當成是實現夢想的先修班。在這段受雇時期累積自己的經驗、工作技巧，當然，建立自己的人際網絡也非常重要。不論你現在對工作如何的不滿意，如果覺得它非你所愛，你要告訴自己，不要安於現狀，積極尋找下一個能安頓身心的工作，及達成財務自主的目標。

學習合氣道的人都必須進行一個「不折的手」[16]的練習：面對對手，把手腕放在對手的鎖骨上，當對方用雙手把你的手肘往下帶的時候，你必須抵抗，幾個來回後，應該能掙脫。然後放鬆身體，就可感覺到能量從腹中通過，經過手臂流出，就像水從消防水管中奔放而出一樣。這樣你的對手再也無法折你的手臂。把人生的注意力只放在賺錢上，就像把你的能量分散掉。記得，你一次得做兩件事，與不折的手一樣，你要專注於抵抗你的對手（工作獲得報酬）或將你的能量擴展到無限（你的使命）。

在生物學中，動物學家莫里斯（Desmond Morris）曾進行一個實驗，把猿猴的「利潤動機」（profit motive）放在實驗中。第一步是教牠們成為藝術家，畫出非常可愛的圖畫。一旦牠們的「藝術」作品完成，他就開始「付錢」，用花生獎勵猿猴。在獎勵制度下，藝術作品的品質快速變差，為了獲得花生，動物們開始敷衍了事。「商業主義」摧毀猿猴完成藝術作品的動機，爭先恐後地搶食花生。[17]

如果把你的工作與使命看成是同一件事情，你的生活重心將逐漸從使命轉向金錢。實現財務自主，你必須解放思想，最終釋放你的時間，這樣不論職業為何，你都會擁有「不折的手」。

---

[16] 譯註：必須讓整條手臂充滿勁力，連手腕、手指都要這樣做，這樣才能攻擊對方的手。
[17] 參見：Desmond Morris, *The Biology of Art* (New York: Alfred A. Knopf, 1962), 158–9.

想像一下，如果你運氣好，找到理想的工作、另一半及賺錢的方式，但人生突然發生了變化，管理階層換血，部門被裁撤，團隊被解散，你重新面臨金錢與使命的掙扎。如果你認為工作和薪資是脫鉤的，你應該知道「真正的工作」是什麼，並評估能否在不用妥協的情況下，做自己想做的事。

對你收入的影響

如果，對於現在的工作，你只將當成是人生的一個過渡階段，只是要領一份薪水餬口（不論你喜歡還是討厭這份工作），你就可以評估一下把珍貴的生命能量花在這上面到底值不值得。雖然，你的人生比工作更重要，但找一份待遇很好「工作」，存到自己想要的錢，也是必要的。財務自主的第七步驟，重點就在這裡。

步驟七：重估你的生命能量，最大化你的收入

我們要探討的，是重估你用來累積收入的生命能量，看看它是否足以交換到你的人生及健康。

當你拿起薪資單，算一下薪資及其他打零工的收入，列出所有的綜合收入時，是否真的覺得你用生命能量做成了一個好的交易？從失敗人生走出來，拿回生命自主權的關鍵，就是衡量你的生命能量。錢是你用生命能量交換之後得來的產品，而你也了解，工作最重要的目的就是賺錢，

由理性上和自尊層面看來，既然目的是賺錢，就要每個小時都盡可能賺到最多的鈔票，而且又符合你的本性、不危害你的健康。雖然聽起來有點像傳統的貪婪，但事實上恰恰相反。從步驟一走到步驟六，你了解很多事情，包括未來大概會有多少錢流進口袋。你應該已經拋棄了所謂的「豐足」就是「比現在還要更多」的概念，也應該不會再責怪自己逃不出貧窮的困境，你更應該知道，豐足的

生活其實沒有想像中的遙遠。

請記住，「豐足」不是只能賺取過日子的基本開銷，「豐足」是一種富足、不多不少的狀況。正如第五章中指出的那樣，你的收入可能可以支應這樣的豐足生活。少花一點你辛苦賺來的錢，減少投注在工作上的時間，就可以過上豐足的生活，這是簡單的算術。如果每月賺進兩千五百美元是你的富足生活標準，那表示你只要每小時掙到二十五美元、每月工作一百小時，就可以滿足開支。如果你一小時可以賺到五十美元，那每個月只要工作五十小時就足以支應。你也可以把一半的錢省下來，可支用的金錢就更多了。

現在，讓我們回到工業革命之前人類的生活方式。你自己經營小生意或農作，每天工作兩、三個小時，剩下的時間用來放鬆、做有趣的事、發展自我、人際互動、社區參與或服務社會。如果你選擇在有薪工作上花更多時間，那麼，理由一定比賺錢充分許多，因為我們人生的最高理想是善用自己的生命能量，而不是透支它。你這麼做的原因可能是因為支援家人，也可能是希望早日擺脫債務的困擾，享受一下財務自由的暢快感受；你可能想多存一點錢，當經濟氣候不穩定時能多一份安全感；或者，你想要達到另外的人生目標，例如：回學校念書、環遊世界或是追求財務獨立。

目標的大小和強度，將決定你投入工作的時間和精力。你甚至可能非常希望能在正職工作外，還有好幾個業外收入可以拿，這樣的職場人生會更加快樂。如此，就算加班，生活也不像以往感覺被剝奪，反而有更大的目標值得努力。

羅絲瑪莉從工作中解放了！我的意思是說，她在工作之餘，可以朝著超越人生目標前進，從旅行、寫作，到可能拯救地球的目標。她是一個活動策畫專家，在退休銀髮之家工作，但她不想把人生全部放在工作上。她清楚地了解，現在掙得越多，就可以越早實現其他目標。她沒有試圖尋找另一份薪水較高、但壓力可能較大的工作，反而利用兼差賺

錢。她的第二份工作是在一家小型音樂公司，每週利用晚上和週末的幾個小時，賺取另外一份收入。工作時間很有彈性、同事很好相處、壓力也不大，每小時賺的錢跟自己的正職差不多。雖然每週工作時間遠超過四十小時，但精神及活力都處在非常棒的狀態。

重視你的生命能量和追求最高的薪酬，與「越多越好」的心態無關。如果金錢＝生命能量，那麼透過增加收入，就能增加可用的生命能量。根據每個人的時薪不同，一輛新車可能需要一個月、六個月或一年的工作時間，你不需要靠賺更多的錢，贏取更多的社會地位、聲望、權力或保障，你知道錢買不到這些東西。你需要更多的錢，是因為你想要有更多的自由去做自己，而不必擔心錢。同樣，你不會想用更多的錢提高你的自尊，但你確實需要更多的錢成就自己的人生，發揮生命能量。

工作的其他新選項

你現在有幾個創意選項可以選擇，利用兼差增加收入、改善目前的工作狀況，或換個工作。

高薪是一種態度問題

很多人對收入的心態很消極，甚至宿命論。他們在受害者心態下行事，完全受到外部勢力的支配：老闆、工資級距、失業狀況、經濟衰退、當地景氣及政府的經濟政策影響，還有來自發展中國家低薪工人的競爭……上班族的態度往往會變成：「我找不到一份好工作，都是因為他們，他們讓我從事低薪工作。」雖然經濟現實有時是嚴苛的，但會這樣想，有一部分是人類思維的本質所致。因此我們要更謹慎看待自己。

一個限制你的收入的可能重要因素是「態度」：對自己的態度（例如「我不夠好」），你對工作或雇主（「他們都在搞我」）的態度，及對當前情況的認知（「就是找不到好工作」）。如果你認為自己是一個受害者，那麼很可能會忙於自我怨懟，忽略了周遭很多足以改變命運的機會。

　　為了人生富足，培養積極、自信的態度與尊重，對工作付出你的貢獻，與雇主和同事的密切合作，盡最大心力完成工作，維持個人的誠信，勇於承擔責任，才不會枉費你的生命能量。仔細思考如何發揮自己的生命能量，這樣可能會改變工作的表現，也才能找到下一個更好的工作。記得，無論你在哪裡工作，你都在為自己工作。無論做什麼，都要致力於追求卓越及百分之百的誠信。是你自己決定工作是否能帶給你充實的感覺，而不是職位好壞或大小。

　　在第六章中談到的木匠泰德認為，財務自主計畫最重要的啟發，就是讓他有機會與想成為作家的願望重新連結。他在一個空軍世家中長大，因為父親職業的緣故時常搬家。他在密西西比州的格爾夫波特（Gulfport）完成了高中學業，然後搬到了德州的奧斯汀，他雇了八個人成立一支室內裝潢的團隊，但一場火災讓他一夕全無。接著又離婚，所有財產裝到一輛卡車中還有剩（因為家徒四壁，要做到財務自主的步驟一，變得非常容易），但他沒有倒下，最後在俄勒岡州重新建立人生。

　　在實施財務自主計畫的一年後，泰德有足夠的資金支持自己一年的生活。他決定嘗試寫作，把多年以來的故事寫出來，包括他七〇年代初在密西西比州，與幾位非裔的木匠聯手建造了一座浸信會教堂的故事。為了騰出更多時間寫作，泰德開始拉高室內裝潢工班的報價，想以價制量。結果大出意外，許多老客戶對他的表現印象深刻，願意付更多的錢請他裝修，他接到的案子及單價都比以往高很多。為了不打壞招牌，他

更加在意施工品質，名聲越來越廣，為他帶來更多工作。他工作時間減少，收入增加，焦慮減輕，心情也平靜下來，有更多時間寫作。他很驚訝，但他知道這個好運及尊榮其來有自。

用兼職工作取得財務獨立

財務自主計畫使得泰德選擇了兼職工作，這種金錢和工作關係的新思維讓人生有了新展望。以往社會普遍認為，兼職工作的人，人生價值也只有一半，因為得犧牲全職的許多好處，你會失去醫療保險及公司提供的退休保障，也失去升遷的機會。但新時代的觀念已經改變，兼職工作意味著你可以花更多時間，投入在自己的目標及想法；你給了雇主你的生命及時間，為公司換得了財富，但工作卻無法帶給你個人的價值。

兼職人生可以五花八門、五彩繽紛，有些人每週只上班幾天，有些人一年只工作半年，剩下的半年則用來娛樂，投注在旅行、藝術、志工上。有些人一天只工作四小時，讓孩子放學後，自己可以陪伴他們。兼職者可以勇敢跟老闆提出需求，重新談判休假時間，每週只工作二十四小時，或爭取遠距辦公的機會，不必像全職人員瞻前顧後。

但我真的很愛我的工作？

如果你喜歡你的工作，金錢和工作關係的新思維（重視你的生命能量），會豐富你的人生並增加收入。

曼蒂（卡車司機湯姆的伴侶）非常喜歡會計的工作，她認為透過工作，可以協助大家對金錢增加責任感。在執行財務自主課程時，她發現個人財務中的盲點。當計算自己每小時的真正時薪時，她發現表面上她

每小時能賺九十美元，但實際只有七．五美美元的淨收入。她的丈夫湯姆在緬因州農村擔任卡車司機的收入都比她好。這些錢去哪了？

原來，她為無力負擔會計諮詢的人免費服務；對於收入較低的客戶也提供非常好的折扣，所以她工作時間很長、開車里程很多，但真正的收入卻相對低。她的每月收支表上顯示，她在經濟上沒有取得任何進展，她忘記了計算生命能量的重要意義。

她決定把諮詢的報價提高二三％，並縮減人力，只留下一名秘書。此外也開始限制客戶數，將力氣集中用在協助那些願意自我改善的客戶，同時調降每週的工作時數。改變之後，她發現這樣的客戶人數及客戶品質正是自己所要的，現在工作時數雖然降低，但收入卻反向增加。

如果我真的不想要「工作」？

有不少人不想要傳統意義的「工作」，而去開設工作室、創業、打零工、遛狗、兼職藝術表演、家事服務、自給自足農耕等等。在零工經濟當道的狀況下，還是會有人選擇回歸傳統，投入正職工作；但其他人可能喜歡擔任自由接案人，或是選擇短期工作。有些教練或是顧問的工作重點在經營客戶，而非服務單一雇主。有些人運氣好，真正在過財務無虞的日子，因為家底殷實，或是中樂透，讓生活過得更有創意更加多彩。其中，當然也有曾經參加過財務自主課程的學員，重建自己與工作的關係，把工作與薪資的臍帶切掉，對於全職工作有全然不同的新看法。

然而，越來越多的人希望透過以錢養錢的方式來建立自己的財富。從當沖、選股、建立投資組合到買賣房地產，這些人在本業工作之餘，利用各種方法擴大投資回報。就本書立場來看，做一個當沖客，與實驗室中擔任研究員、科學家，或是大型工具操作員並無二致，都是工作的一種。有時候，這些投資者的表現比

他們高中同學都要好得多；有時候，他們在投資上的所得，會比本業收入還高出許多；有時候，他們也會被市場狠狠修理。

其實靠投資賺錢，不像從事護理師或房地產經紀人這樣地貼近財務自主課程的主旨。無論你賺錢的方法為何，都需要權衡生命能量，讓生命能量的使用發揮最大的價值。評估投資活動的價值，應該與衡量工作的價值一樣，問問自己：「每小時真正能賺多少錢？」第八章和第九章將介紹的投資方法，其途徑與財務自主課程的主旨較貼近，能增近財務智商、財務健全及財務獨立。

追求更高薪和更完整的職場生涯

這世界上的工作，沒有一件是迷人的。在職場工作的人必須時時反省自己、冒險、實驗、挑戰舊想法，以便追求更高薪和更完整的職場生涯。他們必須把生命的價值放在工作價值之上，令人窒息的職場生涯才能再獲得呼吸的空間。從童年的視角看生命，可以跳脫成年後一些虛假的掩飾。他們必須說服自己，認清全職工作的真正本質：賺錢。關於這點，市面上有不少優質的求職指南和部落格可以參考，但有一點要注意，正如劇作家巴納姆（P. T. Barnum）曾經說的：每分鐘都會有傻瓜誕生，找工作一定要張開眼睛，得像買車或買冰箱一樣精明。

妮娜結束了十年婚姻，在開始進行財務自主計畫之前，這個單身母親獨力撫養四個孩子。她暫住在朋友的房子裡，以工換宿及三餐，之後她接觸到財務自主的錄音課程，開始記錄自己的開支。妮娜決心在財務上獨立，她在附近的汽車旅館找到清潔工作。她欣喜若狂地回家告訴室友，只是她忘了問老闆薪資怎麼算；幾個月後，妮娜搬到西雅圖，找到了新工作，老闆願意給她超過最低工資的待遇；幾週之內，透過職業介紹所，她又找到了一些零工的差事。

妮娜立刻把她的逐月收支圖掛到牆上去，在幾個月內，她就還清了

數千美元的債務。這樣的進展更激勵了她，她開始計算自己實際的每小時工資。不久，她的收入翻了一番，但她仍持續進步。她在醫院裡，找到一個主管行政助理的全職工作，每一小時可以拿十七美美元。不僅如此，因為這個工作，她有了各項福利保障，她從來沒有做過這樣好的工作。看著自己的四個孩子，她常想：當醫生真的很難嗎？她沒有放棄希望，牆上的逐月收支圖，一直提醒她不要忘記夢想。只要讓自己的生命能量花得有價值，就能早一天靠自己的能力站起來。

　　一個週末，妮娜自願參加一個感興趣的研討會，在那個場合，員工因為抗議醫院的一項政策紛紛離場，只有妮娜留了下來。董事會被迫尋找新的主管接替，妮娜是他們的不二人選。到她退休時，她的年薪超過了四萬八千美元，這對於曾在旅館打掃房間的女僕妮娜來說，根本難以想像。因為所得已經超出逐月收支圖的範圍，她只好在上面加貼一張方格紙，收入早已超越當初設定的標準！（參見圖表7-1。）

圖表 7-1　妮娜的逐月收入圖表

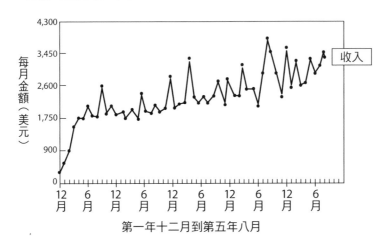

因為善於利用自己的生命能量，妮娜從一個拿基本工資的清潔工，變成醫院部門的主管，薪水變成原來的四倍。步驟七主要是告訴大家，就算在現實考量下，你得把正職工作設定成只為賺錢的工具，但還是盡你所能，妥善運用自己最珍貴的生命能量。這樣做的原因，不是為了貪念，或是在職場上贏得勝利，是為了肯定自己及珍惜寶貴的人生。不僅健全人生，更能讓負債減輕存款增加，有更多的時間及精力追求想要的志業，結交更好的客戶，照顧家庭，並尋求更平靜的心靈。

步驟七的重點摘要

善用你的生命能量，能投入在你想做的工作上，藉此增加收入，同時保持身心的健全發展。

| 談一談錢 ◆ 關於錢的幾個問題 |

找幾個知心朋友，圍在營火邊或坐在家裡，好好聊聊金錢這檔事，藉此機會相互分享，如何在金錢與生活上做出更好的選擇，重拾人生的意義和快樂。

借用本章結尾「談一談錢」中提出的問題，跟你的另一半或是社團成員對話，每日反省自問。記得如果在反省時，都能不忘在最後加上「為什麼？」，會讓你有更深層的思考；如果都能不忘在最後多問一句：「社會如何形塑我的答案？」則會讓思考層面更為廣泛。不論如何，這些問題，都沒有標準答案。

- ◆ 如何讓收入加倍，但不必出賣靈魂及折損健康？
- ◆ 你的第一份工作是什麼？做過最好的工作是什麼？最差的工作是什麼？

- 你的夢想工作是什麼？你認為應該支薪？還是義務？

- 工作到底是什麼？你為何一定要有工作？

- 人生最重要的工作是什麼？

- 如果你現在是為了賺錢而工作，這個工作最令你喜歡的是什麼？最令你討厭的是什麼？

第 8 章

目的快達到了：財務獨立交叉點

財務獨立計畫執行到現在，開支已經減少到最低，收入也盡量提高，債務下降，銀行存款同步開始累積。以前，你可能會把賺進來的錢花在度假、買科技產品、買房頭期款。但經過之前的學習步驟，愛花錢、愛消費新產品的習慣，都已經一一消失。你已經下定決心，錢要花在對人生有意義及能帶來真正快樂的事務上，無意識消費很難再左右你的行為。你已經知道花錢的背後，是消耗你的生命能量，那個往收銀機走去的笨蛋已經不在了。

你已經了解「富足」的心態真的能帶來自由，那接下來呢？

如果你幸運的話，此時事業成功的叔叔或是外甥可能會跟你講複利的神奇，他們可能會說：「你還年輕呀，如何開始存錢，用錢養錢，在複利的魔力下，五十歲時，你就會是個有錢人了！」

我？真的能變有錢人？

想想前幾章討論的事項，步驟一至步驟七已經改變了你跟金錢的關係。現在，步驟八與步驟九將會改變未來跟你的關係。

就像叔叔與外甥說的，如果你開始存錢不要亂花，財富就會越聚越多；你現在的錢會幫你的未來帶來更多錢。放在銀行可以生利息；買債券利息更高；保守一點買股票可以領股利，把利息及股利再進行投資，財富累積速度更快，「有一

天，你的錢會自動幫你賺錢，你就達到財務獨立了！」

這些親戚真是為你好。把逐月收支圖拿出來，這張簡單的圖，對你的財務人生將產生超乎想像的轉變。注意，你很容易就發現，事情在轉變：一旦你的開支開始下降，收入那條線開始上升，你的債務就會消失，存款也會增多。

以下的圖，是第七章的妮娜的逐月收支圖。從圖上發現妮娜的收入從高峰向下走，但請再看一次，這次加上支出一起看（圖表 8-1），可以發現收支之間，出現一道開口（groove）。

圖表 8-1　妮娜的逐月收支圖表

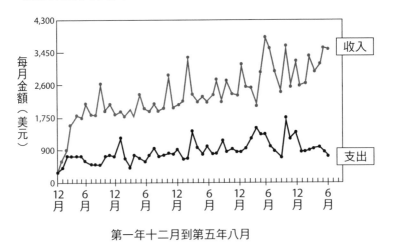

第一年十二月到第五年八月

在貧窮邊緣生活了這麼多年，妮娜的生活中並沒有「花大錢」的習慣，她的每月支出大概就在九百五十美元左右。圖表的數字沒顯示的是她在所得支出上的改變。

她以前會花錢「用娛樂填補空白」，現在則參加「對生命有意義的活動」，她的內心越來越平靜。她的收入，就像第七章提到的，已經超

出了表格之外，不只是因為工作表現，還加上她在一家當地小公司兼差的成果。妮娜的逐月收支表是典型省錢大師的表現結果，收入的狀況已經超越圖表的上緣。

伊蘭（見圖表 8-2）有穩定的薪水，但花費極大，非常認真地執行財務獨立計畫。之後，開支減少了一半，她說這樣的改變不僅提升生活品質，也找回自信心。

圖表 8-2　伊蘭的逐月收支圖表

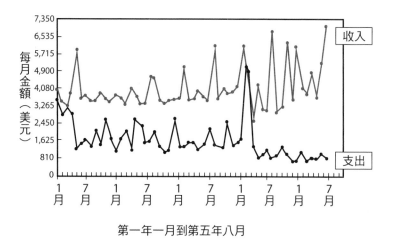

第一年一月到第五年八月

資本

你在這張圖表上看到收入及支出的差距，就是儲蓄。在還沒執行財務獨立計畫前，這個差距代表你能花的錢更多，但在執行之後，儲蓄的意義已經不同，在財務獨立計畫中稱為「資本」（capital）。資本不是用來放在銀行裡，是用來幫你賺更多錢。不管是五十美元或是五百美元，資本都可以為你創造更多的收入。在步驟八及步驟九中，你會發現財務獨立不只是爭取省下百分之一或十的錢，當

你真正做到聰明投資，不僅你跟金錢的關係會轉變，還可累積財富，創造人生一輩子的被動收入❶。透過步驟八，完全財務獨立的大門已經為你開啟。

逐月收支表上的一條新線：每月投資收入

投資賺來的錢跟工作賺來的錢有先天上的不同。不論你是否有工作、是否完成客戶要求的報告，或者有沒有達到每月營運目標，都會有投資收入，來源可能是股利、利息、租金或是分紅。不要把這樣的收入跟其他的每月收入混在一起計算，依據下面的公式，畫出另一條線用來記錄它：你的每月投資收入。

步驟八：資本與交叉點

每個月，依據下面的公式，把你的投資收入算出來，記錄在逐月收支圖上，

資本 × 長天期利率／12（個月）＝每月投資收入

簡單來說，當你的逐月收支圖中，每月投資收入的線「跨越」開支那條線時，你就「跨越」到「財務獨立」中了。

你累積的資本就是你不打算花用的錢（通常放在儲蓄戶頭裡），而公式裡的長天期利率，不能用銀行的存款利息當基準，應該以美國公債利率為指標（三十年期），或是用定存單利率。美國公債是目前用來衡量利率水準最好的工具（我們不是要你買公債，而是希望你把它當作利率的標準），可以用來估計長期投資的回報情況。用這個指標預估，並不代表你一定會有這樣金額的收入。它模擬了你在財務獨立計畫中可能將會有的收入類型（第九章將詳細討論這個問題），

---

❶ 編註：被動收入是指不工作也能賺到的現金流入。

從而預測你的收入。為了方便討論，暫且將利率定在四％，當你真的拿出錢投資時，並不能保證投資回報。當你真正投資，你可以建立各種不同的投資組合，這最終將決定你的投資報酬率（ROI）❷。不管你投資了什麼標的，價格起起伏伏、漲漲跌跌，這是金融市場的特性，就算是最安全的投資，也難逃這樣的宿命。

在這個階段你不用擔心數字，先用這個利率當成基準就行。不過有趣的是，四％這個利率水準，通常也是用來衡量退休金狀況的指標，被稱為「安全提領率」（safe withdrawal rate）。這個數字的意義是，一旦你不再工作，若能從你的資本中每年提取四％的額度做為日常生活所需，這樣的退休生活就會是安全無虞的。能照顧基本的生活，也能對抗通貨膨脹，四％的利率水準也被視為「恰到好處」的指標。因為如果你每年提取三％，可能不足以支付開支；但若每年提取五％，老本可能會很快提光。請記住，這只是一個通用指標，不能當作財務預估工具。不論「安全提領率」或是長天期公債利率，四％是一個合理的標準。

假設你有一百美元的儲蓄，將這一百美元的投資於支付四％利息的債券，那麼公式看起來就像這樣：

$$（100 美元 × 4\%）／ 12 = 0.33 美元（月）$$

每投入一百美元在債券或定存單，你每月將獲得〇‧三三美元。原來的一百美元本金不變，但這只是開始！如果你第一個月就有一千美元的儲蓄，而目前的利率是四％，公式如下：

$$（1,000 美元 × 4\%）／ 12 = 3.33 美元（月）$$

---

❷ 編註：投資報酬率（ROI）是指藉由投資而應返回的價值。

這代表如果你將資本投入債券或其他類似的投資，你的一千美元儲蓄每月有能力帶進三‧三三美美元，在你的逐月收支圖上，就會出現三‧三三美美元（就像在妮娜的逐月收支圖所看到的）。

當然，與圖上的收入高峰相比，這只是一個很小的數字，但它仍然每月有三‧三三美元（每年四十美元）的進帳。為了好玩，我們試著轉化為有形的東西，一些生存所必需的東西。它可能是一個月內使用的大米數量，或者幾個星期的咖啡豆，或者手機帳單的一部分。繼續使用這個方程式，把你每個月累計的結餘都算進去。如果在第二個月內另外存了五百美元，請將其添加到之前的總額一千美元，當月的公式就會是：

（1,500 美元 × 4%）／ 12 ＝ 5 美元（月）

把這結果連接到上一張，幾個月後你的圖表會出現從底部爬上來的第三條線。這條線代表每月投資收益（見圖表 8-3）。一旦你的收入和支出穩定，你就可以計算出需要多少儲蓄和投資才能到達財務獨立的「終點」，不再需要工作。

（3,000 美元 × 12）／ 4% ＝ 90 萬（總資產）

金錢鬍子先生總結出，若你的總資產是年度開支的二十五倍，財務獨立的交叉點就會出現，這樣的資產規模可以無限提供四％的提領率。例如你每年基本花用需三萬六千美元，當總資產達到九十萬美元（36,000×25），就能實現財務獨立。

第九章將告訴你，何時該讓你的儲蓄起飛，成為投資的一部分。當你每月有穩定的資本時，比方說，你投資了五千美元在甲債券上，該投資收入將成為你每月投資收入的一部分，你累積的下一筆五千美元，將以類似的方式投資，以下皆

圖表 8-3 套用公式可以得到每月投資所得，並把數字填進逐月收支圖

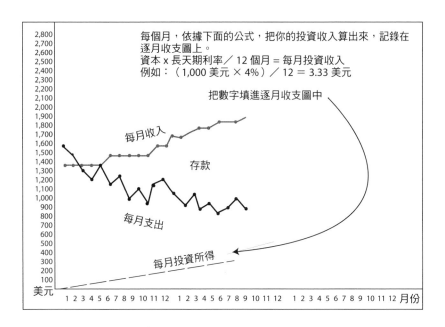

每個月，依據下面的公式，把你的投資收入算出來，記錄在
逐月收支圖上。
資本 x 長天期利率／12 個月＝每月投資收入
例如：（1,000 美元 × 4%）／12 ＝ 3.33 美元

把數字填進逐月收支圖中

每月收入

存款

每月支出

每月投資所得

然。

回到妮娜的圖表（見圖表 8-4）。

　　因為她本來有負債，妮娜的投資收入曲線，要等到她兼差一年後才
顯現出來。一旦她開始存錢並將其轉化為資本，她的月度投資收入就會
不斷增加。

　　例如，在第四年的一月，妮娜當月的投資收入為二一五美元，而她
的開支為八四五美美元。到隔年一月，她的月度投資收入增加為三五〇
美元，開支仍低於一千美元。第五年的二月，她的當月投資收入跳升至
五四五美元，開支仍然不到九五〇美元。我們看到的不僅是妮娜不斷增

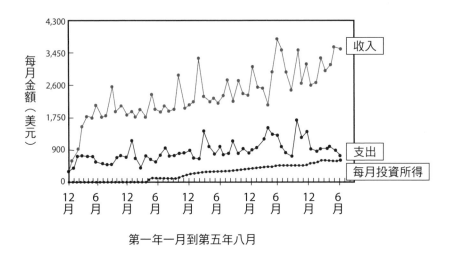

第一年一月到第五年八月

加的投資收益，還有複利的魔力。

即使每個月你的資本金額呈等量增加（例如，每月儲蓄五百美元），複利也會確保逐月收支圖表上的投資收益線是向上成長。這是複利的力量，意味著將利息收入加到資本中，使原始資本不斷增加，其衍生出來的利息自然越來越多。例如：

第一年，一百美元資本，獲得四％的利息收入，把這四美元再投入資本。

第二年，你的資本增加為一〇四美元。這年你將拿到四・一六美元的利息加入資本中。

第三年，總投入資本變為一〇八・一六美元，你的利息收入上升至

四·三三美元。

第四年，資本增加至一一二·四九美元，利率四％，利息四·五美元，再將它加入資本。

第五年，資本變為一一六·九九美美元，利率四％，利息收入增加至四·六八美元。

如此不斷下去。

這可應用到各種不同的狀況。根據經驗，如果以七％的速度增長，在複利的狀況下，任何事情都會在十年內翻一倍。資金、人口、債務（卡債利率從一二％到二四％不等）都一樣。由於假定利率是四％，因此一百美元在十八年之後會達到兩百美元。你可以看到妮娜收支圖的上升趨勢，月度投資收益線不斷增加，同時，支出費用保持平穩沒有上升，等一下你就會看到這一點的重要。光是按月進行這些步驟，妮娜的投資收入已經可以明顯上升，你也做得到！

你應該把儲蓄放在哪裡？

在財富積累過程中，首先，必須在銀行帳戶中建立隨時可用現金部位。一般來說，可支應三個月（最好是六個月）生活的流動資金是必要的。銀行存款是沒有風險的，因為一旦銀行倒閉，美國政府的聯邦存款保險會提供每個帳戶二十五萬美元的保險。但是要放哪家銀行也必須慎選，你的銀行過去紀錄如何？過往的授信或放貸紀錄有沒有問題？你選擇離你家最近的那家嗎？你選擇信合社，還是類似農會的金融合作社？還是網路銀行，讓你在全球都可以交易？或是利息條件較優的金融機構？

我們稱這種流動現金為「緩衝部位」（cushion）。如果你必須回家看望生病的父母，或者舊車突然墊片壞掉了，這個戶頭就是儲存日常生活急用資金的地

方，也是存入收入和支付帳單的地方。如果你目前以債養債，要有半年生活準備金似乎不太可能，但不要害怕，我們將協助你做到。

緩衝部位之外

此外，在第九章中，我們會介紹一些好用的投資工具，讓你用較少的資本創造好的收入。喬曾推薦美國公債是很好的工具，但如今投資公債的黃金時機早已消失……不知道它何時會回來。

第九章還將討論自一九九二年本書首次出版以來，財務獨立人士使用的其他策略。如果你希望現金流多一點，可以買階梯式的定存單（到期日不同）；如果你信仰財務獨立、提早退休理論，指數型基金是不錯的選擇（第九章會詳述）。有些人可能很幸運已經開始儲蓄，如果你上班的公司提供 401(k) 或類似的退休計畫，請充分利用。因為許多雇主將以你的貢獻及工作表現，提撥相對應的退休準備（工資的六％），這等於是提供免費的投資資金，而且不用繳稅。現在大多數 401(k) 都由大型資產公司管理，提供多種選擇，從共同基金到債券基金都可嘗試。如果自己開公司，也可以開設 401(k) 或 SEP ❸。

如果雇主沒提供這樣的計畫，請考慮建立個人退休金帳戶。任何人都可以開立一個，就像雇主提供的退休金帳戶一樣。個人退休金帳戶也提供稅收優惠甚至免稅誘因，401(k) 和個人退休金帳戶是上班族可以好好利用的工具。這裡提到的只是概括的介紹如何把你辛苦存下來的錢進一步變成賺錢機器，還有很多其他選擇。

這看起來可能有點奇怪，但你還是得繼續存錢，這條每月投資收入線不會受你收支狀況的影響。之後，當你達成財務獨立、靠投資被動收入而不再工作時，

---

❸ 編註：即簡式員工基金。

這條線也將不再需要。正如之前提到的，無論你把存款放在活期存款、定存單還是退休金帳戶，你都可以借用四％的公式，預期投資產生的回報。

終極目標：「交叉」點

有一天，當檢視逐月收支圖時，你馬上可以預測未來可能創造的投資收入。由於你的每月總支出相當穩定，因此，這條曲線的走勢也在預估範圍裡。不過切記，如果你的支出穩定在一個範圍內，例如每月兩千八百到三千兩百美元，務必選擇較高的數字，做為推估的基準。這樣你就可以非常安全地預測未來可能的支出，更可以消除一些內心的不安。

你會注意到，在不久的將來，這兩條線（每月支出和每月投資收入）將會交叉。我們稱之為交叉點（圖表 8-5）。只要過了交叉點，就代表你的投資收入已經高於你的每月開支，此時，工作不再必要，只是人生中的一個選項而已！

圖表 8-5　交叉點

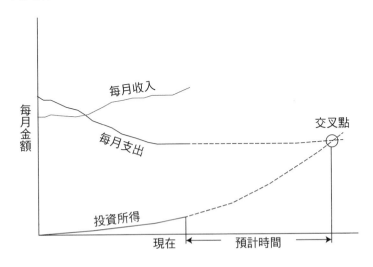

這個交叉點就是我們追求財務獨立的終極目標，你的每月投資收入超過每月支出，已經達到傳統意義上的財務獨立。工作不再是收入的主要來源，工作以外的被動收入已經成為另一項財源。

看清楚未來就會產生力量

　　如此，你對未來會有更清晰的面貌，這是一種力量，對許多人的人生都會產生重大影響。試想，如果你認為自己的生活比工作更重要，在可預見的未來不需要為錢折腰，那麼你很可能成為一個更加積極主動、高度誠信的好員工。當你知道，為錢工作的時日已經開始倒數計時，你的自信、動力、敬業、正直、快樂、驕傲及責任感將會加倍，會更妥善利用自己的生命能量。

　　賴瑞是一家大公司人資部門的員工，參加財務獨立計畫後，經過多年的追蹤、評估和記錄（見圖表 8-6），他發現再不久就可以達到交叉點時，改變了他整個工作態度，連自己都感到驚訝。

　　「我看到財務獨立真的會發生。我將依照時程達到目標，不再擔心是否有人會解雇我，或者我是否得罪別人，這帶給我非常大的力量！」（妻子說，那天他下班時，不斷地說：「我現在刀槍不入！我刀槍不入！」）

　　「我的工作表現勢如破竹，很多人都嚇了一跳，我展現非凡的能量和自信……一個看來非常困難的談判，我在六個或八個月內把它搞定……不只這個案子，在每一件事情上，我都做得很好。長官如果搞砸了事情，我會說：好吧，把它們交給我，我來解決！這樣的轉變，對我或對公司來說，都是一項非常正面的轉變！」

圖表 8-6　賴瑞與桃樂絲的財務狀況

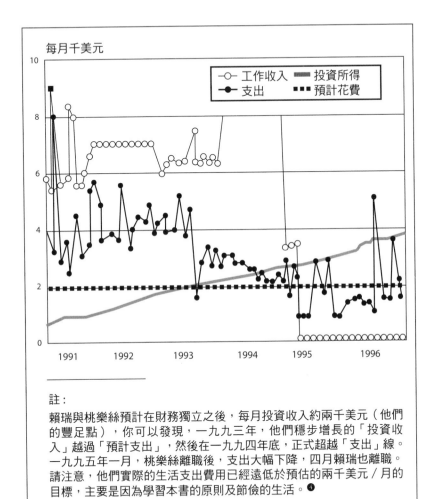

註：
賴瑞與桃樂絲預計在財務獨立之後，每月投資收入約兩千美元（他們的豐足點），你可以發現，一九九三年，他們穩步增長的「投資收入」越過「預計支出」，然後在一九九四年底，正式超越「支出」線。一九九五年一月，桃樂絲離職後，支出大幅下降，四月賴瑞也離職。請注意，他們實際的生活支出費用已經遠低於預估的兩千美元／月的目標，主要是因為學習本書的原則及節儉的生活。❹

---

❹ 資料來源：Jacqueline Blix and David Heitmiller, *Getting a Life*,（New York: Viking, 2007），p.192.

想想如果你在退休之前，仍有一段時間必須要為賺錢而工作，不妨換個心態，可以想像現在雖是為老闆工作，但其實是在為自由而工作。如果你已接近退休年齡，可以想像一下，如果少幾年在職場，多幾年給退休生活，感覺如何？如果你現在四十幾歲，甚至三十幾歲，想像如何在職場後半段做你想做的、而非被迫得做的事？

對於那些希望一路走向財務獨立的人來說，這個計畫的重點之一，就是現在集中精力賺錢，以便以後不必再為錢而疲於奔命。因此，你應該在有限的時間內集中精力賺錢（但不能犧牲誠信或危害健康）。

現在有一個全球性的 FIRE 組織致力於自由設計自己的生活，了解自己的財務狀況，計畫使用自己的生命能量，成為命運的主人。雖然並非每一個人都是透過投資獲得「終生」財務獨立，但投資確實是一些人達成人生目標的重要手段。

他們只要做對一次，就可以自由一輩子。雖然不是每個人都能做得到，但對於某一群人來說，FIRE 就像是一段連續假期，工作、存款、投資、休息一段時間去旅遊、念書、養小孩或自我充實，然後回到職場幾年或幾個月。對有些人來說，可能休息九個月，只在夏天工作；有些人就以打零工的方法過日子；有些人則繼續工作，過一段時間自行創業或當自雇者。他們了解，透過投資、退休計畫或是社會福利，已經可以產生一定的收入，工作只是人生的選項之一。就算你最後找到自己的出路，當另一個事業或是找到另外有興趣的行業出現，也許可能得回到職場賺錢。但成功的財務獨立計畫已經讓你改變，你知道可以再做一次，你是精明的、有能力、有韌性且具備淵博知識。

山姆崇尚農場生活，希望能回到美國中西部居住。他和太太唐娜決定要在保護地球生態的前提下謀生。兩人回到了山姆的故鄉堪薩斯，從朋友那裡買下了一塊土地，重建了一個舊穀倉，並在六十個朋友和山姆的父親（木匠兼石匠）的幫助下，建造了一座太陽能屋。在此同時，山

姆在父親農場裡打雜，而唐娜去護理學校，學習行銷技能。他們想從生活中實踐價值觀：自給自足、家庭經濟、能源效率，以及吃自種或當地種植的東西。

他們步調緩慢地過日子，用錢很小心謹慎，控制自己的花費，如果一切按照計畫，他們希望生活必需的費用（如租金、食品和水電），控制在一般水準的五成，在納稅最低門檻以下過活。山姆每天用五小時從事資源回收，唐娜則是每週工作兩天當護理師。

生活是甜蜜的，他們也幾乎達標。但伊甸園的日子發生了一些狀況：兩個孩子的教育、健康保險、一輛快要報廢的老爺車及需要維修的房子，還有山姆想從父親手中買下資源回收業務的生意。在簡單的生活之下，他們陷入了典型的症狀：「每月入不敷出」、「未來會走到哪裡？」的疑惑。住在伊甸園中，可能和郊區一樣，看來美好，但其實是一個陷阱。那時他們得知了財務獨立計畫，人生開始轉變，山姆雖然對資源回收頗有心得，但若將其視為後半輩子的事業，就好像不是這麼有吸引力。

真正吸引山姆的，是在自己四英畝的土地上自給自足過日子，並從事一些可以永續發展的農畜牧事業：幫助鄰居正確組合和輪作好永續養牛、種小麥、飼料穀物，甚至擴及堪薩斯西部半乾旱草原的其他作物。

山姆不僅期許自己做到，也希望能為更多人做這件事。他看到小農消失，故鄉的人口持續下降，平均年齡上升，他期望透過自己成為好榜樣，可以帶動改變。他沉思著：年輕人可以到城市裡打拚十年，在財務獨立之後回到老家，過著自給農業和小鎮生活。也許他的小小努力不僅為家人創造美好的生活，也能造福其他家庭和美國農業地區。於是，山姆在接下來的幾年努力從垃圾處理的工作中賺錢，為自己未來的理想鋪路。實行財務獨立計畫四年之後，他到達了他的個人交叉點，他的投資

收入趕上他的收入。他可以停止為金錢工作，並開始為夢想努力。

準備一個藏金室

看著這個交叉點，你可能會想知道，在你的餘生中，靠著被動收入是否足夠保障生活無虞？因為這是一段很長的時間。人生無常，有一些突如其來的事情可能隨時闖進生活，以財務安全的觀點來看，我們需要第三個保障：你的藏金室（Cache），這些錢是在你主要儲蓄及急用金以外的錢。在西部時期，Cache 指的是拓荒者的秘密儲藏地，用來存放太重或現在用不到的物品。在財務獨立計畫中，你的藏金室是你的小金庫（主要儲蓄及急用金以外），用來儲備未來所需。

隨著財務獨立的交叉點日漸接近，羅絲瑪莉越來越不自在，她習慣了工作，光想到要關掉那個可靠的現金水龍頭，單憑債券收入過日子，就充滿恐懼。理性來看，她知道自己的債券收入足夠，但還是會不理性地擔心，萬一財務獨立計畫失敗，以後可能很難重返職場，「也許我的心態就像空中飛人的特技師一樣，必須判斷何時應該放開手上的拉桿，讓自己飛向另外一邊的拉桿。」她想，雖然她的安全網（緩衝部位）已到位，但感覺非常遙遠。她決定把安全網拉近一些，並藉由建立藏金室來增加安全感。她放了好幾千美元在另一個銀行帳戶裡，當她自問「如果你在一年內把車弄壞了，患了重大疾病，或房子燒光了，怎麼辦？」時，心裡就踏實許多。

但是如果你不再為收入工作，藏金室從哪裡來？

大多數人會發現，離開職場後，支出會顯著下降，不需要通勤、治裝、午餐，其他相關花費也會大量減少。因為交叉點是根據你的支用為基礎計算，所以

當你的支出變少，投資收入在財務獨立之後會開始增加。另外，你財務獨立的習慣不會因不工作就結束，轉變過程中學到的東西將終生相伴。我們已經學會藉由小心、有意識和創造性的消費，降低你的開支，在積累財富的過程中購買的東西（例如，耐用的汽車、露營裝備或是綠能的房子），永遠不需要更換。

節約的生活仍然繼續，藏金室的準備也會日漸增加。尤其是你的稅賦一定降低，因為不工作之後，你的所得比上班時期少很多，這些都會豐富你的藏金室。最後，你可以再打些零工、做做兼職，讓藏金室水位提升。也許有些親朋好友會送來禮物，繼承親友的資產，搞不好可以找到另外一個你有興趣的新職業（從來沒有人說你不能重返工作崗位，對吧？）。

藏金室最初的功用，可能是心理層面比較多。但久而久之，藏金室裡的儲備就會增多，你對生命中無常的擔憂就會減輕。如果你生活的主要用品已經不堪使用，例如：汽車、自行車或牙套之類的東西，你就可以從藏金室中撥用。藏金室是一種流動的概念，不是一次性的打包，只出不進。主要儲蓄、急用金及藏金室是財務獨立的三大支柱。另外，世界上還有另外三個財富的重要支柱，地位可能比金錢更重要。

大自然財富及財務依存

如果你有睿智的叔叔或是婆婆在家族裡居中調合，或是充滿愛的阿姨，他們幫你張羅好食衣住行大小事，擁抱你說：「錢不是人生的全部，有自尊、愛及家庭，又願意幫助他人的人生，才擁有真正的財富。」這不是一個二選一的題目，**全部**都很重要。財務獨立的計畫之所以適合現在社會，就是因為有兩個重要的支柱：實質個人財務生活的健全，以及充滿愛的人生。

前者是國家的貨幣，有關金錢的交易及投資；後者是自然的貨幣，是人與人之間（或人與萬物之間），像家人般的施與受。國家貨幣是相對較新的發明，由

銀行等金融機構控制，由個人無法控制的人員和機構分配；自然的貨幣，則是基於與其他生物體進行互惠交換，生命要繼續，生物間就必須彼此相互幫助。

越能支援彼此的生活，需要的有形貨幣就越少。你已經完成了第一至第七步驟，了解一旦進入共享經濟的世界，花費雖少但心情愉快，無論是使用像圖書館這樣的公共服務，使用網路上的二手市集，或者自己動手做解決生活大小事，應該都能樂在其中。

花費不多，不代表吝嗇，懂得節約，是因為你對於真正優質的生活更投入，也會用愛、分享、關心、接受身旁的人，不需要過多的物質。削減開支、開始存錢，並不是真正的目的，是自然的結果，這就是自然的貨幣，

這種經濟活動，著重在建立彼此的**關係**，而非**交易**。是一種**財務依存**關係，我們能在社會上發展，憑藉的就是這種重要的財富，讓我們能共存共榮。很難證明它們的存在，但它們就像清潔的氧氣會流入肺部，道路、橋梁和文明一樣存在於我們身邊。能學會生活在充滿愛且相互依賴的經濟中的人，也會做到財務獨立。你的阿姨會說，這就是真正的財富，跟你身旁的人相處，跟你願意投入自己的社群一起成長，就這麼簡單。

自然財富的 ABCs 三項支柱

這裡的 A 是指**能力**（Abilities），也就是每個人的智識能力；B 指的是**歸屬感**（Belonging），也就是一同生活的人；C 指的是**社群**（Community），就是生活在其中的社會（在現實生活中甚至是在線上），你的鄰居、城市、環境和大自然。能力、歸屬感及社群，是三種自然財富存在的型態，在你追求財務獨立的過程中，你處理收支、存款的態度，應該與這三種財富平行發展。

當你的人生不再需要虛假的犒賞（更多的消費、更好的物質生活及更多樣的物品）時，應該把注意力放在這些真實的人生禮物上：朋友、家人、分享、關

懷、學習、挑戰、親密、休息、陪伴、關係及尊重。換句話說，生活中最好的東西是免費的。像大自然一樣，建立這種財富，需要時間、關注、耐心和互惠（即建立關係的贈與和接受）。在你追求財務獨立時，建立的這種真實財富，會讓你的自主人生來得更早、更恆久、更快樂。

能力

能力是指自己動手的技能，可以為你節省大量資金，甚至能賺錢。前面的章節指出，當你知道請一個水電工到家修理水龍頭所花的金錢，會消費多少生命能量時，你自力更生的決心就會更強；而只要把收看線上影片十五分鐘的時間拿來修理水龍頭，也就能省下一筆錢。只要你親自動手做好幾件事，對手作的興趣就會提高，甚至開始尋找其他機會。你可以修好吸塵器（其實只是貓毛阻塞軟管），接著也能搞定汽車音響（只是一個電線鬆脫）；然後，循著使用說明，把車庫內壞掉的垃圾桶修好，也許之後就可以變成手做達人，可以打造露台或是室內裝潢。技巧成熟後，更能協助他人或是賺一些錢。如果你在未來需要更多實質的金錢，就靠儲蓄、增強自己的實力，建立一系列實際上可以換得鈔票的技能。

也許修理東西不是你的興趣，廚房才是你所愛，有感於到餐廳消費可能花費太多生命能量，因此開始學習廚藝。你和另一半可以一起修習烹飪課程，做飯成為你最喜歡的休閒活動。這不僅代表用更少的錢就能吃得營養，你甚至能發揮這種能力，透過幫人外燴、到餐廳當廚師或是提供私人料理，為自己賺進更多的錢。

攝影是一種愛好，一種藝術形式，甚或是工作，這些都可以融入成樂趣。修理自行車、油漆、建置網站、社群媒體行銷、會計等等，都可以為你節省開支，並凸顯你的價值。在累積財富的過程中，如果是透過參加培訓取得新技能或認證，會比用投資賺錢來得更有意義。例如，透過培訓取得緊急醫療技術人員認證，你就可以變成一名具有專業的志工，不僅贏得尊敬，還可以為孩子提供更好

的榜樣。

就算財務獨立之後，你仍然是社會經濟體系的一部分，繼續充實自己的技能，也許當社會上有類似的需求，你又可以繼續開始賺錢。擁有多元的技能，是人生適應及復元能力的重要關鍵，無論外在金融環境發生什麼改變，你都能有蓬勃發展的活力。不斷磨練自己的技能會給你的人生帶來籌碼、自由和選擇。多樣性的能力就是人生財富的展現，無論是在挑戰自我、服務他人、貢獻社會、賺取金錢或是面對生活時，都會有很大的幫助。

戴蒙循著傳統模式完成了大學教育，進了一家公司工作直到退休。他想要穩定收入，但社畜的生活其實沒有吸引力，沒有安全感，但也難以擺脫。在一次偶然的機會下，他突然驚覺如果沒有這份收入，自己付不起、也不會基本的生活技能，包括：食物、水、打理房子。於是他開始削減開支，計畫自己的新生活。退休之後，時間及金錢都比較寬裕，他進了一所荒野學院，學習如何靠自己的力量在野外求生。他用實質的金錢，換取無形的財富，發現了社群、愛及幸福，在不缺錢的生活裡，找到了真正應該花錢的地方。

為了愛與金錢，你可以學會做哪些事？什麼是你一直想要知道的東西，但從來沒想過自己能駕馭的事？你會設立一個目標致力做到？當你還小的時候，最想做什麼？現在可以利用空檔時間學一下？或讓它成為下一個謀生工具？終生學習是通往幸福的關鍵，把時間投資在磨練技能、自我發展及幫助他人，人生永遠不會感到無聊。雖然從職場退休多年，若能繼續學習，就能保持清晰的頭腦和安全的社會地位。

歸屬感

若你需要幫忙時會去找誰？誰會真心聽你講話？生病時，誰會幫你送餐？高興時，你想找誰慶祝？人與人之間的情感及關愛，是陪我們度過無數個夜晚及人生的重要來源。流動性、都市化及工作把我們的時間全都占走了，著名作家依斯勒（Riane Eisler）提倡「關愛經濟學」（caring economy），認為是這個忙碌社會所需要的。財務獨立計畫翻轉這個趨勢，就像關愛經濟學，不僅能讓你生活比較節省，更能在施與受之間讓生命更豐富。親戚來幫你修水龍頭，你再把學到的東西轉教朋友，朋友在你生病時，會煮雞湯幫你補充營養，這是一種叫歸屬感的貨幣。

曾經，教會和家庭就以這些互相支持的方式將生活聯繫在一起，但現在越來越多的人不屬於這種傳統的關懷圈。四成的美國人認為他們屬於教會，實際上不到兩成的人定期上教堂，[5]近來，蓋洛普的美國宗教調查中發現，宗教在我們的生活中越來越不受重視。[6]美國人口普查局及生育和家庭統計處指出，在一九七〇年人口普查和二〇一〇年人口普查之間的四十年間，父母與兩個子女四人同居的比例，從四成下降到兩成，減少了一半；而單身家庭的數量從一九七〇年的一成七，增加到二〇一二年的近兩成八。[7]

年紀漸長的嬰兒潮，非常清楚他們的互助圈已經變小，在社會安全網正在減弱的同時，彼此間的緊密關係也貧乏了。這的確發人深省、也令人恐懼，但對於有些人來說反而是動力。關懷臨終的團體、一些銀髮團體及讀書會，正組織在地

---

[5] 參見：David Olson, *The American Church in Crisis: Groundbreaking Research Based on a National Database of over 200,000 Churches* (Grand Rapids, MI: Zondervan, 2008).

[6] 參見："Religion," Gallup, http://www.gallup.com/poll/1690/Religion.aspx.

[7] 參見：Susan Heavey, "U.S. Families Shift As Fewer Households Include Children: Census," Reuters, August 27, 2013, http://www.reuters.com/article/us-usa-families-idUSBRE97Q0TJ 20130827.

的關懷社群。他們協助一些關係疏離的家庭，重新開啟彼此的對話。這當然不是一件容易的事，所以財務獨立計畫認為，一生都必須用心累積及經營歸屬感這類的財富，對於維持財務健全非常關鍵。

你過去的關係有多少需要修復？你能透過修補關係找回彼此的關愛嗎？這不可能一蹴可及，大部分支援團體：例如戒酒或其他心靈康復計畫，都建議誠實地審視你的關係包括你傷害過的人、你仍然不滿的人、需要和解的人。孤獨是現代人常見的問題，就經濟面來看非常昂貴。歸屬的貨幣具有自然和經濟利益：能夠分發和交換雜事、差事和需求，幫助節省每個人的時間和金錢。孤獨是很容易傳染的，就經濟上來看，成本也是高昂的。歸屬感，不僅是具體經濟上的資產，也是重要的無形財富，能夠協助彼此處理生活中的大小事，節省每個人的時間和金錢。

關係緊密的團體，總是會有人一起做晚餐；幫忙接機送機，一起旅行，甚至介紹未來的工作機會，這稱為「社會資本」。也就是說，透過互惠關係創造的財富。

婚姻及親屬關係是建立歸屬感財富的主要方法之一，但培養在地社群情誼及結交朋友，也是歸屬感的關鍵來源。就像跳舞一樣，歸屬感建立也能透過傾聽、互助和簡單的儀式熟能生巧，例如，每週通一次電話，跟三五好友每月安排一次聚會，或是透過讀書或手工藝等共同興趣組成的團體。

社群

擴大你的人際網絡是無形財富的第三大支柱，也就是社群。而社群也是一種無形的人際財富。社群也是一種貨幣，因為能促進團體內彼此之間的交流，同時也讓團體與外界的交流更通暢。我的社區最近發起了一個互助模式來照護年紀大的長輩，讓大家省下不少長期照護的花費。社群間的互信度越高，就會有越多的資源可供共享。

住得近、溝通好，能讓一件東西被更多人分享，讓物品的功能發揮到極致。孤獨是成本高昂的，分享才是真財富。藉由分享或出租的服務，你的車子、房子、露營車或其他東西，更可以物盡其用。若是好夥伴，這樣的交換就不涉及金錢交易。

選擇在哪裡落地生根，是關鍵的因素。街邊的商店、社區服務團體、當地的文化、農作生產力及是否有靜謐的森林，都會對你的選擇產生影響。在選擇時，除了要考慮外在環境，房內設施及配備也是重要項目。水電來源穩不穩定？食物取得方便嗎？能否不用開車就買到需要的東西？當地文化生活如何？有夜生活？氣候如何？找一下資料（找你相信的來源），二十年或五十年之後，當地的狀況是如何？

如果你已經找到了適合自己的地方，那麼你可以在當地的咖啡館與朋友見面、在非營利組織裡服務、競選公職、投稿給當地報紙、在唱詩班唱歌、加入教會等等。這種社會和自然的結合，可以保證你的安全、滋養你的靈魂、激勵你貢獻社會的意願，並提供長期需要的物品。

另一種「通貨膨脹」

喬很喜歡說：「智慧的增長速度會超過通貨膨脹。」換句話說，你可以比金錢更快地「膨脹」你的技能、能力、知識、與另一半和社區的關係。

學習與搭檔跳舞、在唱詩班唱歌、建立網站……一旦你達成財務獨立，將有更多時間學習；更多的時間來自己動手做；也有更多時間與他人聯繫；有更多的時間尋求讓生活更簡約的方法；有更多時間投入志工或加入教會。你的旅行可以便宜而優哉，而不是昂貴又匆忙。與上族班每日行程滿滿的狀況不同，你不用凡事遷就方便，可以花多一點時間做決定。

前面說的 ABCs 財富，還有一項「s」，這是屬於你的東西（stuff），財務及物質的財富。但因為在「關愛經濟學」中 s 只是一小部分，所以沒有大寫。個人

財務獨立就像人生的地基一樣，可以確保你的安全及自由。財務依存則包括四個要素：能力、歸屬感和社群，以及你得之不易的財產，這些構成你所有的生活所需，有形資產加上無形資產，會讓你的人生過得充實富足。

對 ABCs 財富有更深刻的了解，會讓你更認識財務獨立的交叉點，而不僅是全職工作的結束，無論你是與親友參加家庭聚餐；與志同道合者一起當志工；還是學習與朋友一起釣魚、競選公職；或者躲在洞穴中沉思四十天，它都跨越了一個更加充滿愛的、充實和有趣的生活。達到這個交叉點是一個巨大的成就。你重建了自己的生活，沒有在別人限定的範圍裡過日子。

財務獨立，不再是小說的情節，而是發生在你身上的事實。你通過了種種的挑戰，克服了舊的信念，你從夢想中醒來，不再認為擁有越多東西才是越好的人生，重新定義「富足」是什麼。你已經學會對自己的人生資產負責，有能力追蹤和評估進出你人生的金錢。你重新制定了自我滿足的標準，不再盲從廣告宣傳及同儕的期待。你找到自己的價值觀和人生目的，重新找回生命的方向及人生中最值得付出的事情，你的生活掌握在自己手上。

交叉點後的不安

但這樣的過程也可能令人不安。

有一天，我接到一位有熱忱且具創造力的男子電話，多年來，他一步步邁向財務獨立的境界。「我做到了，我已經財務獨立了！」「恭喜！」我說，並且冷靜地談論他的成就。「你不明白！這樣讓我很恐慌！突如其來的自由，我該如何善用它？」連這麼有創意的男子都這樣害怕，那其他人呢？

事實上，我們發現許多人，在他們到達「交叉點」之前，就撞上了一道陌生的焦慮牆，對於某些人來說，過度自由確實會陷入這樣的心態中。

為了消除可能發生的後遺症，喬在財務獨立初期，還是利用週末的時間來完成他想做的「全職」工作。他想在退休後開著露營車四處旅行，所以他用了多年

積蓄設計自己的露營車，並前往新澤西州的一個州立野外公園度週末。當他跨過財務獨立的交叉點時，已經想好要怎樣利用空閒時間。他認為，既然 FIRE 運動正在風行，應該進一步推廣到各個年齡層，讓所有人都能體會財務自由的感覺。以下摘自部落格和網路言論版上的一些建議，以及我跟喬之間的對話。

在財務自由的初期，你可能會太想往自己的志願前進而躁動，像糖果店裡好動的孩子；或者你還在找方向，生活會過得有點無聊。不過時間一久，你就會進入一個穩定的常態，不需要時鐘控制作息，你的內心會自動找到規律。

無論在你面前的胡蘿蔔是什麼，你都想吃：旅行、睡覺、在海灘放空一週、參加政治活動。許多人的身體或心理會開始出現問題，這些問題日積月累，這不代表你做了一個錯誤的決定。身體的訊號在告訴你，你的身心都開始回復到比較理想的狀態。無論你是三十歲、四十歲、五十歲還是更年長，你的身心都需要關注，這本身就是一段冒險旅程。

你可以學習演奏樂器、繪畫、練唱、舞蹈或釣魚，加入極限飛盤隊，迷上社區小型劇場；參加不同的會議；學習線上遊戲，讓自己的身心處在最佳狀態；或是到餐廳端盤子。幫棘手的問題想出一些驚人的解決方案，進一步發揮你的影響力，也許非營利組織會給你一個董事席位，你有機會提問：「設立幾席董事或委員會就夠了？」。

你可以選擇想過的人生

只要達到財務獨立，這些事情都任你挑選，如果你成為其中一員，也許會忙到沒時間想以前工作的事。把工作及金錢的關係切開，真的可以找到自我發揮的可能性，讓生活再次動起來，實現心裡真正想做的事情。

你的日子將會充滿色彩——即使你花時間在高爾夫推桿、清掃、做飯或散步。一件事接著一件事來，不帶壓力（除非你喜歡壓力），因為你投入心力去做，沒有什麼是微不足道的，從冥想、摺疊衣服到對著一大群人演講。這就是經

濟學家舒爾（Juliet Schor）所說的「豐盈」（plenitude）。

你可以自由地為樂趣、為了回饋社會、為了靈感、願望或自我改造而工作。財務獨立計畫的核心精神就是選擇、不是金錢，關乎你如何安排人生中最珍貴的資源：你的時間、生活焦點和人生。財務獨立之後，你可以過自己的日子，沒有公式可以依循，你有充分的自由投資自己的時間，就像建築大師富勒說的，「我們是未來的建築師，而不是未來的受害者！」

步驟八的重點摘要

每月用以下的公式，將你的資本總額、每月投資收益，記錄在你的逐月收支圖上：

資本 × 長天期利率％／ 12（月）＝每月投資收入

根據下一章中提供的方法開始投資時，記得在逐月收支圖上輸入每月投資的實際利息收入（若有額外節省下來的資金，用同樣的公式記錄下來）。在收支變得穩定之後，畫一條假想線，預估完成財務獨立的時間點，你將會了解，在那之前還需要投注多少時間在工作上。

傾聽別人的故事,可以得到啟發及靈感。解放自我不代表必須孤獨生活,藉由別人的幫助,可以讓你更快達成財務獨立的四個目標:智慧、健全、獨立及互相依存。

借用本章結尾「談一談錢」中提出的問題,跟你的另一半或是社團成員對話,每日反省自問。記得如果在反省時,都能不忘在最後加上「為什麼?」,會讓你有更深層的思考;如果都能不忘在最後多問一句:「社會如何形塑我的答案?」則會讓思考層面更為廣泛。不論如何,這些問題,都沒有標準答案。

- ◆ 對於清償債務,你有沒有一些想法?請提出從務實到天馬行空的點子。
- ◆ 你希望傳承什麼給下一代?
- ◆ 如果你現在不用為錢工作,會如何利用時間?
- ◆ 若能一年不用工作,你會怎麼過日子?
- ◆ 你能靠哪些技能或是社群團體協助你過生活,以減少對金錢的依賴?

追求長期的財務自由——
你的現金應該存放在哪裡？

步驟九：為財務獨立所做的投資

這個步驟將協助你成為一個知識淵博的成熟投資人，從而維持長期穩定的收入，以保障長期的財務自由。

這個章節將告訴大家，當你接近或突破了財務自由的交叉點後應該把金錢放在哪裡。如果你從這裡才開始看這本書，想要馬上獲得一些理財技巧的話，請先回到第一頁，我們的目的不是在教大家賺更多的錢。但如果你已經靠工作、繼承或經營事業積累了足夠的金錢，甚或是成功的投資者，想要有更多自己的時間、過真正屬於自己的生活，那麼這章很適合你閱讀。

幫自己添加力量

這本書最主要的目的之一是讓你找回控制自己人生的力量，以前的你可能被金錢牽著走。上一章明確指出，你累積的資本每月會幫你創造投資收入，如果做得好，就可以讓不必為五斗米折腰。了解金錢真的能幫你之後，這章將集中在如何運用投資工具，讓你的財富持續增加，並用現有資本賺進更多錢，以豐富你的

人生及回饋社會。

所謂投資，就是把錢投注在某個理財工具上，讓這個工具幫你賺更多的錢。達成財務獨立之後，有些人會選擇：

投資保守的債券型產品（特別是借給大型機構產生的穩定孳息）或是循環信用基金（revolving loan funds），抑或是將錢投注在你的所在地或開發中國家的投資市場上。

你也可以將錢放在退休 401(k) 帳戶或個人退休金帳戶（IRA）中，或是透過券商買進指數股票型基金（Exchange Traded Fund, ETF）❶，由專業人員或是演算法進行投資組合的安排。也可以投資在不動產上，自住或出租都可。

你也可以投資生意，無論當合夥人或借貸。

除此之外還有不少其他投資方法，但風險都比較大，需要每天看顧，也有一些道德上的顧慮。當沖客靠頻繁交易賺錢（或虧錢），但這就是他們每天的工作。一些衍生性金融商品把次級房貸打包起來再賣給投資人，雖然金融機構賺了錢，結果拖垮了美國經濟。你可以隨心所欲地投資你的資金。本章簡單介紹一些適合財務自由之後的理財、投資機會。但記得「投資」並不意味著你必須重新考慮進入「越多越好」的心態，更不是要學習如何在市場中殺進殺出。

按照這個計畫的步驟，你將知道要足夠安穩度過人生，這個投資計畫的最主要目的是確認你的錢夠用。透過這種知識含量高且歷久彌新的投資方式，可以賺得基本生活所需。這樣做，當親戚想要報你投資明牌時，自己不用再擔心或困惑。

本節中提供的任何內容，都不是具體的投資建議，主要著眼在長期穩定地累積財富的方法。與本書其他部分一樣，這是基於個人經驗和財務獨立人士的策略，旨在提供指南、理財原則和教育。

---

❶ 編註：ETF 是一種在證券交易所交易，提供投資人參與指數表現的指數基金。將指數證券化，投資人不以傳統方式直接進行一籃子證券之投資，而是透過持有表彰指數標的證券權益的受益憑證來間接投資。在台灣也有指數股票型基金，例如台灣 50 等。

一些與投資相關的詞彙

在這一章，我們會學到資本市場上的大小事，讓想達成財務獨立的人了解市場運作原則，以便得到充分資訊，做出穩健決定。

以下是了解金融市場的一些重要詞彙。

● 風險容忍度

你對**風險**（或賠錢）的容忍程度，是讓你晚上安穩睡覺、不會擔心必須回職場賺錢的風險胃納量，範圍很廣，從一塊錢都不願意賠的超保守投資人，到最積極願意承擔風險以獲致最高報酬的積極型投資人。財務獨立課程其實不想讓大家變成後者，在達到財務獨立的交叉點之前，某些人可能會為更高的報酬，承擔更多風險；但在交叉點之後，應該把風險降到最低，極大化你的被動收入，放在投資上的注意力越少越好。你的風險容忍度可能與年齡、性格、能力、生活經驗、生長的環境，以及從小到大培養的金錢觀以及對信用或借貸的觀念，有一定的相關。網路上有不少工具能協助你了解自己的風險容忍度。

● 資產類型及多元資產配置

標準類型的資產是：股票、固定收益（債券）、房地產、商品（礦物、化石原料、農作物）和外幣。通常當一個資產類別正往上漲時，另一個資產類別就可能下降，因此，跨資產類別多樣化，是管理風險的一種方式。

投資者通常會把錢投資在不同的基金：債券、股票、黃金等，達到資產多元化的目的。近年來，出現了不少新的投資工具：包括 P2P 借貸❷、貸款基金、股

---

❷ 編註：P2P 借貸在中國大陸也被稱為網路借貸，是指個體和個體之間透過網際網路平台實現的直接借貸。個體包含自然人、法人及其他組織。

權眾籌❸和綠色能源相關的投資機會。

● 收入

有五種方法可以獲得投資收入：

1. **利息**：是指來自固定收益投資的定期支付，例如債券、票據、定存單或儲蓄帳戶。
2. **股息**：是將獲利的一部分分配給資產的持有者，包括：公司股票、共同基金、指數股票型基金或未上市公司。
3. **資本利得**：是指出脫資產、房地產的所得，超出最初買進金額，所產生的收益（資本損失，則是處分所得低於最初投入的金額，你的被動收入會下降）。
4. **租金收入**：是將持有資產租借給別人的收入（必須扣除相關費用，如：稅金、保險、房貸及修繕）。
5. **權利金**：是指使用者付給智慧財產、天然資源、特許銷售權擁有人的費用。

● 時間

你的**時間表**現在走到哪裡？你人生還有二十年可以犯錯並改進，還是已經退休，需要金錢終老一生？傳統的想法認為，你還年輕，應該冒多一點險，讓財富累積快一點；但隨著年齡增長，你轉而專注於保存穩定的收入。

傳統想法認為，離退休還有幾十年的年輕人，應該投資九成的股票和一成的

---

❸編註：股權眾籌指募資人透過平台集合眾多個人投資者小額投資，以支持創業經營或其他社會事業的新型融資模式。公司出讓一定比例的股權，面向普通投資者，投資人透過出資入股公司，獲得收益。

債券，因為他們可以禁得起景氣漲跌。更保守的投資者或者想保持財富穩定的人，比如即將退休的人，可能會選擇兩成的股票和八成的債券。但追求財務獨立的人應該比傳統更加保守，因為努力的目標是早日退休並保持高度信心。即使在市場下跌時，他們的投資所得仍然會高於支出。

● 費用

如果你進出市場的次數太多，也就是買賣太過頻繁，其間產生的交易費用及資產管理費用，會侵蝕你的預期獲利。主動管理的共同基金需要支付管理費及手續費，在投資績效上的表現，精準度可能比射飛鏢好一點而已（但它們的表現常常不及射飛鏢）。有些私人理財顧問服務會從你的代管資產總額中收取一定比例的顧問費用，有些則是按鐘點費計價。對於追求財務獨立的人來說，最好的投資標的是指數型基金（Index funds）❹，因為管理費低，近期的表現也不錯（但不是常常有這樣的表現）。

● 理財顧問

投資通常不容易只靠自己，除非你真的很在行。你可以聘請一名顧問來協助，或是從網路上尋找，問看看你委託下單的證券公司裡有沒有這樣的服務，他們可以藉由評估你的目標、風險承受能力、價值觀等，幫你建立一個投資組合。但必須確保不會被不道德的經紀人引誘，投資一些高管理費的商品。

私人理財顧問與你的利益衝突比較少，可以協助確保一些投資該注意的基本事項，特別是一些投資專業工作，例如追蹤投資績效、依據市場狀況調整持股，

---

❹ 編註：指數基金或指數型基金是消極管理投資基金的主要形式，有時用來指所有的消極管理投資基金。

及監督經濟大環境的變動，但記得，一定要貨比三家！

● 投資社會責任

如果你非常看重一些社會價值，卻又擔心投資組合裡會包含與你價值相違背的公司，害你睡不著覺——這問題不只困擾你。但幸運的是，市場上有一些投資組合已經把有道德爭議的公司篩選掉，❺包括：高污染的企業、武器製造商、對性別歧視的公司等等。時間拉長來看，對社會良善的企業通常表現都比一般公司好。然而，因為這類的投資組合得對社會和環境深入研究，因此費用通常要稍高一些。對於追求財務獨立的人來說，在投資這類的金融商品之前可以比較費用的差異，並衡量是否值得多花錢做這樣的投資，及這些投資標的是否真的有遵守社會、環境及公司治理的價值。

協助我投資友善環境企業的顧問，對於社會責任投資（SRI），給了一個簡要的解釋：

> 期許金錢使用能與自我價值觀結合，是財務獨立計畫的核心，因此社會責任投資是必要的考量。沒人能擺脫在財務選擇時（收入、支出、儲蓄和投資）可能產生的道德影響。在金融世界裡，沒有東西是絕對無瑕、完全乾淨的，但我們可以盡最大努力讓投資損害最小、效果最好。
>
> 在越戰後的近五十年來，投資者已經逐漸退出打造戰爭機器的行業，社會責任投資的規模已經成長至二十三兆美元。在美國，專業管理資金中，有兩成二投注在社會責任投資。

---

❺ 參見：A. Desclé, L. Dynkin, J. Hyman, and S. Polbennikov, "The Positive Impact of ESG Investing on Bond Performance," Barclays, https://www.investmentbank.barclays.com/our-insights/esg-sustainable-investing-and-bond-returns.html#tab3.

簡而言之，所謂社會責任投資希望：

◆ 避免負面影響
◆ 追求積極貢獻
◆ 影響你投資企業的決策

怎麼做？社會責任投資利用對社會和環境影響的研究，避免投資中帶有令人反感或不負責任的政策和做法，為社群、社會和環境帶來積極改變。社會責任投資還倡導股東行動主義，旨在讓公司負責任並改善行為，同時促進在地產業發展，如此，就能創造發展中國家的經濟機會。今天，不少社會責任投資的基金經理人，已經將環境保護、社會責任和公司治理（ESG）❻等因素，加入其投資組合的考量中。

金融世界開始了解，環境和社會與資源相關的議題，已經對企業獲利產生影響。從務實而言，投資人開始走向更綠色的行業，爭取長期回報。例如，企業在煤炭和石油上的開發，在可見的未來很難有好的利潤回報，投資人嚴重質疑未來數十年石化公司的永續生存能力。雖然氣候變遷爭議仍未有定論，但保險公司和軍方已經將氣候變遷納入其對未來的預測中。

早期外界以為，社會責任投資是藉著犧牲獲利而達成，但現在不是這樣子了！從一九九〇年代初開始，社會責任投資和公司治理企業的投資回報，已經趕上甚至超過了傳統產業。不僅實質回報，社會責任投資也創造了所謂的「良知回報」（conscience returns），包括社會及環境資

---

❻ 編註：ESG自從二〇〇四年首度被聯合國全球契約（UN Global Compact）的《Who Cares Wins》報告中提及，現已成為評估企業能否永續經營的指標。

本。在氣候和政治穩定極不確定的時代，許多人有無力感。社會責任投資就是用自己的雙手，推動時代巨輪，走向未來的一種方式。

這個詞彙表的目的在提供基本認知，說明未必確切或詳盡。在這本書的原始版本中沒有包括這些，因為喬已經為追求財務獨立的人制定了一套投資的法則及標準。

政府公債：喬的最愛

喬在一九六九年、剛滿三十一歲時就退休了，他制定了一套「買了，就放在一旁不用管！」（set it and forget it）的投資法則，這套透過養老金和美國國債的投資方式，能產生穩健的被動收入，確保資本的最大安全性和每月穩定投資收益。這些債券的利率高於六・五％，通貨膨脹率低於三％，代表投資人每年都能拿到穩健的利潤。接下來的三十年，利率一直穩定維持高檔，在一九八一年的經濟衰退期間，猛漲到接近一五％，但在一九九七年回落到六・五％。這一年，喬也過世了。喬在一九六〇年代為自己設計的策略，一直沿用到過世前，為他創造了可觀的財富。❼

金錢習慣（Money Habit）網站的創始人李文斯頓（J. P. Livingston）製作了圖表 9-1，❽說明了為什麼喬選擇了政府公債。

---

❼ 編註：在台灣，公債多由法人持有，例如金融機構的準備部位，民眾亦可從郵局小額認購，或是購買投資美國公債的ETF。

❽ 參見："10-Year Treasury Yield," The Money Habit, https://i1.wp.com/themoneyhabit.org/wp-content/uploads/2016/09/10.Yr.Treasury-Yield-Augmented.jpg?resize=1024%2C717.Source:Board of Governors of the Federal Reserve System (US), "10 Year Treasury Constant Maturity Rate," Federal Reserve Bankof St. Louis, https://fred.stlouisfed.org/series/GS10.

圖表 9-1　美國十年公債殖利率

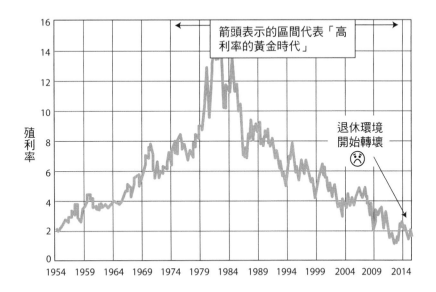

當喬於一九八〇年開始教授財務獨立課程時，推薦大家把現金投資在美國公債這項標的。許多人也都這樣做了，並一直維持財務獨立的狀況。第五章中說到的麥可就是其中之一，自一九九二年以來，他一直確實執行這樣的策略。

如果你從二〇〇〇年之後，回頭看看喬的策略，可能既嫉妒又不屑。羨慕的是在於那些穩健的回報率；不屑的則是，當股票市場創造如此豐厚財富的同時，他竟然選了這種慢吞吞的投資。「哦，這是一本關於投資國債的書，」他們會輕蔑地說。事實上，它從來都不是這麼簡單，因為這種投資方法非常理想，完全不用花時間及心思管理，又能創造穩定、安全的收入。

喬在一九六九年為自己制定了標準，他存了七萬五千美元，用現在價值計算約二十二萬五千美元。以平均收益率八％計算，每年收入僅為兩萬美元。因為他很省，這筆錢對他而言仍不少。但現今的國債利率低，若要維持每年兩萬美元收

入，他的本金需要四倍（接近一百萬美元的魔術數字），才能維持財務獨立的水準。雖然喬的策略在現今環境可能不再適用，但了解它，對追求財務獨立仍相當有幫助。他的標準是：

- 極度安全的本金保障。
- 最大利息的收益保障（對「美國政府的充分信任」，其能保證本金和利息收入）。
- 免繳州稅和地方稅。
- 金融商品發行方不可提早贖回（大部分公債不可早日贖回）。
- 絕對流通性，全球都可銷售，美國政府公債幾乎隨時可購買或出售，產品單純（只有一千美元，五千美元和一萬美元等單位面值的債券），只需極少的手續費。
- 最容易獲得，直接由聯邦政府發行，大多數經紀商和許多銀行都能買賣。
- 最低手續費：沒有中間商、沒有佣金，沒有額外收費。
- 存續期有彈性：你可以買一張將在幾個月內就到期的債券，或者三十年才到期的債券。
- 長期收入絕對穩定：對於財務獨立最理想的理財工具，比貨幣市場基金、出租房地產等波動大的投資穩定。

政府公債入門

債券就是一個借條，債券發行人承諾在債券（面值）的某個日期（到期日），向債券持有人支付債券上印的金額。大多數債券還以特定的比率（票面利率）支付利息。

這筆金額雖然以年利率方式報價，但通常半年就會付息一次。公債就是政府借錢的方式。政府通常每隔幾個月就會發行一張新債券，到期日期通常分為十

年、二十年或三十年。

　　新發行的債券，最重要的一件事就是償還金額給即將到期債券的持有者，剩餘的錢用於彌補聯邦預算中的赤字。政府有義務清償國債及其衍生的義務，債券的本金和利息必須在到期日前支付，然後再支付其他費用。如果不這樣做，就會破壞美國政府在市場上的「信用評等」。

● 購買國債風險相對較低

　　喬和我開始投資的時候，世界各國對美國償債能力還是保持懷疑的態度，所以政府不得不支付高利率吸引資金。這為財務獨立者提供了非常好的機會，三十年期國債提供了一個「買了，就放在一旁不用管！」的千載難逢機會。債券價格隨著利率波動，如果在到期前出售債券，你拿到的錢可能會多於或少於（賺或賠）當初買進時支付的價格（市場風險）。如果一直持有至到期日，無論當時的利率如何，都將收回票面上的金額。

　　新發行的美國國債，可以透過美國財政部直接經營的網路服務（TreasuryDirect）向聯準會的窗口買，不需要任何佣金。不需要中間人，也沒有經紀人，當然可免除額外的經紀費用，你也可以透過經紀人購買已發行的流通國債（最低收費）。你也可以經由次級市場❾，向任何持有國債（任何時間發行的債券都可以）的人購買。根據當時利率的高低，你買到的國債有可能高或低於面值。許多人偏好在次級市場上購買債券，而不是直接從美國政府購買債券，因為他們比較願意與擁有債券的「真人」交易，而不是為美國債務注資。

---

❾ 編註：次級市場是初級市場發行後之有價證券買賣的交易市場。功能在於讓最初的投資者可以賣出持有的有價證券以變現，改作其他用途。

● 高配息公司債具吸引力

二○一二年，美國國庫券、債券的利率已下跌至二％以下的低點，現在仍然維持在低檔，但是沒人能準確知道這趨勢何時會轉變。若真的開始轉變，你可以再回到本節。如果你喜歡低風險的債券，不想只押一支債券，可以購買債券基金，這將在後面介紹。

喬並不推薦公司債券，但是一些財務獨立的人認為，只要發行企業願意多配息，公司債也很具吸引力。就像美國財政部和機構債券一樣，公司債也是債務工具，利息按季度或每半年支付一次，並在到期時還回本金。與政府債券一樣，它們有標準普爾、穆迪或其他評級機構的信用評等，通常債信等級要在 BBB 以上才比較適宜投資。一些追求社會責任投資的投資人，也許還是對美國政府有充分信心，如果是這樣，可以試試美國機構債券而不是美國國債。機構債券會把募集來的資金，支持你可能關心的特定部門（農民、學生、房主、小型企業），不像聯邦政府債券，以還款義務及軍事為優先項目。

一個警告

關於投資收益，喬總是給投資新手最少的期待，他一直警告：在市場上沒有什麼是確定的。沒有一件事是確定的，這就是人生。如果你不接受這件事，就不會有好運氣。如果有人告訴你一個毫不費力、萬無一失的賺錢方法，喬會說你是傻子。

我這裡有一個故事：在過去，喬只對少數有興趣的人傳授財務獨立課程，每當學員達到財務獨立的某個階段時，他會給他們一張變黃的俄羅斯沙皇債券。在電子交易及債券集保不盛行時，債券的持有人會真的從債券上剪下一個利息券（coupon），用這個利息券跟債券的發行者領取半年債息。喬的這張債券在一九一七年沙皇倒台之前一直付息，但在俄國革命之後就變成一文不值。五十年後，喬在偶然機會下買了一盒沙皇債券。喬給達成財務獨立的人這張債券，主要是想

提醒，沒有任何投資可以保證地緣政治或經濟條件不會改變，也不要天真地以為儲備金能夠長久給你固定的收益。投資人一定要小心。

低成本指數型基金：防火方案

如果不買國債，那麼應該投資什麼？大部分的財務獨立者都建議：指數型基金。一九七五年創立的先鋒（Vanguard）資產管理公司創辦人約翰·柏格（John Bogle）發明了指數型基金，使投資變得更簡單易懂，把賺來的錢以更低成本分配給股東。先鋒跳過中間人抽取的佣金及大幅降低管理費用，為散戶及其他基金公司富達（Fidelity）和嘉信（Schwab）打開了大門。對於財務獨立者來說，指數型基金非常接近「買了，就放在一旁不用管！」的原則，是債券以外的理想投資標的。

股神巴菲特曾說：「指數型基金是絕大多數投資者明智的選擇。」他解釋：「例如，透過定期投資指數型基金，一般投資人可超越大多數專業投資人。」[10]指數型基金或 ETF 設計為追蹤市場上主要指數（如道瓊工業指數、那斯達克綜合指數和標準普爾五百指數）或債券市場指數。指數型基金的目的不是像傳統共同基金一樣想要打敗市場，而是希望追蹤指數，盡量跟隨指數起伏，是一種被動投資的方法。透過分散投資，建立相對穩定的投資組合，很適合尋求穩定且低風險的長／短期收入的人，因為低管理費、分散投資的特性，也很適合財務獨立計畫。

然而與債券不同，指數型基金或 ETF 投資一籃子股票，因此無可避免會隨市場波動。千禧年世代的財務獨立者偏好指數型基金或 ETF，就像嬰兒潮世代

---

[10] 參見：約翰·柏格著，《一本書學識投資》（ *The Little Book of Common Sense Investing: The Only Way to Guarantee Your Fair Share of Stock Market Return* ），天窗出版商有限公司，二〇一五年。

喜歡銀行一樣，將手邊剩餘的資金都投入到這些基金中，手頭只持有少量流動現金。

曾經經歷景氣上沖下洗的年長人士，可能不相信股票市場的金融商品（本質上有風險）的穩定性能與銀行（本質上安全）相比，但是對於只看過道瓊指數不斷上漲的年輕人而言，投資 ETF 可享有個人退休金帳戶或 401(k) 退休帳戶稅收優勢，因此，不投資指數型基金，似乎是個愚蠢決定。不過，切記喬提出的「買方當心」警告：在過去的九十年中，股市已經有五次大跌（跌幅為三二％到八六％），其後的恢復時間從四年到二十七年不等。以下這些數據可以當作參考：

- 經濟大蕭條時期：道瓊指數下跌八六％，花了二十七年才復原
- 七〇年代中期：道瓊指數下降四六％，將近十年後恢復
- 一九八七年底：在短短三個月內下降三二％，四年後恢復
- 二〇〇七到二〇〇九年金融海嘯：美股下降五〇％，需要六年才能恢復（如果漲跌循環從一九九九年網路股高峰算起，則是花了十四年才復原）

年輕投資者曾經經歷的兩次股市波動，網路泡沫及金融海嘯，都是例外。因為它們用了不到十年的時間就恢復，但這並不意味著市場的週期性已暫停。相較之下，債券基金的波動性要小得多，當市場巨幅波動時，只損失幾個百分點。

指數型基金的投資哲學

柏格頭（Boglehead，信仰柏格理論的投資人）深信他們可以成功地管理風險，並獲得比一般投資者更高的回報，這些一般投資人中有許多人把資金押注在下一次科技股的狂潮。柏格頭的做法可以歸結為以下理念：投資於管理費用低的指數型基金，透過特定商品的多元化投資，長期持有這些資產。

為何指數型基金的收費較低？因為指數型基金採被動式管理，不需要積極管

理及投資，不必養一個研究團隊選股，不像傳統共同基金必須建立研究團隊，從股海中挑選好公司，以達成超越市場指數的目標。因此，指數型基金行政管理費用較少，收取較低廉管理費，當然對投資者更具吸引力。

這些費用或費用比率，按投資金額的比率收取（請注意，市面上已經買得到社會責任投資類的指數型基金，其管理費約〇・二二％至〇・五％，較一般指數型基金高，但遠低於傳統共同基金），你只需要決定把錢放在哪一類的指數型基金上。雖然投資指數型基金很簡單，大部分管理費也相當低廉，但仍有一些決定要做，例如你要投資股票指數型基金？還是債券類的指數型基金？國內或國際？大、中、小型資本？或是把不同種類組合起來？將投資集中在美國債券指數？或是全球股票市場指數？這些組合，可以讓投資人參與世界不同的市場，降低整體風險。

善用公司退休計畫

對於那些還處於賺錢年紀的人來說，不少公司都提供傳統個人退休金帳戶的計畫，你都可以選擇把錢投資在指數型基金上。如果你的公司有提供退休計畫，務必把被動管理的低成本指數型基金納入你的考量。如果可以，請考慮全額自願提撥，非常划得來。還記得我們前面說的，在全職工作階段盡量省錢，為年老退休做準備，將一部分錢提撥進退休專戶還可以節稅。如果你的公司沒有提供退休金計畫，仍然可以透過經紀公司建立退休專戶。這與儲蓄的功用相近，但長線增值潛力更高。

若你遵循上述建議，縮小你的投資範圍至指數型基金，接下來要做的選擇就變得比較簡單，如果你覺得聽起來很無聊，就做對了。長期投資不是一個快速致富的計畫，也不需要你日夜緊盯。像先鋒資產管理這樣的公司，提供了簡單的、沒有附加條件的投資方式。以前相對昂貴及複雜的投資，現在每個人都可以簡單地做到。除了先鋒之外，還有許多其他公司可供選擇。

投資最重要的事情，還是必須了解世界上真的沒有人能夠準確預測市場或未來。了解自己的風險承受能力，並將投資分散在股票、債券以及國內和國際指數型基金，就能降低整體風險。此外，世界上也沒有完美的投資組合，因此最重要的是，減少對單一政府或公司的投資，仔細檢視每個基金的管理費及其他相關費用，和大多數長期投資一樣堅持走下去。把二十四小時監控市場的電視節目關掉，只要在你購買以及賣掉它的那一天，關心它的價格就行。

真的有人這樣做？

媒體上會有非常多讓人炫目的退休理財報導：「想要提早退休？」「想要三十歲就過退休人生嗎？」「每月把五成的收入存起來，就能提早退休」，這些報導都吸引了相當多點閱率，當你深入了解之後，會發現許多推動財務獨立運動的人士，與我們談的策略幾乎不謀而合。《簡單致富》（ *The Simple Path to Wealth* ）一書的作者柯林斯（J. L. Collins）在給女兒的一系列信件中，寫到了這種理財方法，他認為大家都喜歡錢，而且喜歡用簡單的方式得到它。

他將策略整理成幾個重點，例如「不要與對自己財務狀況不負責任的人往來」、「不要花光你賺的每一塊錢，存一點下來」。更重要的是，量入為出，把存下來的錢投資在先鋒全股票市場指數基金（VTSAX），一個基金，一個戶頭。真的這麼簡單嗎？

在財務獨立的領域內，最知名的應該就是本書推薦者金錢鬍子先生。多年來，他一直在宣傳指數型基金，甚至把傳統的選股投資稱為「傻瓜的賭注」。在他的部落格中，建議讀者用十到十五年的時間工作，以五成的收入過生活，同時把剩下的所得投入指數型基金或管理費相對較低的長期投資商品。與一般想法不同，他認為如果市場崩盤，是股票跳樓大拍賣的時機，雖然他認為房地產和其他收入來源也是財務獨立的重要來源，但他鼓勵讀者，把錢放在指數型基金上，讓這種簡單的理財商品繼續為你賺錢。崇尚極簡主義的密爾本和尼克迪穆，

在他們的部落格及暢銷書《心簡單：尋找生活意義的法則》（*Minimalism: Live a Meaningful Life*）❶中提到，簡單投資是大家都該做的事，他們選擇的金融工具，就是靈活、成本低、可靠的指數型基金。

他們把投資轉入了管理費低廉的指數型基金公司，如：先鋒及 Betterment，確實省下了很多錢，這些公司在金融版圖裡也越來越具競爭力。另外，部落客「簡約森林」（Frugalwoods）先生及其夫人，也將生活中的結餘投入指數型基金這種「低成本，不需要過度操心的資金管理系統」。在描述戰略的文章中，他們點出了一個金融市場長久的問題：「我們的投資文化有一個神秘的謎團，完全沒有意義，我們沒有必要付錢給某人『管理』你的資產，因為，這種管理費低的指數型基金的表現，通常比一些由專人管理的基金好得多！」❷

你可以記住一些推崇指數型基金人士的名言：

- 償還債務，未來不要再借錢
- 量入為出，千萬別超支
- 投資低成本的指數型基金
- 長久持有你的基金

泰咪曾經很迷惘，不知該如何選擇投資標的，也不知如何評估風險和回報。但現在，她決定在財務獨立之後，採取「先保障基本需求，再求超額獲利」（enough and then some）的原則，分散自己的投資標的。

---

❶ 參見：約書亞·菲爾茲 密爾本（Joshua Fields Millburn）、萊恩·尼克迪穆（Ryan Nicodemus）著，《心簡單：尋找生活意義的法則》，如果出版社，二〇一七年。

❷ 參見：Mrs. Frugalwoods, "Our Low Cost, No Fuss, DIY Money Management System," *Frugalwoods: Financial Independence and Simple Living,* January 24, 2017. http://www.frugalwoods.com/2017/01/24/our-low-cost-no-fuss-diy-money-anagement-system/.

她將大部分資金放在美國公債上，這樣，不管世界如何變動，她都有足夠的收入來滿足基本要求。然後把其他資金放在共同基金和指數型基金，當成她的藏金室，風險稍大，但潛在的回報更多。就算藏金室裡的錢都賠光了，她仍然保有財務獨立，再慢慢把藏金室裡的錢存回來。

不動產

下一個策略是投資房地產。如果你找到一個喜歡的社區，買一套有庭院、雙拼或四層式的房地產是不錯的選擇。這樣做，不僅可以結交好鄰居，把其中一間套房租出去，還能創造穩定的收入來源，以支付房貸及分期付款。

崔奇（Scott Trench）是《打造生活》（*Set for Life*）這本書的作者，也是一位房地產顧問、仲介和部落客。他說，「大家都知道，如果想買房，最好買一個可以增值的物件。通常情況下，小型雙拼、三層式和四層式的住宅，除了家庭使用之外，也可以把空餘空間租出去。如果你手上的不動產物件沒有超過四件，可以申請聯邦住房管理局（FHA）的低利房貸（通常利率可以低到三・五％）買下一間可以創造收入的房產，只要在當地居住滿一年以上。你可以研究自己有興趣的區域，再磨練出租物件的基本管理能力，選一個安靜、適合人居、容易出租，且銀行願意貸款的房子，就能創造租金收入，我自己就曾經這樣操作過，有很好的經驗。就像買一間自己要住的房子一樣，需要基本而簡單的照顧，就能擁有一間房子，而房客的租金會幫你繳付銀行貸款。」[13]

以下就是評估投資物件的注意事項：

---

[13] 參見：Scott Trench, email message to the author, April 10, 2017.

- 房子所在地點住起來舒不舒服？你想不想在未來的幾年中，甚至永遠，成為這個地方的一分子？
- 該地區的發展前景如何？房價可能會漲嗎？鄰里可能會保持和諧及安全嗎？
- 會創造多少租金收入？
- 維持的費用預估有多少？常見的有維修、水電、社區管理費、稅金、分期付款（資本支出）、閒置期及其他衍生的託管費用。這些零零星星加總起來，也是一筆開銷。

房地產投資與其他投資不同，會讓資金鎖在單一的商品上，且有一段時間沒有辦法流動，如果你急需出售物件換取現金，不動產市場可能不是理想的投資標的，因為急售往往會造成虧損，這就是投資不動產的風險。但如果你願意自己努力做功課，並精心挑選物件，那麼出租可以成為一個安全、穩定的收入來源。

投資客操作手法風險大

請注意：有些投資客會買進舊屋翻修之後再賣出，從中賺取豐厚利潤，有一部分追求財務獨立的人士，在還未到達財務獨立之前，會用這種方法快速累積財富。不過我們不建議這樣做，因為這樣會占據你太多時間、風險太大，而且坦白說，房價炒高了之後，一些付不起房租的房客，可能被迫搬離已經相當熟悉、且鄰里關係深厚的社區。另一種房地產投資方式，是投資自己的家園和土地，讓住家成為財務獨立計畫的一部分，例如：在自己的家裡，建置再生能源或農畜設施（花園、穀倉、雞舍和羊／豬圈），時間一長也可創造收入。前面提到的部落客「簡約森林」先生及夫人，就建設了一個農莊。

肯特和貝絲兩人都是高薪的專業人士。他們彼此吸引的原因，並不

是想一同過著高檔豪奢的生活。肯特是一位博士，也是綠色能源顧問，他讀過非常多有關氣候變遷的資料，希望把自己的城市變成可持續發展的典範，但是當地政府作風官僚延滯計畫，讓他越來越沮喪。貝絲一直不滿意她的工作，這問題困擾她很久，他們倆在存夠錢之後，在市郊附近蓋了一座小農場，自己捲起袖子耕作。但有一年乾旱嚴重，深水井乾涸，農作物枯死，肯特在研究所攻讀的氣候變遷，真實地發生在生活中。他們決定開著野營車往西部走，希望找到一個氣候安全的地方，幾個月後，他們終於在西北太平洋岸一個茂密的林地找到了「它」：一個被八英畝黑莓灌木叢包圍的破舊房屋。

　　這個土地上的一個物件因臨近高速公路，因此被劃為商業用地，他們決定把整建土地、翻修房子及照顧家庭當成主業。肯特和貝絲在藍莓叢中把房子重新翻修，自己則仍住在野營車裡，同時出租一間獨立的客房，用租金支付房貸；房子整修完畢後，他們夫妻就搬進屋子裡，然後把野營車租出去；再把一個獨立的小屋整修好出租。加起來的收入，正好用來支付購買農地所需，他們在六年之內就把房貸還清，比一般房貸還款的二十至三十年限短了許多。主要是因為這片肥沃的土地、豐沛的水源及出租擁有的自然資源所得。買下這片土地時，他們已經有一個小孩，定居之後又生了一個。他們深信，能在自己的房子中生活；能有時間陪伴孩子一起長大；並把他們拉拔成一個具環保意識且對森林友善的成人；又能兼顧社區關係的培養，讓鄰居成為生活重要的支柱，這全部加起來，就是人生中最美好的事情。不僅對自己好，也是照顧地球生態最好的方法及途徑。

　　不過，投資房地產，並不一定只能投資給人住的物件。喬治・卡林（George Carlin）曾說，房子也可能「成為你放東西的地方」。

陶德投資不動產的方法就不一樣,他買進了倉儲不動產,並開始雇用經理人,經營倉儲空間的租賃業務。你可能注意到了,倉儲業做的是把家中多餘的東西找地方放的生意,跟財務獨立計畫強調精神不大一致。不過,姑且不論這一點,陶德一家確實因為這筆投資而有了每月固定的收入,不僅可以提供生活所需,日積月累也讓他們買了第二個物件。平常時間他就投入社區服務,擔任學校家長委員等職務,他之所以能這樣做,就是因為有穩定的被動收入,可以維持穩定的生活。

不動產也可以是你投資組合中的一項。

桃樂絲和丈夫賴瑞的故事,是財務獨立計畫最佳的範例及代表。他們在一九九五年「跨越」了四十萬美元的資產。他們利用手上的房地產融資,進進出出共投資了三棟出租公寓,同時把自己家的一間獨立物件租了出去。除了穩定的房地產投資和收入之外,他們還將多餘的資金投資一些公司及共同基金。

為了了解投資方面的知識和經驗,他們參加了 NAIC(全美投資公司協會)舉辦的課程,協助創立了幾家不同的投資俱樂部。這些是他們遵循的原則:一、定期定額投資;二、把投資收益、股息和利潤再投資;三、投資優質的成長型股票和股票共同基金;四、多元化投資。

賴瑞說:「加入投資俱樂部是一種安全而有趣的方式,讓我們學到投資的方法。參加投資俱樂部的重點在於了解投資,而不是致富。我們把從俱樂部會議上獲得的見解和知識,應用到自己的投資中。」

下一個不讓你的資產流失的觀念在於稅率。透過了解稅法及其細節之後,賴瑞指出:「我們有超過一半的投資部位是放在節稅的商品上,如:個人退休金帳

戶（IRA），401(k) 等，這樣做，我們賺來的錢可以放在自己的口袋。為此，我們保留一張電子表格，預測未來十年或更長時間的現金流量，讓我們既能節稅，又不會被罰款。如果真的遇到困難，我們也可以把罰款繳清，取得投資本金及所得。」他們最後的藏金室，就是本書提到的核心價值：簡約生活，把日常支出壓到最低。結果他們的資產已經翻了三倍，賴瑞得以加入志工行列，有時能透過志願服務，有點車馬費的入帳；桃樂絲選擇她真正有興趣的兼職工作，不再只為了金錢。

我的選擇：社會責任下的不同收入來源

幸運的是，我在一九八一年到一九九七年買進了一些債券。我曾擁有一張債券，票面利率為一五％，最低的利率是八％。除了最後一筆，我的其他債券都到期了（我討厭看到它們到期），三十年轉眼來到，美國政府已經將錢全還給我，我用這些錢再次投資，利率在五％以下。千禧年之前，債券是我唯一的投資。

二〇〇〇年後，我開始依據自己的價值觀，進行多元化的資產配置。雖然你我價值觀不完全相同，我仍希望自己的例子能幫助你找到適合自己的投資標的。對我來說，開心和自由，是我想要的生活，因此我的投資必須與這個價值觀一致。我深知成長型的工業經濟會給環境帶來毒害、污染及氣候變化，因此，在過去三十年我一直設法終結北美地區過度消費的文化。我不是一個避免錢滾錢的純粹主義者，但我會根據自己的價值觀來投資。

我駕駛電動車，投資太陽能產業。我傾向買當地小農的產品，並投資在地農場，我致力於建立更多元化的在地經濟，並投資在地企業。我發現居住的社區人口開始老化，想要扭轉這一趨勢，所以我經常把部分公寓租賃給年輕人。你選擇處理金錢的方式，反映了你這個人的種種。就像你選擇的每一樣事物，決定了你自己的樣貌，誰也逃不了。

不動產

一九八六年，喬、我和一些朋友，以十三萬七千美元在西雅圖買了一幢大房子。二十年來，我們的非營利組織及新藍圖基金會就在裡面辦公，一共有六位員工。我擁有房子的部分產權，出售時，我已經免費住了二十年，賣價也比當初買進時增加了兩倍。

這種投資方式雖然意外（因為當時我們需要一個在西雅圖的穩定住所），但讓我對房地產投資留下了深刻的印象。如果我把我的持份分租出去，那麼我二十多年的租金收入應該很簡單就超過七萬五千美元，這還不包含其他房間的租金收入。

不僅如此，我還擁有一個七個房間的大房子；過去這麼多年來，這棟房子還供給前前後後好幾十位員工辦公所需，讓我能在世界上最適合居住的地方生活；更好的是，我有一群好鄰居，在這個大房子裡熱烈討論不同的事情，從剪髮、健康一直談到繳稅。對我而言，這就是社會責任投資！

把這棟房子賣掉之後，我在惠德貝島（Whidbey Island）買了一棟房子，這也是一個值得分享的故事。賣掉西雅圖的房屋之後的現金，若放在銀行裡，最好的狀況也只有一％的利息，我考慮也許應該購買更多的國債，因為當時票面利率為三％。

我的西雅圖房子是一個雙拼的物件，我想要找一個類似的房子，我自己住一邊，把另一邊租出去。一個下雪的冬日，我住的村莊癱瘓在大雪中，我在網路上看到一個價格合理的房子，距離我租的公寓只有半英里。我穿上靴子，終於找到這個傳統物件：一個淺綠色、有三間臥室的房子，看起來非常大，但很醜。繞了一圈，我發現了一個露台，爬上樓梯，在一扇落地的玻璃門外，看到貝克山（Mount Baker）、北方瀑布（North Cascades）和普吉特灣（Puget Sound）的美景。從屋內就可以看到這個海邊小鎮的絕美風景，我真的心動了。但若要買下，

在現金不足的情況下，必須申請房貸，但我一輩子的買賣都用現金交易，實在不想破壞這個規矩。

這個房子，應該可以發揮生產的功用，而不是一個錢坑；它可以成為收入的來源，而不是吸錢機；充實我的金庫，而不是掏空它。我看到可能達成的目標，我可以將車庫租給木工，或租給其他人用來停放船或露營車，我也可以把一樓有衛浴的房間出租，讓租戶保有隱私。我的思緒像收銀機一樣，在雪地中跋涉回家的路上，想法不斷湧現。我精神抖擻，想好一定要砍掉至少五千美美元的房價，並在腦中不斷排練，應該如何向仲介討價還價。

後來，發生了兩件事。首先，我打電話給一位剛剛在這裡找到工作的朋友，詢問她是否想要租房子。「我可以跟你合買房子呀！」她回答。如果各出資一半，我們兩人就有能力以現金支付。

其次，因為這棟房子已經掛賣了很長時間，銀行將價格降低了四萬美元，我們又撿到便宜。雖然房子有些問題需要維修，但仍然是個值得入手的資產。買進之後，我的朋友把她的部分改建為私人公寓；九年後，她必須回家照顧母親，所以我買下了她的持份，把車庫改裝成另一間一室公寓。

以租金的水準來看，不論我這個房東或是房客，都頗為滿意。我自己的房間後院有一個大花園，有很充足的陽光，夏季我就把隔壁的客房張貼在 Airbnb ⓮上（我們這城市觀光客不少），賺一點零用金。我算過，這樣每年投資回報約八％，在這個低利率時代是一個不錯的回報。以後我老了，我可能會把房子變成「銀行」，把它反向抵押給銀行。若老了走不動，可以讓看護住在隔壁的房間裡就近照顧我。也可以以工換宿，每天照顧我幾小時，餵我吃飯、幫我洗身子及穿衣服。

⓮ 編註：這是一個讓大眾出租住宿民宿的網站，提供短期出租房屋或房間的服務。

社會福利金

社會福利金是第三個收入來源，我提早了兩年拿社福金，因為計算過以二十年的總額來看，早兩年拿社福金，比晚兩年拿划算。依賴社會保障，這樣真的能持久嗎？我雖然做了對的決定，買了這棟房子，但手邊現金真的不夠，因為我跟一般嬰兒潮世代不同，沒有在企業或機構裡工作，因此沒有額外的退休金保障。幸運的是，這也與許多其他嬰兒潮世代不同，我有各種各樣的投資，因此不需依賴每個月微薄的社福支票。

在地借貸（標會）

除了債券、房地產和社會福利所得外，我的第四個收入來源是當地的地方借貸。「我信任我的社區」，對我而言，這句話不只是口號，而是我真正生活的方式。我找到了一種相對安全的方法，把錢借貸給社區朋友，收取利息。在我家鄰近社區中，一群有願景的人籌建了一個名為 LION（當地投資機會網絡）的獨特網路，幫助需要現金的投資者、在地中小企業主、非營利組織，取得所需的現金，發展自己的計畫或商機。

這個模式是請有現金需求的人把自己的計畫、商業模式、提案整理出來，交由組織管理者轉寄給群組中的其他人。任何感興趣的成員，都可以與提出計畫的人見面，溝通想法進行投資，不限任何金額及條件。由於社區和人際關係是我人生財富的核心，因此我組織了一個小型、循環性的地方貸款基金，透過這筆基金，我已經為當地企業提供了近八萬美元的貸款。

我要求五％的利息，或者是用一些實物折抵利息，如：貓砂、蔬菜、雞蛋等，這些都是在地生產的。幾乎每個案子，跟我借錢的人都很感激，跟我成為朋友。只有當他們蓬勃發展時，我的社區才會成長，這一點非常重要。因為農村社區必須靠著不斷地投入，才能保持生機和繁榮。

綠色能源

當一群有心人為了在我們這個島上裝置太陽能板而成立公司時，我馬上跟這家公司聯絡，表示也想入股。因為政府推出鼓勵措施，讓我可以把家中產出的電力銷售給其他需要的人，我創造了一個三贏的機會：裝置太陽能發電設備，這是對能源自給自足的未來投資；三％的回報率，而且沒有風險；這家公司採用的是華盛頓州當地工廠生產的太陽能板，這樣也照顧了在地產業。

我了解，要支持綠色能源及社會責任企業並不那麼簡單。因此，我聘請了一位專精這一領域的財務顧問。因為我沒有興趣積極管理自己的資金，花錢請他處理這部分的資金其實是很划算的。如果我自己花時間研究社會責任方面的投資（或至少不能對社會有害），可能因為壓力，造成我的健康負擔（我非常不樂見這樣的情況），所必須支出的費用可能會超過支付給他的錢。

我的顧問非常理解我的投資理念。他自己也投入在地發展，在制定投資策略上發揮了重要作用。此外，他自己的投資公司自然投資（Natural Investments）選擇投資標的的想法及策略，也跟我的很相近。因此，我決定拿出一些資金，投入風險比較高、但受到他認可的公司，買進這些公司發行的高收益債券，我擁有兩家太陽能公司和一家咖啡合作社的股份。其餘的錢就投資在重視企業社會責任的股票和債券基金。如果你也決定聘請理財顧問，請確保他不僅誠信度高，而且有與你相近的價值觀。

副業

就像很多財務獨立人士一樣，我也從「副業」中賺取了一些收入，貼補生活所需。這些微型工作很有創造性：從經營網路商店到在 eBay 平台上銷售產品，跟以前客戶保持聯繫，兼做一些顧問或諮詢的工作，幫鄰居遛狗、寫部落格、當家教、在夏天兼差導遊，偶爾參加會議演講。在不破壞財務獨立的情況下，寫書

是一件「大型」的副業，但因為書籍可以讓理念傳播速度快一點，也符合我認為生活應該多元的想法。

檢查表：進行投資前檢查七件事

- ☑ 1. 這項投資符合我的價值觀嗎？
- ☑ 2. 這項投資是否符合我對風險的容忍度？
- ☑ 3. 我的投資是否分散及多元？
- ☑ 4. 是否能提供我當前和未來的收入？
- ☑ 5. 變現能力強嗎？若要處分可以輕易賣出嗎？
- ☑ 6. 在買入或賣出時，會產生多少費用？會不會有罰金（如果有）？
- ☑ 7. 這項投資會產生稅賦嗎？聯邦、州還是地方稅？（對於我的整體繳稅情況，會不會產生影響？）

你必須構建一個符合自己思維和生活方式的投資組合，同時考量對風險的容忍度，以及對生活的創意及想法，只有你自己能做這個決定。

結論

你已經準備好把掌控金錢的主導權拿回來，決定自己的人生，你也準備好將成為一個有想法、有愛心及知識豐富的資源管理者。誠心希望你能應用在自己的財務生活及人生，迎接生命及地球的挑戰。希望你能一路成功！

步驟九的重點摘要

建立可以創造長期收入的投資組合，並用心經營，讓它能穩定持續地供給長期生活的需求。

　　聽別人的建議，能讓自己的能量變得更強。用你的價值及所知，篩選進入腦中的資訊。於此同時，我們也已經了解如何透過投資，創造多元收入的方法。

　　借用本章結尾「談一談錢」中提出的問題，跟你的另一半或是社團成員對話，每日反省自問。記得如果在反省時，都能不忘在最後加上「為什麼？」，會讓你有更深層的思考；如果都能不忘在最後多問一句：「社會如何形塑我的答案？」則會讓思考層面更為廣泛。不論如何，這些問題，都沒有標準答案。

◆ 你現在有沒有為老年生活做準備？準備有哪些？

◆ 在緊急的狀況下，你靠什麼賺取額外的所得？

◆ 有沒有什麼你可以信賴的人或工具協助你做投資決策？

◆ 過去在投資上有沒有經驗？你的希望是什麼？

◆ 投資時，你的價值及信仰是什麼？

◆ 你對金錢和生活的風險容忍度有多大？

◆ 財務獨立對你的意義是什麼？

誌謝

　　這本書第一次出版到現在已經超過二十五年。在這些年中數百人幫忙行銷及推廣，讓它變成一本長青書。我在這想要謝謝協助過我們的人。

　　伍德小姐（Monica Wood）從一九九二年以來，就一直擔任本書的編輯；瓦特（Rhoda Walter）在同一時期，負責本書的研究工作及其他支援事項；由志工組成的新藍圖基金會，一九八四年由我們成立之後，就一直致力於這本書的推廣工作，同時也發展出改變金錢關係時所需要搭配的工具；NRM 工作小組，把財務獨立的九大步驟課程介紹給不同的朋友。

　　這本書的再版有好多幕後英雄，我希望逐一感謝。

　　瑞巴（Chris Ryba）在二〇一七年擔任助理編輯，扮演不可或缺的可靠角色，第一次碰見他時，我發現我們對於這本書有相同的熱情，對於初學者來說，這是一本規畫財務計畫的好書，可以透過對話改變生活。身為千禧世代，他看待世界的觀點也是本書不可或缺的必要成分。我們一起把這本書的升級版做出來，他負責每一章節的重新製作，每一版的校稿，他都用清晰、智慧及正面的態度一一完成。

　　另一個千禧世代的工作夥伴胡佛（Cole Hoover），協助我了解他們這個世代需要什麼，這本書可以提供些什麼。泰勒利（Anne Tillery）、湯瑪斯（Cecile Thomas）及麥克拿馬拉（David McNamara）一直鼓勵我，對我及這本書深信不疑。

　　我的經紀人及啦啦隊長威莎小姐（Beth Vesel），一直陪在我身邊，把最初的想法修整得更清楚、更引人入勝，更能跟上現代社會的脈動。這樣的努力，終於贏得出版商企鵝出版社及寇特（Kathryn Court）的首肯，再次出版這本書。

　　曾經任職於《Yes!》雜誌的阿拉佳其（Rod Arakaki），聽到這本書要再版時，就出手協助，負責第六章的重新修整及寫作。

　　「自然投資」的團隊，佛瑞茲爾（James Frazier）、派克（Christopher Peck）、克萊門（Michael Kramer）、布瑞（Hal Brill）、卡明斯（Jim Cummings），幫我把新酒倒進了舊瓶子裡，讓第九章被動投資的部分增添了新生命。

　　三十歲的薩巴提爾，在二〇一七年二月在網路上寫了一篇推崇這本書的文章，指出在他從破產翻身到擁有百萬美金身家的五年過程中，這本書幫了很大的忙。這篇文章讓本書的舊版再次登上了亞馬遜排行榜的第一名，自此他也成為我們的夥伴，協助將本書推廣給新一個世代的年輕人。於此同時，我發現這本書助長了「財務獨立、提早退休」的風潮。

　　又名金錢鬍子先生的安得尼（Pete Adeney）先生，以及倡導財務獨立的領導者、部落客及其他意見領袖，都熱烈歡迎我回到舞台。我也期待在未來的日子裡，能跟大家一起打破迷思，改變這個世界。

　　最後，我要謝謝編輯楊格（A. T. Birmingham Young）及企鵝出版集團的編輯瑞姆（Sam Raim），協助我更正錯誤，節制篇幅，謝謝他們讓作品變得更好。

　　寫作是一個孤獨的過程，我也要謝謝惠德比島社區中的好朋友們，帶給我的激勵、歡笑、協助，及願意傾聽我的心聲。這塊土地帶給我及心靈無限的養分，我由衷感激，能跟大家在一起，是我最真實的財富。

九大步驟的簡版說明

這整本書的九個步驟就是捷徑，沒有比這個更短的捷徑了。這幾個步驟做成如下的結論，可時時回顧、參考、提醒。

這是一個系統性的做法，你必須有意識地，讓這些步驟自動地融入在個人理財的理路中。不管你從事哪一行，這些都是最基本的練習。別忘了，你自己的人生，就是最重要的事業。人生這個事業，就是讓幸福這件事的回報率極大化，讓每小時都花得有價值。

第一步：跟過去和解

A. 你這一生中已經賺了多少錢？算算看你這一生中賺了多少錢，從你賺進的第一塊錢算起，到你最近的一筆收入。

B. 怎樣把這些錢表列出來？怎樣才知道你真正創造的價值？做一張自己的資產負債表，清楚列出哪些是資產（是你擁有的），哪些是負債（你欠別人的）。

第二步：活在當下

A. 你用多少錢交換生命能量？你用一生中的生命能量，換得了哪些東西？把你維持工作所要花的時間及賺得的金錢，列出一張表，算算看，每小時的工資

是多少？

B. 仔細記錄每一塊錢從哪賺來及怎麼花出去的。

第三步：錢都跑哪裡去了？（每月收支表）

每個月把所有花的錢，依你花錢的模式分門別類地記下來。也把收入記下來。把每個項目花的錢，用你在上一個步驟計算出每小時薪資的方法，換算成「生命能量小時」（hours of life energy）。

第四步：下面三個問題可以改變你的人生

對照你的每月收支表，看著每一項的支出及其花費掉的生命能量，問問自己下面的問題：

1. 我在使用生命能量的同時，生命是否因此得到等量的充實、滿足？
2. 使用生命能量時，是否跟自己的價值及人生目的一致？
3. 如果不是為錢工作，你的消費型態會有怎樣的改變？

回答完這些問題之後，評估一下每個類別，支出金額應該要增加、還是要減少，或是維持，以達到生活豐足的最終目的。這是這個計畫的核心。

第五步：讓生命能量具象化

製作逐月收支圖，把每月收入及支出清楚記載在上面，把它掛在你每天都能看得見的地方。

第六步：衡量你的生命能量——把花用減到最低

學習並練習聰明使用你的生命能量（金錢），可以讓開支降低、存款提高，這樣做，也可以讓生命更富足、健全，讓人生往自己信仰的價值發展。

第七步：重估你的生命能量，最大化你的收入

尊重你投入工作的生命能量。金錢只是你用生命能量換取的東西。以有責任感、誠信的方式交易來賺取收益。

第八步：資本與交叉點

利用下面的公式「資本 × 長天期利率／12（個月）＝每月投資收入」，在你的逐月收支圖上，記錄你的投資所得，把它編製成一條獨立的線。

第九步：為財務獨立所做的投資

這步驟協助你變成一個有智慧、成熟的投資人，可以創造穩定的所得，以供給長期生活的需求。根據以下三個重點設定自己的財務計畫：

- 資本：財務獨立的核心資金部位，創造穩定收入
- 緩衝部位：準備足夠維持六個月生活的急用金
- 藏金室：執行九大步驟之後，多賺到的錢

附錄
讓我們來談一談錢

「金錢萬能！」這句諺語源自於希臘劇作家歐里庇得斯（Euripides），充分表達金錢可以交換各種物品、無所不能的魔力，從商業、政治、貿易甚至是愛情。

不過，金錢萬能之後，其他價值似乎都靠邊站了！金錢就像尚方寶劍一樣，一旦出鞘，大家都閉嘴！

我們活在一個被金錢掌控的文化裡，分享個人的財務狀況似乎變成社會上的禁忌，不過，我們現在想要扭轉這個情況。

公開討論金錢的目的是打破你與金錢之間原本互不往來的狀況，並開啟新的對話。你最後一次公開討論債務是什麼時候？或者你的收入？大多數人碰到金錢問題的時候，都一個人自尋出路，想要透過看書、看新聞報導及閱讀理財專欄得到答案，在不同的意見中游移，反覆摸索，想要透過存錢、消費或投資，邁向幸福之路。

在「談一談錢」社團中，我們必須抱持著「不要覺得丟臉，也不要責怪自己」的精神，透過對話，讓我們對金錢的偏見、恐懼、瘋狂、遺憾甚至謊言，可以有公開並被討論的機會。

你不想聽聽大家對金錢的看法嗎？你不想聽聽他們做過哪些最愚蠢的錯誤和最聰明的決策嗎？你不想聽聽別人的教訓，避免重蹈覆轍？你不希望找一個安全

的地方，彼此可以交換想法、金錢觀、工作、收入、儲蓄、付出及心裡的秘密嗎？

「像許多年輕人一樣，」陶尼塔說，「我陷入了一個典型朝九晚五的生活型態，這對我並不合適。我想有所作為，但坐在電腦後面八個小時辦不到。在這段時間裡，朋友向我介紹了一個簡單的互助團體。我發現它是一個安全的所在，人們分享他們的願望、恐懼、價值觀和人生目標。我們討論了與金融、科技、永續及心靈等等的話題，我越來越受到啟發，希望過著有意義、有目的性及探險的生活。有一天，我覺醒了：如果我不採取行動，生活不會改變。我一直夢想著旅行，但是每每都用不同藉口拖延。不久，我辭去了工作，並預訂了飛往世界另一端的飛機票，獨自背著行囊，走看這個世界。」

「談一談錢」這個工具看似簡單，但真的可以改變你的生活。包括一些準則、一個能引起大家興趣的話題、一個讓每個人都有轉機的過程。儘管讓大家敞開心扉談自己的財務，聽起來讓人感覺興奮又害怕，但根據多年的經驗，這種簡單的方法，我有信心可以讓大家感覺到：

- ◆ 釋放
- ◆ 更有活力
- ◆ 做決定時更自在
- ◆ 更有動機改變與金錢的關係

在「談一談錢」團體中，沒有專家，因為它不是糾錯大會，而是一個認識自己的場合。當人們陷入消費主義的金錢文化中時，我們真正需要的關係、尊重和

保障可能會被扭曲，更會助長貪婪。因此，這種討論形式，與跟理財專員及銀行清償債務談判非常不同。

我們與金錢的關係，會影響到個人的想法、感受、態度、信仰及生活經驗，解決財務問題，不是談話會的真正目的，可能只是副帶結果。我們希望這個聚會，能探索你心理深處的想望，透過公開的分享及討論，真正被發掘出來。

「談一談錢」團體的守則

試著用這樣的問題開頭：「請大家交換一下彼此的經驗：你在最近六個月中，有沒有曾經買過一件衣服，但其實你根本不需要它？」每個人都有這樣的經驗，我跟你保證。這是與金錢有關的問題，但不會太隱私，所以很適合試試水溫。當我第一次在一個工作坊的聚會上問這個問題，結果很讓我吃驚。每個人都踴躍發言，我都沒辦法插話，我大可直接離開現場，讓大家痛快地暢所欲言。你可以試著用這樣的問題，問問另一半或是室友；也可以把它貼在社群網站上，看看大家的反應；在跟同事吃飯時提出這個問題；甚至可以召集朋友到家裡或咖啡廳舉辦一個談話會。

找朋友一起談這個話題，比較容易引起回響，至少你會有一個人願意分享經驗，這話題在你們之間，也許一個星期都停不了。它甚至可以成為結識新朋友和拓展鄰里關係的一種方式。

關於錢這檔事，我們建議您使用以下的方法，更深入的對談。

這些建議是根據「對話咖啡廳」（Conversation Café）網站中所建議的流程改編而來的，世界上非常多人已經開始用這個方法，開啟彼此的對話，門檻不高，可以讓討論更有意義，甚至討論一些國家大事都行。

以本書的主題來說，主要是討論我們與金錢的關係，這個關係可能很迷人也會讓人很疑惑。或許你會說，我正在遵循這些步驟，不一定要參加這樣的聚會，但是如果你願意參加，一定會加快你改變的進程，讓償債、儲蓄更有效率，讓你

跟金錢的關係，可以重新跟你的價值及夢想對焦。開放心胸，走進「不要覺得丟臉，也不要責怪自己或別人」的對話中，是改變你與金錢關係的最佳途徑。

誰來參加、在哪舉行

任何願意以坦誠、好奇、「不要覺得丟臉，也不要責怪自己或別人」精神參與對話的人，都是「談一談錢」社團的完美夥伴。你與他人的對話，可以發生在床邊、與家人的餐桌上、與朋友在咖啡廳或客廳，或者舉辦工作坊，或與學生在教室裡聊天。在一個可以讓大家放心、暢所欲言及不被干擾的地方進行，如果你與不認識的人在一起，以下的原則，應該可以確保大家能沒有罣礙地暢所欲言。一旦你掌握了金錢會談的話題，你可以輕鬆應付不同情況，以下是三種比較可能發生的情境，建議如下：

一、個人反思

如果你有寫日記的習慣，應該知道寫作是一種探索發現的過程。你可以寫下自己覺得有關金錢最重要的問題，深吸一口氣，運用自己的智慧，盡量寫下自己的答案。至少花五分鐘的時間，暢所欲言，把想到的答案全部倒在紙上，你會很驚訝寫出來的東西。下一個問題也如法炮製，如果你願意，就一直持續下去。

二、兩人對話

兩人對話是一個更私人的，甚至是親密的情況，或許與另一半、最好的朋友或青春期的小孩。你可以先從別的話題切入，再轉到有關金錢的問題，保持半分鐘的沉默很有用，試著使用下面的原則。

三、小團體（三至八人）

參加人數最好不要超過八人，確保每個人都有足夠的時間表達自己。如果更

多人參與，你可以分成兩組。參加者可能會以為越多人在一起比較好，但我保證，人少一點真的比較好講話。

　　盡一切可能讓每個人都發言，並讓談話保持活潑、有趣，讓大家都有安全感。你可以讓大家不受干擾地先講一輪，一個人一、兩分鐘；結束前，再讓每個人有一兩分鐘講講心得，有沒有可以帶回去分享的經驗。

　　如果在座有人可以發揮類似主持人的角色，幫助小組從閒聊轉到正題，那當然可以多多利用。主持人要讓對話熱絡，記得在開場及結束前保留十到十五分鐘，做開場及結論。主持人也要參與對話，不應該在旁邊放砲或隔岸觀火。讓大家保持好奇，願意交換問題，保持開放的心胸及態度，不要讓話題失控。若兩個人參與，最好能有半小時以上的討論時間，參與人越多，時間當然越長。

公約

　　「不要覺得丟臉、也不要責怪自己或別人」：不論是對自己或他人，盡可能不要價值判斷。這並不意味著每個人都必須口是心非，表達意見時必須對不同觀點保持開放態度。

　　保密性：不要對外透露對話內容。

　　投入：按時到達，留到最後，分享時要保持專心。

　　簡單扼要：講實話和不膚淺，發言簡單扼要，讓每個人都有時間發言。

　　不要有商業行為：別在這推銷東西、長篇大論、好為人師。我們不是來幫別人上課的，是來這邊認識自己、彼此及這個世界。

主題

　　開放式的問題或建議，從每個人都有的經驗切入，是開啟對話最好的方法。善用本書每章末尾的問題，嘗試提出自己的問題。很多問題，都有提到「為什麼？」，千萬別害怕提出「為什麼？」，這是一個更深入了解並解決問題的好方

法。

　　丟一些追問式的問題，例如：「可以分享更多一點嗎？」或「是什麼讓你這樣想？」，但提出追問時，你的口氣很重要。因為同樣是「為何你會這樣想？」的問題，可能有時聽起來很有趣，有時就會令人感覺被指責。由於社會塑造了我們關於金錢的想法、感受和行為，你可以試著問問：「大環境對你的想法產生怎樣的影響？」讓對話的觀照面更寬廣。

　　事實上，你的話題可以很簡單：金錢、工作、人生意義、目的、生活中的優先順序、簡約、雜事、債務、借貸、貸款、繳稅、稅收、保險等等。接著，可以問問以下三個問題：「對此有何看法？」「對此有何感想？」「怎麼處理？」

　　以這種方式提出問題，可以讓每個人都有切入點。有些人是思想家，有些人是感覺派，有些人很務實，每個人都需要一扇門，才能進入坦誠的對話，不需擔心別人的反應，更不用怕被攻擊。最後，一場暢所欲言的對談就會在愉快中結束。

　　讓我們敞開心胸談話吧！

　　文化，字面上有崇拜的意思，如果你持續讓自己保持沉默，拒絕與金錢重建關係，我們就會沉淪在抱怨、羞愧的思想中，永遠陷入「越多越好」、「永遠不夠」、「貪婪是好事」、「誰在死前得到最多的東西就是贏家」這種心態中。

　　我們可以加速改變的旅程，藉由敞開心胸談金錢與人生（三姑六婆式的八卦或是跟朋友倒垃圾），就能大幅改變被主流文化牽著鼻子走的窘境。不僅如此，還可以給彼此一個很棒的禮物：讓自己從恐懼、疑惑及盲目的監牢裡走出來，用本書每一章節後面的問題，重新打造自己的生活。改變，就從對話開始。

表格下載連結

　　本書強調善用每月收支表管理財務，讀者可以親手製作或使用記帳軟體。這些工具都非常好，關鍵在於找到適合自己的方法。

　　中文版提供 Excel 表格範本，包括六個工作表，如下：

1. 一生中賺到的錢：參見本書第一章，檢視自己過往與金錢的關係，加總你這一生中所有的收入本工作表也記入你預計未來會產生的收入，以利預估財務獨立年限。

2. 你的資產負債表：參見本書第一章，把你所有的資產和負債整理出來，對自己的財務狀況有更清楚的認識。

3. 你真正的時薪：參見本書第二章，加總一下你做這份工作要花多少時間及多少錢，並算出每小時花費的生命能量（真正的時薪）。

4. 檢視自己的支出：參見本書第三章，一五一十記錄自己把錢花在哪裡，以便徹底了解自己處理金錢的模式。

5. 評分與轉換：參見本書第四章，評估自己的支出是否帶來滿足感並符合人生目標。

6. 財務獨立試算：參見本書第四章，試算自己在目前的收支模式下邁向財務獨立的年限。

QR Code

　　下載連結：https://ibwec.bwnet.com.tw/images/Product/
PROD000016078/YourMoneyorYourLife2023.xlsm

國家圖書館出版品預行編目(CIP)資料

跟錢好好相處 / 薇琪.魯賓(Vicki Robin), 喬.杜明桂(Joe Dominguez)著 ; 王之杰譯. -- 修訂1版. -- 臺北市 : 城邦文化事業股份有限公司商業周刊, 2023.07
　面；　公分
譯自 : Your money or your life : 9 steps to transforming your relationship with money and achieving financial independence
ISBN 978-626-7252-78-9 (平裝)
1.CST: 個人理財　2.CST: 投資

563　　　　　　　　　　　　　　　　112008691

跟錢好好相處（修訂版）

作者	薇琪・魯賓、喬・杜明桂
譯者	王之杰
商周集團執行長	郭奕伶
商業周刊出版部	
責任編輯	林雲
編輯協力	楊靜嫻（初版）
封面設計	Bert design
內頁排版	邱介惠
出版發行	城邦文化事業股份有限公司 商業周刊
地址	115020 台北市南港區昆陽街 16 號 6 樓
	電話：(02)2505-6789　傳真：(02)2503-6399
讀者服務專線	(02)2510-8888
商周集團網站服務信箱	mailbox@bwnet.com.tw
劃撥帳號	50003033
戶名	英屬蓋曼群島商家庭傳媒股份有限公司城邦分公司
網站	www.businessweekly.com.tw
香港發行所	城邦（香港）出版集團有限公司
	香港灣仔駱克道 193 號東超商業中心 1 樓
	電話：(852) 2508-6231　傳真：(852) 2578-9337
	E-mail：hkcite@biznetvigator.com
製版印刷	中原造像股份有限公司
總經銷	聯合發行股份有限公司 電話：(02) 2917-8022
初版 1 刷	2018 年 9 月
二版 1 刷	2023 年 8 月
二版 5.5 刷	2024 年 9 月
定價	420 元
ISBN	978-626-7252-78-9（平裝）
EISBN	9786267252833（EPUB）／ 9786267252826（PDF）

藍學堂

學習・奇趣・輕鬆讀